权威·前沿·原创

皮书系列为

“十二五”“十三五”国家重点图书出版规划项目

浦东新区蓝皮书
BLUE BOOK OF
PUDONG NEW AREA

上海浦东社会治理发展报告（2018）

ANNUAL REPORT ON SOCIAL GOVERNANCE DEVELOPMENT OF PUDONG NEW AREA (2018)

主　编／吴凤飞　周小平　梁　鸿　鲍宗豪

社会科学文献出版社
SOCIAL SCIENCES ACADEMIC PRESS (CHINA)

图书在版编目（CIP）数据

上海浦东社会治理发展报告．2018/吴凤飞等主编
．--北京：社会科学文献出版社，2018.11
（浦东新区蓝皮书）
ISBN 978-7-5201-3703-4

Ⅰ．①上… Ⅱ．①吴… Ⅲ．①社会管理-研究报告-浦东新区-2018 Ⅳ．①D675.13

中国版本图书馆 CIP 数据核字（2018）第 240341 号

浦东新区蓝皮书
上海浦东社会治理发展报告（2018）

主　　编／吴凤飞　周小平　梁　鸿　鲍宗豪

出 版 人／谢寿光
项目统筹／郑庆寰
责任编辑／郑庆寰　王　展

出　　版／社会科学文献出版社·皮书出版分社（010）59367127
地址：北京市北三环中路甲 29 号院华龙大厦　邮编：100029
网址：www.ssap.com.cn
发　　行／市场营销中心（010）59367081　59367083
印　　装／三河市龙林印务有限公司

规　　格／开 本：787mm × 1092mm　1/16
印 张：17.5　字 数：264 千字
版　　次／2018 年 11 月第 1 版　2018 年 11 月第 1 次印刷
书　　号／ISBN 978-7-5201-3703-4
定　　价／99.00 元

皮书序列号／PSN B-2018-771-2/2

浦东新区蓝皮书编委会

《上海浦东社会治理发展报告（2018）》编　委　会

主编简介

吴凤飞　大学学历，中共浦东新区地区工作委员会常务副书记、中共浦东新区社会工作委员会书记。历任浦东新区张江镇镇长、党委副书记，机场镇党委书记、镇长，北蔡镇党委书记。长期致力于基层社会治理实践，并依据地区工委职能，统筹和协调基层社会治理工作和研究。牵头推进市委“创新社会治理加强基层建设”一号课题浦东“1+24”文件的形成和实施，推动培育如“潮汐式停车”“合庆1+1+X村民自治法”等多个社会治理创新项目，主导的项目荣获“上海市社会建设十大创新项目”称号。在本市首创开展浦东社会治理指数评价体系的研究和标准化建设，牵头推进浦东“家门口”服务体系研究和标准化建设，得到中组部和市委领导的关注。

周小平　管理学博士，中共上海市浦东新区委员会党校常务副校长、中共上海市浦东新区委员会党校校务委员会副主任、上海市浦东新区行政学院副院长、复旦大学城市发展研究院研究员、复旦大学城市治理研究中心主任、浦东区情研究中心主任、浦东新区党建研究会副会长、《浦东论坛》杂志主编，历任上海市政府办公厅建议提案处处长、浦东新区陆家嘴街道党工委书记。主要研究方向为社会学、党建理论，长期致力于党建引领下基层社会治理实践研究，推动形成多个项目、品牌创新，产生积极影响；牵头制定智慧城市建设就绪指数，自2014年起连续4年组织并发布《陆家嘴智慧社区建设白皮书》；2014年曾被选调为上海市委一号课题“创新社会治理、加强基层建设”课题组成员。

梁　鸿　经济学博士，教授，博士生导师，上海市领军人才。复旦大学城市发展研究院院长、浦东卫生发展研究院院长、中国医疗保险研究会副会长、卫生部国家基本公共卫生服务项目专家、国家中医药管理局改革与发展咨询专家。曾获上海市科技进步一等奖、上海市政府决策咨询一等奖、国家人口与计划生育委员会研究一等奖、劳动社会保障部研究一等奖、上海市邓小平理论研究优秀成果奖等奖项。

鲍宗豪　上海华夏社会发展研究院院长，华东理工大学人文学院教授、博士生导师。兼任上海浦东新区社会建设研究会会长，《全国文明城市测评体系》（2005 版、2008 版、2010 版）首席专家，上海市人民政府决策咨询特聘专家，上海市社会学会副会长，上海市领导科学学会副会长，上海市信息学会副理事长，上海市哲学学会常务理事，世界经济伦理学会会员，新西兰奥克兰科技大学兼职教授，上海高校都市文化 E—研究院特聘研究员，1993 年开始享受国务院专家津贴。代表性论著有《论无知——一个新的认识域》《权利论》《知识与权利》《科学发展观论纲》《科学发展论》《全球化与当代社会》等 16 本；在《中国社会科学》、《哲学研究》、《马克思主义研究》、《学术月刊》、《欧洲经济伦理》（国际权威刊物）、《人民日报》、《光明日报》、《解放日报》等报刊上发表论文（文章）300 多篇。长期致力于哲学和社会学理论研究，先后承担多项国家重大哲社、国家哲社重点课题，主编了华夏系列丛书，出版了多部学术专著。特别是于 1994 年创办了国内最早的民间智库——上海华夏社会发展研究院，在中央文明办和上海市文明办的支持下，多年来承担了国家社科基金特别委托项目“全国文明城市测评体系”研究，目前该测评体系在全市和外省市得到运用，受到中央文明办和上海市文明办的好评。上海华夏社会发展研究院被评为 5A 民间学术研究团体，成为国内有影响的民间智库。

摘　要

按照“社会治理新作为”的要求，2017 年浦东新区开展布置社会治理创新工作，推出了浦东新区社会治理指数、浦东新区城市运行综合管理中心建设、区域化党建体系的新体制功能、“家门口”服务体系创建和覆盖等重点举措。这些重点举措，进一步提升了党建引领社会治理创新能力，推动了城乡一体化治理体制创新，大大推进了权力下放和治理资源下沉，增强了社会活力的激发和社会参与水平的提升，运用“互联网 +”思维提升了社会治理智能化水平，壮大了志愿者队伍并夯实了整个基层社会治理人才队伍，从而整体上推动了浦东新区社会治理发展。

为了充分认识社会治理现状，寻找差距，进一步提升和有效改善创新社会治理能力和水平，浦东新区推出社会治理指数体系。通过“社会设施”“社会服务”等 5 个维度、50 个评价指标，系统分析了浦东新区社会治理创新指数和社会治理进步指数。研究结果显示浦东新区社会治理水平逐年提升，体现了浦东新区认真贯彻中央和市委强调的加强和创新社会治理的要求，在全区初步形成了共建共治共享的社会治理的新格局，在坚持以人为本、维护广大居民利益的社会治理新理念等新经验和新做法方面都走在了全国和全市的前列。

在公共服务方面，2017 年浦东新区重点推进了“家门口”服务体系建设。浦东新区着力推进“家门口”服务体系建设，致力于打通服务群众的“最后一公里”，努力实现“生活小事不出村居、教育服务就在身边”。浦东新区以“家门口”服务体系建设为契机，积极撬动基层治理，打造“四治一体化”的基层治理新格局，为城市精细化管理提供新的思路。城乡教育一体化是十九大提出的要求，也是浦东积极推进的一项民生服务工程。浦东自开发开放以来，通过改革基础教育管理体制、探索“管办评联动”机制、促进学区化和集团化办学、鼓励新优质学校集群发展、加强师资队伍建设等举措，着力解决区域内城乡、校际发展不均衡问题，为办好每一所学校，让每个孩子享有公平而有质量的教育进行了持续不断的努力。随着我国老龄化社会的到来，养老服务事业日益受到重视。浦东新区养老服务事业发展成果显著、位居全市前列，在日间照料和长者照护方面的发展优势更为明显，为解决老龄化带来的诸多现实难题提供了有效对策。

在公共管理方面，成果突出体现在大数据运用推进浦东社会治理实践。浦东在运用大数据加强社会治理中进行了诸多的实践探索，尤其是在“智慧城市”建设、拓展市民参与城市管理渠道和城市运行综合管理方面。党建引领社会治理创新是浦东社会治理的一项重要特色。近年来浦东新区在区域化党建引领社区共治体系建设方面进行了一系列探索：构筑了多级联动、上下协同的区域化党建引领社区共治的平台体系，形成了多元主体有机衔接、良性互动的区域化党建引领社区共治的工作机制，探索了专业化、社会化的区域化党建引领社区共治的运行模式。基层社会治理人才队伍建设是社会治理的基础和关键。浦东新区十分重视居民区党组织书记队伍建设，从增强职业认可、加强教育培训、重视后备培养等三方面入手，夯实了基层社会治理的人才基础。

在公共安全方面，重点工作就是整合网格化管理体制，推进浦东城市运行管理中心体系建设。2017 年，浦东构建了“1 + 39 + X + Y”城市运行管理中心和分中心体系建设，力求通过城市网格化综合管理与社会治理的深度融合，使城运中心在精准维系秩序、精准保障权利和精准改善民生方面发挥巨大作用。通过开展人口调控工作控制人口总量、优化人口结构，是城市安全和经济社会持续健康发展的重要举措。浦东新区近年来将人口调控作为重点工作，以控总量、调结构为基本原则，采取了一系列举措并取得了显著的成效。社区矫正是近年来社会治理创新的探索成果。浦东新区作为上海市司法局指定的试点单位，从 2016 年开始探索在社区矫正中推行分类教育，以提升社区矫正的针对性与实效性。通过近两年的实践，浦东新区司法局积累了丰富的案例素材，并形成了初步的分类教育制度体系。未成年人犯罪是当前社会治理的一个重点也是一个难点问题。浦东新区相关司法部门在未成年人犯罪问题上，积极探索，构建了普法预防、公正审判、专业干预、全程帮教的一套完善的工作机制，为有效预防未成年人犯罪，帮助未成年犯罪人改过自新、重拾生活希望起到了非常重要的作用，也为浦东继续深化改革发展和推动社会稳定发展奠定了强有力的保障基础。

Abstract

In accordance with the requirements of 'New Action with Social Governance', it laid emphasis on social governance in Pudong New Area in 2017. It is to be launched the index system of social governance in Pudong New Area, the construction of Pudong New Area comprehensive management center of city operation, the new system function of the regional party building system, the establishment of the 'Jiamenkou' service system and the full coverage, etc. These key measures further enhance the ability of CPC construction to lead the innovation of social governance. They can promote the innovation of urban and rural integration management system. They can decentralize power and sink resources, and stimulate social vitality and social participation level. It is to be used the 'Internet +' thinking to improve the level of social governance. The volunteer team is growing and ramming, and it is tamped the whole grass-roots social management talent team. On the whole, it promotes the development of social governance in Pudong New Area.

In order to further enhance and improve the ability and level of innovative social governance, it launched a social governance index system in Pudong New Area. By the 'social facilities', 'social services' and the else dimensions and 50 evaluation index system which analysis of the social governance innovation index and social governance progress index in Pudong New Area. The result of the study shows that the level of social governance in Pudong New Area is increasing year by year, which shows that Pudong New Area earnestly implements the requirements of strengthening and innovating social governance emphasized by the Central Committee of the CPC and Shanghai Municipal Committee of the CPC. It has formed a new pattern of social governance shared by the Communist Party in the whole region, and adheres to the new principle of social governance that is people oriented and protects the interests of the vast population. New ideas and other new experiences and practices have been in the forefront of the whole country and the whole city.

In terms of public services, it focused on promoting the 'Jiamenkou' service system in Pudong New Area in 2017. It has made great efforts to promote the construction of the 'Jiamenkou' service system, and is committed to the 'last kilometer' of the service to the masses. With the construction of 'Jiamenkou' service system as an opportunity, Pudong New Area actively pried the grass-roots governance and created a new pattern of 'four-G integration', and provided new ideas for the fine management of the city. The integration of urban and rural education is requirement in the nineteenth Congress of the CPC. It is also a livelihood service project actively promoted by Pudong New Area. Since the development and opening up, through the reform of the basic education management system, the exploration of 'management and evaluation of the linkage' mechanism, the promotion of the school district and the group, the development of the new high quality school cluster and the construction of the teaching staff, the problem of uneven development between the inner cities and the intercollegiate areas is solved in order to do a good job. We continue to make every child a fair and quality education. With the advent of China's aging society, the service for the aged has gained increasing attention. The development pension service has been in the forefront of the city, especially in the daytime care and elderly care, which provides an effective response to many practical problems brought about by aging in Pudong New Area.

In terms of public management, it is highlighted in the practice of promoting the use of big data in Pudong's social governance. We have carried out a lot of practical exploration in the use of large data to strengthen social governance, especially the construction of 'intelligent city', the expansion of citizens' participation in urban management channels and the comprehensive management of urban operation in Pudong New Area. By CPC organization building which leads social governance innovation is an important feature of social governance in Pudong New Area. In recent years, it has carried out a series of exploration in the construction of the community-based community-based system in the regionalization of the party construction in Pudong New Area. It has constructed a multi-level linkage, up and down coordinated regional CPC organization constructing to guide the community-based system, and formed the working mechanism of the regional CPC organization constructing which leads the community co-governance by the multi-subjects organic cohesion and the benign interaction. A professional and socialized regionalization of CPC organization building has led to the operation mode of community-based governance. The construction of grass-roots social governance talents is the foundation and key of social governance. In recent years, we attach great importance to the construction of the party organization secretaries in residential areas in Pudong New Area. Starting with three aspects, such as enhancing professional recognition, strengthening education and training, and attaching importance to reserve training, the foundation of the talent of social governance at the grass-roots level is rammed.

In terms of public safety, the key task is to integrate grid management system to promote the construction of urban operation management center system. We built the '1 + 39 + X + Y' urban operation management center and sub center system in Pudong New Area in 2017. The construction of city operation management center system is to establish a deep integration of urban grid integrated management and social governance, so that the city transport center plays a great role in the precision maintenance of order, the accurate protection of the rights and the precision improvement of the people's livelihood. Controlling population and optimizing population structure through population control is an important measure for the sustainable and healthy development of urban security and economic society. In recent years, we have taken the population control as the key work in Pudong New Area. In order to control the total amount and adjust the structure as the basic principle, a series of measures have been taken and remarkable results have been achieved. As a pilot unit designated by the Shanghai Municipal Administration of justice, we began to explore the implementation of classified education in community correction in 2016, in order to improve the pertinence and effectiveness of community correction. Through nearly two years of practice, the Pudong New Area Judicial Bureau has accumulated rich case materials and formed a preliminary classification education system. On the issue of juvenile delinquency, the relevant judicial departments in Pudong New Area have actively explored and constructed a set of perfect working mechanism for the prevention, fair trial, professional intervention and whole course help and education, which have played a very important role in preventing juvenile delinquency effectively, helping the juvenile delinquency to rejuvenate and reclaiming the hope of life. The role of Pudong New Area has also laid a strong guarantee for further deepening reform and development and promoting social stability and development.

目 录

Ⅰ 总报告

Ⅱ 评价篇

Ⅲ 公共服务篇

Ⅳ 公共管理篇

Ⅴ 公共安全篇

Ⅵ 案例篇

CONTENTS

Ⅰ General Report

Ⅱ Evaluation Report

Ⅲ Public Service

Ⅳ Public Administration

Ⅴ Public Security

Ⅵ Case Analysis

总 报 告

General Report

B.1

2017年浦东新区社会治理的发展现状与未来展望

桂家友*

摘 要： 2017年浦东新区按照“社会治理新作为”的要求布置开展社会治理创新工作，推出了浦东新区社会治理指数指标体系、浦东新区城市运行综合管理中心建设、区域化党建体系的新体制功能、“家门口”服务体系创建和推进等重点举措。这些举措进一步提升了党建引领社会治理能力创新，推动了城乡一体化治理体制创新，推进了权力下放和治理资源下沉，激发了社会活力和社会参与，运用了“互联网+”思维并提升社会治理智能化水平，夯实了基层社会治理人才队伍建设。

* 桂家友，博士，中共上海市浦东新区委员会党校副教授，主要研究领域为现代化、社会治理、马克思主义中国化。

但是，浦东社会治理中仍存在党建引领社会治理创新的有效性不足、基层社会治理体制机制有待完善、社会参与途径和领域狭窄、基层治理人才队伍不够稳定等问题。对此，浦东新区需要进一步加强党建体系建设，强化引领作用；加大社会组织扶持力度，规范政府购买服务；进一步推进社会治理智能化，加强信息共建共享；进一步加强法治社会建设，推动社会治理法治化；进一步完善共治自治平台，提升整体功能；进一步加强队伍建设，打造一支坚强有力的基层队伍。

关键词： 社会治理　创新　党建引领

浦东开发开放推动了经济超快速发展，也推动了社会建设水平和社会治理能力提升。2017 年，浦东按照“社会治理新作为”[①] 要求布置社会治理创新重点工作，夯实党建引领下的社会治理创新模式，整合了城市网格化综合治理中心并改造为城市运行综合管理中心，推进了“家门口”服务体系建设等重点工程，提升了浦东社会治理整体功能和水平。

一　浦东开发开放以来社会治理回顾

1990 年中央宣布开发开放浦东新区，自此浦东新区踏上了经济社会飞速发展的新征程。浦东人民以“一往无前的勇气、克难攻坚的胆识和先行一步的锐气”,[②] 推动了经济社会现代化取得了举世瞩目的成就。浦东从一个边缘化的郊区迅速发展为现代化城区，成为现代化建设的缩影，也成为新

① 2017 年全国两会期间，习近平总书记对上海提出“四个新作为”，其中之一就是“推进社会治理创新上有新作为”。

② 出自 2007 年 8 月 17 日习近平在上海市常务委员会上的讲话。《开明睿智才能进一步海纳百川——“习近平在上海”系列报道之二》，《解放日报》2017 年 9 月 27 日。

时代改革开放、创新发展的标杆。

浦东以“小政府、大社会”为理念，始终坚持探索社会建设和社会治理体制机制与现代经济社会发展相适应的发展方式。1993 年成立的浦东新区党工委和管委会设置了精干的 10 个委办局。2000 年浦东新区党委和政府成立，机构设置仍以精简、实效为特色。为进一步加强社会建设，2010 年成立浦东新区社会建设领导小组，2011 年成立中共浦东新区社会工作委员会，2014 年成立浦东新区地区工作委员会。2014 年上海市委、浦东新区区委“一号课题”探索“创新社会治理，加强基层建设”，形成了基层社会建设和社会治理的重大举措，推进了社会治理实现新跨越、进入新阶段。2015 年浦东探索自由贸易区管委会与浦东新区政府合署办公。2017 年浦东新区开始推进“家门口”服务体系建设以及在网格化体系基础上探索城市运营中心体系建设。这些方面的改革、创新，对浦东社会建设和社会治理现代化具有重要推动作用。

浦东在经济社会快速发展中重视社会建设和社会治理创新，形成了具有浦东特色的社会治理创新模式。

（一）始终坚持加强党的建设，以一流党建引领社会治理创新

浦东新区坚持“以一流党建促一流开发”，在社会建设和社会治理体制建设中不断加强党的领导，始终坚持党组织的领导核心地位，通过加强党组织建设来引领社会建设和社会治理创新发展。1999 年 6 月，上海市浦东新区潍坊新村街道在全国首次创建了嘉兴大厦“支部建在楼上”模式即“楼宇党建”新模式，形成了浦东党建引领基层社会治理创新的浦东党建品牌。自此，浦东还创建了“两新”组织党建、阳光驿站、金领驿站、区域化党建、党建服务中心等浦东新区党建品牌项目，显示了浦东社会治理强大的创新能力。浦东以一流党建，推动了一流开放，构建了浦东社会治理体制机制与经济快速发展相适应的基本格局，创造了多元主体参与环境和条件，创新了浦东社会治理多样化方式，激发了社会活力，协调了社会关系，促进了社会和谐，真正实现了党建从根本上对社会治理创新的引领功能。

（二）始终坚持时代性要求，构建与经济社会发展相适应的社会治理体制

浦东以“小政府、大社会”为理念，构建了与经济社会发展相适应的体制，改革和转变了政府职能，并形成了有效的政府公共治理职能。

构建与经济社会发展相适应的“小政府”社会治理体制。1993 年浦东新区党工委和管委会成立，设置了新区党工委和管委会办公室、组织部、纪检委（监察局）、综合规划土地局、经济贸易局、农村发展局、城建管理局、社会发展局、财政税务局、工商管理局 10 个委办局，真正体现了精简、实效的特色。2000 年浦东新区人民政府成立，也以“小政府”为特点。2013 年浦东在全市率先推动市场监管体制“三合一”并将 80% 以上的编制资源配置在一线执法和窗口岗位。2015 年综合执法局成立，深化了城市管理领域综合执法体制改革。2015 年浦东探索自贸区管委会与浦东新区政府合署办公。这样，浦东新区探索与现代化市场经济体制相适应的政府体制改革和创新取得了重大进展，现代政府职能特别是社会建设和社会治理职能得到加强。

乡镇合并及内设机构“精简”的街镇体制建设。1993 年，浦东境内辖 11 个街道、4 个镇、28 个乡；1995 年撤乡建镇，辖 11 个街道、30 个镇（合并了 2 个乡镇）；2000 年，26 个镇合并为 13 个。至此，原浦东新区由 43 个街镇（乡）单位合并成 26 个街镇单位。2007 年浦东在全市率先明确街道不直接招商引资，2015 年浦东开始在镇试点不直接招商引资。2014 年浦东在全市区县中率先实施机关“瘦身”、基层“强身”，推动“强镇优街”。2015 年街道机关内设机构精简至“6 +2”个，分别为党政办公室、社区党建办公室、社区管理办公室、社区服务办公室、社区平安办公室、社区自治办公室以及 2 个自设办公室。街道的功能主要集中在党建、公共管理、公共服务、公共安全以及推进共治、自治等基本方面。

浦东社会治理基层工作模式探索。一是“镇管社区”模式。1993 年原严桥镇率先建立“镇管社区”模式，随后钦洋镇、花木镇、张江镇等也开始探索“镇管社区”模式，2005 年川沙新镇、三林镇探索“镇管社区”模

式，2012 年“镇管社区”模式在全市郊区和大型居住社区推广。2015 年浦东开始明确“镇管社区”区划标准，深化“两委一中心”组织架构及基本职能。二是“大市镇”体制。2011 年川沙新镇、祝桥镇试点“大市镇”体制，在南汇新城镇探索“管镇合署”体制。三是“管镇联动”模式。1995 年浦东新区提出“列车工程”，开创“区镇联动”的探索；2014 年年底开始探索“管镇联动”。“管镇联动”首先在张江地区试点，2016 年开始在金桥地区试点，并逐步扩大试点范围。“管镇联动”的目标是让擅长搞经济的开发区管经济，把社会管理的舞台留给镇党委和政府，只有这样才可能真正实现经济社会协调而又快速发展。

（三）始终坚持服务寓于治理，不断推进社区治理与服务方式创新

从“单位人”到“社会人”和“社区人”的转变，是我国现代化过程中最重要的特色。推进社区发展，提升社区服务和治理水平是浦东社区建设重要的体现。浦东在社区居委建设中最早的典型是 1999 年浦兴路街道金桥湾小区在全国率先开展居委会“海选”试点。在 2014 年 1 月，浦东被民政部列为全国社区治理和服务创新实验区。

浦东社区自治水平得到提升。浦东开发开放以来，基层自治实践一直是探索居村委自治。从 2010 年开始，合庆镇基层民主探索形成“1 + 1 + X”模式，成为浦东新区探索社区自治的重要典型。所谓“1 + 1 + X”，第一个“1”即党组织的领导；第二个“1”即村民自治章程，这是村民自治的基础性、指导性文件；“X”即若干实施细则，是村民会议或村民代表会议就群众关心的事务如何处置所制定的办事规则。经过几年的实践和探索，“1 + 1 + X”模式逐步成熟，极大提升了合庆镇基层社会治理能力和水平，并带来了经济社会发展的巨大变化。2014 年“创新社会治理，加强基层建设”课题将合庆“1 + 1 + X”模式作为整个浦东居村委民主自治的样板，2015 年在整个浦东新区推广，提升了浦东整体基层社区自治水平。

社区社会工作服务领域越来越广。20 世纪 90 年代，浦东社会工作就坚持“社会化推进”和“实务型发展”思路，推进社工服务向社区领域发展。

经过近20年的发展，浦东专业社工达6000名，社工机构46家，社工服务已覆盖到社区养老、助残、家庭服务、来沪人员服务、少数民族服务等近20个领域。近年来，浦东根据国家和上海市民政部门、财政部门联合印发的《关于加快推进社区社会工作服务的指导意见》，坚持用社会工作理念丰富社区工作理念，用社会工作方法提升社区治理服务水平，在更高层次上满足居民需求，为促进政府职能转变，加强基层建设进一步夯实了基础。

社区服务内容不断丰富。社区服务在助残帮困、为老服务、青少年服务、社区矫治等多个领域发挥作用，特别是在社区养老方面设施更加丰富。社区养老设施主要分为综合为老服务设施、托养服务设施、支持类服务设施三种。社区综合为老服务设施（即综合为老服务中心）每个街镇至少有一个，区域面积较大的镇的基本社区管理单元可设立分中心。浦东社区综合为老服务中心已建31家，覆盖29个街镇（祝桥、康桥各2家）。社区托养服务设施，中心城区街道已全覆盖。社区支持类服务设施，包括居村老年活动室，每个居村不少于一个。

（四）始终坚持壮大社会组织，推动社会协同发展

开发开放以来，浦东社会组织得到了长足的发展，政府在发展环境、政策鼓励、能力提升、发挥作用等方面不断促进社会组织发展，社会组织在承接政府转移职能、整合社会资源、引导社会参与、协调社会关系等方面的作用日益凸显，成为浦东社会治理的一支重要力量。

优化社会组织发展环境。浦东通过加强制度设计、突破政策瓶颈、创新服务平台等方式大力推进社会组织成长。2003年，上海乐群社工服务社成立，这是大陆第一家社会工作服务机构。2006年社会组织孵化器诞生。2009年浦东公益服务园区建成。2013年洋泾街道成立全市第一家社区公益基金会。目前，全区社会组织总数达2190个（其中社会团体385个、民办非企业单位1801个、非公募基金会4个），约占全市总量的近1/7，另有备案的社区群文团队6100余个。2014年，浦东新区被民政部确认为“全国社区治理和服务创新实验区”和“全国社会组织建设创新示范区”。

做强社会组织服务管理。浦东新区是全市最早试点社会组织评估的区。自2007年6月以来，经过三轮试点评估实践，浦东取得了“试机制、试办法、试标准”的初步效果，促进社会组织优质发展。2011年民政部颁布39号令《社会组织评估管理办法》后，社会组织评估工作正逐步转入常态化。浦东坚持“先建后评、以评促建、评建结合、重在建设”的工作方针，制发《浦东新区关于开展社会组织规范化建设评估工作的实施意见（试行）》等，对本区评估工作做出系统部署。全区获评等级并在有效期内的社会组织共有393家，其中35家获评5A，61家获评4A，189家获评3A。加强备案管理，推进群团繁荣。2005年，浦东在全市率先施行社区群文团队备案工作，以社会组织服务中心为重要阵地，以备案制度为重要抓手，加强社区群团组织的培育和管理，推动其有序快速发展，目前新区共有备案群众活动团队6100多家。

深化社会组织能力建设。浦东新区按照在社会组织“增量”的同时更加注重“增质”的要求，研究出台了《浦东新区民办非企业单位规范化建设指导意见》和《浦东新区社会团体规范化建设指导意见》，梳理法规中有关社会组织规范化建设的内容，明确相关要求，进一步推进社会组织内部治理结构的完善，推进社会组织基础制度的完善，推进社会组织的自我管理和政府管理的精细化。编制《浦东新区街道、镇社会组织服务中心建设指南》，从业务开展、组织设立、法人治理等多个方面为服务中心创办提供指引，为后期发展与建设提供参考和指导，助其更好地发挥“平台”和“枢纽”的作用。[①] 加强社区社会组织服务阵地建设，坚持社会组织专职人员队伍的基础建设，采用三年一轮、每年两批的方式，滚动对社会组织负责人、专职工作人员及财务专业人员进行培训。

发挥社会组织功能。一是打造公益平台，促进社会参与。2009年5月，浦东新区首次以“迎世博——社会组织公益活动月”的形式，搭建社会组织公益交流平台，展示社会组织参与社会管理的项目。公益活动月每年定期

① 任姝玮：《把“大社会”做得更大》，《浦东开发》2013年第6期。

举办，内涵不断丰富，推动了社会组织、社区和社工“三社”联动，传播了公益文化、公益理念，促进了公益项目、公益合作的发展和实现，目前已连续举办九届，成为新区的公益品牌项目，被评为“浦东新区第三届社会建设优秀项目”。二是一大批社会组织成为协同治理品牌。社区社会组织逐步成为提供社区服务、参与社区自治共治、创新社区治理的重要力量之一。一批社会组织逐步脱颖而出，一批品牌项目逐渐为公众所知晓。上海乐群社工服务社、上海浦东非营利组织发展中心、上海浦东新区社会工作协会获得民政部授予的“全国先进社会组织”称号。2012 年，浦东新区 23 家社会组织获第二届“上海市先进社会组织”称号；2017 年，浦东新区 15 家社会组织获第三届“上海市先进社会组织”称号。

（五）始终坚持“人才第一”思想，多渠道加强基层队伍建设

坚持分类、规范管理。通过拓宽来源渠道、提高薪酬待遇、畅通发展空间，形成结构合理、来源广泛、素质优良的居民区工作队伍。一是加强居村党组织带头人队伍建设。细化居民区党组织书记的进享编操作补充规定，明确了居民区党组织书记人走编留、职级晋升等待遇保障问题。加强村党组织书记队伍建设，将居村党组织书记各类培训纳入区委党校主体班次，深化落实“183”计划（在居村党组织一届任期内储备 1000 名、培训 800 名、使用 300 名干部，被称为浦东居村后备干部“小千人计划”）。二是推进社区工作者规范管理。聚焦社区工作者，围绕额度、招录、薪酬等关键点出台管理办法，按照公开、平等、竞争、择优的原则，面向社会统一招聘，完善镇的社区工作者职业化薪酬体系。三是加强社区辅助人员等队伍管理。对未能进入社区工作者体系的现有聘用人员，保持收入待遇不减，并建立衔接通道，将符合条件的社区辅助人员优先录用为社区工作者。推进公益性公共服务人员管理，对无任何收入来源的公共服务类队伍在街镇层面进行整合，成立公益综合服务社，继续履行政府对就业困难人员托底安置的职责。对新区特种保安服务社等 8 个具有经营性收入的队伍推进其向市场化方向发展。

社工专业人才培育取得成效。一是推进形成爱护社会工作人才的氛围。

2013 年浦东发布社工薪酬体系，既为政府机关购买社工服务成本预算提供了参照，也为各街镇制定社区工作者待遇标准提供参考。2015 年 4 月，浦东区委办、区府办印发了《浦东新区关于社会工作督导人才队伍建设实施意见》（浦府办〔2015〕15 号），规定社工机构、事业单位和社区领域表现突出的专业社会工作人才经评审成为社工督导师，可享受人才补贴和赴外交流补贴等相关待遇，加大了对社工专业人才的激励和保障。二是加大社区社会工作专业人才的培养。2006 年，浦东成立四惟社工培训中心，针对广大社区工作者专门开展社会工作专业知识培训和职业考试培训，历年来培训近万人。与此同时，为鼓励社区工作者参加报考的积极性，区民政局对通过考试获取社工职业资格证书的社区工作者给予考试费、培训费全额报销。三是突出对社区社会工作专业人才的激励。近年来，浦东各街镇在社区工作者招聘中都明确提出对拥有社工职业资格证书的专业人才予以优先考虑和录用。目前新区大部分街镇对持有社工职业资格证书的社区工作者给予 100～200 元/月的补贴。

（六）始终坚持整体功能发挥，完善基层治理体系建设

构建完善的人民调解体系。浦东新区一直注重人民调解的社会治理功能。2008 年，浦东新区成立了第一家专门从事社会矛盾纠纷化解工作的民非调解工作室。2015 年，为进一步构建浦东新区（自贸区）知识产权纠纷多元化解机制，浦东对原有的知识产权类人民调解委员会进行了资源整合，由浦东新区知识产权保护中心为发起单位，成立了知识产权纠纷人民调解委员会，并与原有其他的知识产权类人民调解委员会互联互动。2015 年 12 月底，率先建立全国首家专业人民调解中心，作为专业性人民调解组织的工作平台，统一规范、统一保障。着力加强专行业人民调解组织建设，补上专行业领域矛盾纠纷化解短板，全区现共有专行业人民调解组织 37 家。新区目前有各级各类调委会 1390 个，其中区级专行业调委会 19 个，街镇调委会及专行业调委会 54 个，居村（社区）调委会 1317 个；目前有人民调解员共计 7806 名，其中专职人民调解员近 2490 名。当前，浦东新区已经建有较完

备的区、街镇、居村三级人民调解组织网络。区层面以浦东新区人民调解协会、联合人民调解委员会以及各专业性调委会、调解工作室为主体和代表，街镇层面有街镇调解委员会和在街镇建立的专业性、行业性、区域性调解委员会及调解工作室，居村层面有居村委人民调解委员会。三级网络基本实现了人民调解组织在全区覆盖。①

做实基层治理网络体系。一是做实基本管理单元。以撤制镇和已入住大型居住社区为基础，做实 35 个基本管理单元，统筹配套公共服务设施。完善镇管社区体制，在 35 个基本管理单元建立“镇管社区”体制，主要履行统筹区域化党建、开展社区服务、指导居村工作、组织共商自治四大职能。二是率先改革探索城管综合执法体制。成立浦东新区城市管理综合执法局，整合分散在各委办局的城市管理执法事项，推动城管执法重心下移。在街镇层面，试点由派出所分管治安的副所长兼任执法中队副中队长，由派出所安排 2 ~5 名民警常驻在执法中队，加强公安机关对城管执法局的执法保障。三是城市社会治安综合治理中心体系建设。浦东新区将社会治安综合管理体制由“大联动、大联勤”机制到统一服务平台社会治安综合治理中心，在各街镇设立社会治安综合治理中心，在全区构建了“1 +36”社会治安综合治理中心，筑起了社会安全第一道防线。

二 2017年浦东社会治理创新发展

加强和创新社会治理是新时代社会发展的要求，2017 年是浦东新区社会治理具有大举措、取得大成效的一年。

（一）社会治理创新举措

2017 年浦东多层次、多渠道推进与经济和社会发展阶段相适应的社会治理现代化建设，最重要社会治理举措主要有四点。

① 浦司基：《打造纠纷化解“最后一公里”服务圈》，《检察风云》2016 年第 2 期。

1. 推出社会治理指数指标体系

为提升社会治理针对性，进一步推进社会治理水平，浦东新区着力构建社会治理指标和社会治理进步指数等指标体系。2017 年，随着浦东新区社会治理指数指标体系不断完善，在市社工委、市质量技术监督局的指导下，浦东新区社会建设研究会课题组与浦东新区地工委、浦东新区市场监管局、浦东新区民政局和国家统计局浦东调查队在不改变 5 个维度的框架下，根据浦东新区社会治理的新情况，对浦东新区治理指数评价体系的 50 个指标逐个进行了重新界定，并分别做了修改和调整。浦东新区社会治理指数得分如表 1 所示。综合得分：2013 年为 80.59 分，2014 年为 83.08 分，2015 年为 84.90 分，2016 年为 85.18 分，2017 年为 87.20 分。社会设施得分：2013 年为 80.92 分，2014 年为 82.78 分，2015 年为 84.49 分，2016 年为 82.62 分，2017 年为 84.06 分，2017 年比 2016 年提高了 1.44 分。社会服务得分：2013 年为 82.07 分，2014 年为 83.70 分，2015 年为 85.24 分，2016 年为 87.01 分，2017 年为 87.57 分，2017 年比 2016 年提高了 0.56 分。社会动员得分：2013 年为 80.06 分，2014 年为 83.80 分，2015 年为 86.39 分，2016 年为 88.29 分，2017 年为 89.26 分，2017 年比 2016 年提高了 0.97 分。社会治安得分：2013 年为 80.75 分，2014 年为 82.49 分，2015 年为 85.84 分，2016 年为 88.94 分，2017 年为 95.52 分，2017 年比 2016 年提高了 6.58 分。社会生态得分：2013 年为 80.87 分，2014 年为 84.24 分，2015 年为 85.91 分，2016 年为 86.72 分，2017 年为 86.84 分，2017 年比 2016 年提高了 0.12 分。

表 1　2013～2017 年浦东新区社会治理指数得分

指标	2013 年	2014 年	2015 年	2016 年	2017 年
综合	80.59	83.08	84.90	85.18	87.20
社会设施	80.92	82.78	84.49	82.62	84.06
社会服务	82.07	83.70	85.24	87.01	87.57
社会动员	80.06	83.80	86.39	88.29	89.26
社会治安	80.75	82.49	85.84	88.94	95.52
社会生态	80.87	84.24	85.91	86.72	86.84
百分标准值	100	100	100	100	100

浦东新区社会治理进步指数如表2所示。从总指数来看，自2013年以来，每年都在进步。相对于2013年，2014年的进步指数为3.10，2015年的进步指数为5.36，2016年的进步指数为5.70，2017年的进步指数为8.21，比2016年提高2.51。从分指数来看，自2013年以来，每年也都在进步。社会设施2014年、2015年、2016年、2017年的进步指数分别为2.30、4.41、2.10、3.88，2017年比2016年提高了1.78；社会服务2014年、2015年、2016年、2017年的进步指数分别为2.00、3.87、6.02、6.71，2017年比2016年提高了0.69；社会动员2014年、2015年、2016年、2017年的进步指数分别为4.66、7.90、10.28、11.48，2017年比2016年提高了1.20；社会治安2014年、2015年、2016年、2017年的进步指数分别为2.15、6.30、10.14、18.29，2017年比2016年提高了8.15；社会生态2014年、2015年、2016年、2017年的进步指数分别为4.16、6.24、7.24、7.38，2017年比2016年提高了0.14。浦东新区社会治理指数指标体系的推出，是上海乃至全国在区级层面第一家推出的社会治理指数指标体系。浦东新区社会治理指数和社会治理进步指数的推出，是能够真正从中寻找到社会治理的不足、差距和未来方向的根本举措，对浦东社会治理能力和水平的提升具有重要的指导作用。

表2　2014～2017年浦东新区社会治理进步指数

指数	2014年	2015年	2016年	2017年
社会设施	2.30	4.41	2.10	3.88
社会服务	2.00	3.87	6.02	6.71
社会动员	4.66	7.90	10.28	11.48
社会治安	2.15	6.30	10.14	18.29
社会生态	4.16	6.24	7.24	7.38

2. 整合城市网格化指挥中心，创建浦东城市运行综合管理中心

浦东城市运行综合管理中心是浦东为实现创新社会治理、推动城市精细化管理、打造提升政府治理能力先行区做出的创新尝试。从2017年开始，

浦东新区在网格化管理实践探索的基础上开始酝酿推进城运中心建设，并于2017年9月4日启动试运行，它意味着浦东新区网格化管理由1.0版升级为2.0版。城运中心在纵向设置上，通过城市运行综合管理中心和分中心两级平台建设，构建了“1+39（36+3）+X+Y”① 的城市运行综合管理新体系；在横向设置上，把区相关委办局、开发区管委会、相关企业列为承办单位，从而实现纵向到底、横向到边、全覆盖、无盲区的管理。浦东城运中心运用互联网、大数据、云计算、GIS、视频融合等信息技术手段，集成共享城市管理领域主要职能部门信息，构建形成共建共享、实时交互、动态更新、综合利用的一体化信息平台，形成“运行状态一个界面、视频监控一张网络、地理信息一张总图、移动应用一个终端、信息共享一个门户”的运行新模式，真正实现了城市管理各类数据信息的一体化集成、全方位共享。运用现代科技手段，能够7×24小时、浦东1210平方公里全时段、全地域监测，确保城市管理、社会治理突出问题能够快速发现、快速处置。城运中心在不到一年的时间里，不断推动城市网格化管理与城市管理、社会治理的深度融合，在精准维系秩序、精准保障权利和精准改善民生方面，很好地发挥了社会效用和价值，越来越显示出它的创新性和生命力。这三大目标之间是相互联系、相互影响的不可分割的整体，其中精准维系秩序是根本目标，为精准保障权利和精准改善民生提供了秩序上的可能；精准保障权利是精准维系秩序、精准改善民生的重要保障；精准改善民生是精准保障权利、精准维系秩序的直接体现。三大目标共同推动浦东城市精细化治理进程。

3.进一步丰富党建引领社会治理创新平台建设

2017年建立“1+2+2”街道党建工作新体制。“1”就是街道党工委，作为区委派出机构全面负责辖区内各项工作。第一个“2”即行政党组和社区党委，行政党组负责领导协调社区内的行政组织，促进条块对接联动；社区党委是街道党工委领导下的基层委员会，负责区域化党建和“两新”组

① “36+3”：“36”为36个街镇分中心，浦东有36个街镇，每个街镇有一个分中心；“3”为保税区、国际旅游度假区、世博开发区3个特定区域分中心。

织党建、居民区党建工作。第二个“2”即社区党建办和社区党建服务中心。浦东以一流的党建引领一流发展，党建为社会建设提供重要的政治保障，这是对区域化党建体系的丰富和发展。区域化党建体系就是以街镇党组织、驻区单位党组织和“两新”组织党组织、居村委党组织构成的多级体系，构建基层社会治理核心领导体系。通过区域化党建来引领基层社会治理创新，不断提升基层社会治理能力和水平。

4. 开创并推进了“家门口”服务体系建设

自2017年5月，浦东新区开始推进“家门口”服务体系建设。所谓“家门口”服务体系就是基层党组织与群众“零距离”服务规范，具有精准服务和周到服务的显著特色，是将党建资源、公共资源、管理资源、服务资源、自治共治资源等汇聚在一处，打造资源整合、功能集成、机制有效、群众参与的平台，努力实现“生活小事不出村居、教育服务就在身边”，进一步丰富了社区服务内容和细化了服务方式。浦东新区以“家门口”服务体系建设为契机，积极撬动基层治理，打造“四治一体化”（自治、共治、德治、法治）的基层治理新格局。

浦东“家门口”服务体系建设分三个阶段推进。第一个阶段是集中试点阶段，从2017年3月初至5月底，在浦兴路、陆家嘴、川沙、书院两街道两镇进行试点，形成区层面的工作方案、区级服务资源和服务项目清单。第二个阶段是全面推进阶段，从2017年6月初至2018年6月，召开部署会和培训会，街镇全面推进。2017年底已完成超过60%村居建设，2018年上半年力争全部居村完成建设。第三个阶段是提升完善阶段，从2018年下半年开始，总结经验，完善机制，全面提高为民服务质量。为做到重心下移、资源下沉、权力下放，区委提出“部门围着街镇转、街镇围着居村转、居村围着群众转”的工作理念。

目前向社区下派行政事务的途径主要有七种。一是委办局直接在社区内建立其组织机构，相当于驻社区办事处，常以“站”命名，需要社区协同、配合。二是直接给社区派发创建任务，一半以上委办局均下派此项活动，要求社区根据相关部委机关设定的标准，争创各类示范、文明或优秀社区。三是要求社区签订工作责任书，要与残联、计生、劳动、农委、综治委、城运中心、城管、消防等签订工作责任书，据此形成上级对社区履行相关事务成效的问责追究机制。四是在社区挂牌，委办局将其所属的项目任务下沉到社区，从残疾人康复站，到妇女之家，再到文化图书阅览室等方方面面。五是要求社区建立工作台账，涉及人口与流动人口、矛盾纠纷排查、禁毒戒毒、巾帼志愿者等底盘数据及其变化情况，每月定时上报有关部门。六是直接给社区下达评估考核指标，包括计划生育、困难人口就业、外来流动人口迁出、信访事件等。七是要求社区使用、维护上传信息的网络工作平台，基本任务是基础数据填报和上传，多数需要以电子传输和纸质版两种方式上交。①

而“家门口”服务体系是各委办局将任务、服务下放到社区“家门口”，坚持“人随事走、费随事转”原则，真正实现“重心下移、资源下沉、权力下放”的目标。“家门口”服务体系建设真正实现了社区服务方便化，真正使老百姓受益。

（二）社会治理创新成效

第一，区域化党建凝聚各方力量创新能力不断加强，党组织引领社会治理能力提升。2017 年浦东继续完善和健全区域化党建体系，不断推进党建引领社会治理创新，推进党组织引领社会治理能力提升。所谓引领型党建就是通过党组织区域化全覆盖来搭建社区治理平台，引导居民群众、社会组织、驻区单位、“两新”组织等多元社会力量，共同参与社会事务、社区事务，共同应对社会新矛盾、社区新问题，打造共建共治共享的社会治理新格局。通过提升群众的获得感、幸福感、安全感，夯实党的执政基础，实现党领导一切的执政理念。浦东健全区域化党建主要是通过构建区、街镇、居村的组织网络，形成区、街镇（开发区）党建服务中心和居村、楼宇、园区党建服务工作站三级党建服务体系，完善区域化党建组织体系和协同模式。

① 孙柏瑛：《城市社区居委会“去行政化”何以可能?》，《南京社会科学》2016 年第 7 期。

积极发挥街镇党组织党领导核心作用，进一步理顺街镇体制，构建“1+2”党建领导体制。街镇党（工）委在基层社会治理中履行主体责任，发挥领导核心作用，以党建联建的方式，组织协调驻区单位和“两新”组织参与社区治理。通过“支部+”“网格+”“互联网+”等形式，积极探索推进功能区域党建和新兴领域党建。同时，街镇党（工）委统筹协调区级职能部门派出机构积极参与社会治理。镇管社区党委、居民区党组织以党建联席会议、社区理事会、社区事务联席会议等形式，定期开展经常性应知应会培训，协调推进驻区单位参与社区共建共治。规范镇管社区党委和居村党组织工作，推进落实“双报到、双汇报”制度，广泛动员区域内党组织和党员参与社区治理。注重配齐配强镇管社区和居村党组织班子。

第二，加快推进自治共治制度建设，推动城乡一体治理体制创新，提升社会治理整体功能和水平。加强和创新社会治理的基础是基层社会治理制度建设，特别是自治共治体制机制建设。浦东新区在2015年推进“1+1+X”模式向全区居村委普及，随着这一模式的落地，还存在深化自治共治平台建设、创新自治共治机制以及结合本地特色探索自治共治方式方法等任务。2017年浦东新区基层社会治理从这些方面入手，真正将“1+1+X”模式制度化并形成效应。需要发挥整个功能才能真正解决好新时代社会治理能力与经济发展相适应的问题，为此党中央也提出了要“破解乡镇（街道）治理和成效社会治理有效衔接的问题”。2017年，浦东新区为进一步提升整体社会治理创新能力和治理水平，通过研究“浦东社会治理指数”，试图一体化构建社会治理体系，实现农村地区和城市化地区社会治理更有效地衔接，有力提升了浦东新区整个社会治理能力和社会治理水平。

第三，资源和力量下沉基层，夯实和推动基层社会治理能力。2017年是浦东新区大力推动基层社会治理创新，加强基层社会治理能力，不断把资源和力量下沉到基层，推动浦东整个社会治理水平上升。为做到“重心下移、资源下沉、权力下放”，区委提出“三围”理念，即“部门围着街镇转、街镇围着居村转、居村围着群众转”，加大把社会治理资源和力量进一步下沉到街镇和居村委。

一是委办局服务社会的职能和街镇服务社会的职能“能下沉则下沉、可下沉尽下沉”。围绕构建大民生格局，26个区职能部门形成“三个民生”服务项目清单，共计147个项目，供村居“点单”。其中，底线民生项目38个，针对低保、低收入、重残无业、高龄独居老人等困难群体需求，设计了送餐、购物、心理疏导等项目；基本民生项目84个，针对群众最基本、最常用、最突出需求，结合“15分钟生活圈”，科学嵌入教育、文化、养老等服务设施；质量民生项目25个，区卫计委医疗卫生资源下沉，推进全区首家城乡一体化发展卫生工作试点在合庆镇朝阳村落实，做实做深“家门口”服务站点的健康服务功能，便利了周边自然村就医就诊。

二是“家门口”服务站点整合社会资源“共享”。南汇新城镇立足区域优势，动员上海六院临港分校、各大院校、海洋博物馆公益基地等社会力量，在基层“家门口”提供为民服务项目。

三是进一步把下放资源同村居资源“挖潜激活”相结合，不断提升服务水平和治理能力。“家门口”服务资源的有效利用是提升基层社区服务和社区治理的有效途径，不仅要把区委办局和街镇下放资源充分利用好，还需要进一步挖潜村居自身资源，并在服务站实现集成。在不增加人员、不增加编制的原则下，各街镇都推行了“全岗通”社工模式，实行“一专多能，全岗都通”。全岗通后，分块落实走访制度落实更加到位，除前台接待人员外，社工们有更多时间到楼组和居民家中走访，真正实现“生活小事不出村居、教育服务就在身边”，让群众真正得实惠的目标。

第四，激发社会活力提升社会参与水平，扶持社会组织参与社区治理。截止到2017年年底，浦东登记的各类社会组织有2100多家，备案的群众活动团队已经超过6200家。社会组织成为提供社区服务、参与社区自治共治、创新社区治理的重要力量。浦东新区深化完善直接登记与双重管理相适应的社会组织登记制度，强化社会组织规范管理、分类管理和服务管理，建立政府负责、政社互动、协会协同的组织服务工作体系和运行模式。浦东街镇社会组织服务中心和社区发展基金（会）已经实现了全覆盖，充分发挥了社区层面的社会组织培育孵化、能力建设、服务需求对接、公益项目服务等支持功能。积极推进社区社会组织联合会及其党组织组建工作，2017 年底已经达到 50%。充分发挥了社会组织引领、凝聚、团结、服务的作用。重点培育发展生活服务类、公益慈善类、文体活动类、专业调处类四类社区社会组织，引导社区社会组织在社区提供个性化服务、参与社区治理。优化“供需对接一站式服务平台”，提升项目开发和项目服务的能力。完善浦东新区政府购买服务管理办法，推进浦东政府购买服务统一平台建设，优化了政府购买服务的运行机制、流程和绩效评估办法。

第五，运用“互联网 +”思维，不断拓展社会治理创新路径。浦东运用“互联网 +”思维，依托信息化建设的有力支撑，并依靠区、街镇两级现有城市运行管理综合枢纽平台，调动和引导各种社会力量积极参与其中，以此推动街镇和相关职能部门及时、快速处置相关问题。① 一是 2017 年进一步开发了“浦东 e 家园” APP，拓展了市民参与和监督城市管理的便捷渠道；二是街镇打造“党建微心愿”项目，不断把社区群众的一些心愿和党员对群众的关心、对群众困难的感知联系起来，不仅为社区居民提供了更具有针对性的服务、精细化的服务，还让党员和社区单位找到了融入社区、服务群众、履行社会责任的平台和载体；三是开通了“塘桥热线”，其作为塘桥街道创新的“互联网 + 网格”社会治理模式的一部分，可以让百姓第一时间能够找到党组织、找到政府，政府能够第一时间为百姓提供服务；四是“北蔡 e 生活”服务站进一步拓展，基本覆盖了全镇小区，为老年人和居民打造幸福的“互联网家”模式，探索了政府、市场、社会良性互动的新模式。

第六，支持引导社区志愿者服务开展、人才建设，提升社会治理队伍素质和能力。2017 年，浦东继续探索志愿者队伍建设，不断推进志愿者服务社会化、项目化、专业化的运作机制，因地制宜开展活动，大力推动了志愿者服务工作，建起了“雷锋驿站”“爱心银行”等志愿者服务品牌项目。浦东新区志愿者服务平台不断完善，基本形成了区文明办和区志愿者协会、街镇社区志愿服务中心、居村委志愿服务站三级架构。建立社区志愿服务供需

---

① 刘思弘：《“互联网 +” 创新城市治理》，《浦东开发》2016 年第 11 期。

平台，推广了社区同创共建机制，凝聚各类志愿服务组织。深化“凝聚力工程”“组团式联系服务群众”“两代表一委员”进社区等做法，发挥行业党员等专业优势、职业优势，推进党员志愿者工作室建设，为社区提供各具特色的志愿服务。积极推进律师事务所与街镇、律师与居村委“双结对”，发挥公职律师和法律服务志愿者法律参谋助手的作用。

浦东坚持社会治理人才队伍建设：一是通过提升薪资待遇吸引人才、留住人才，并设定一定条件将基层党支部书记纳入事业编制；二是吸引大学毕业生来社区就业，大学生是代表先进知识的最活跃、最具有创新思维的群体，引进大学生可提升基层社会治理队伍的整体素质和能力水平；三是加大培训力度，通过支部书记培训班、优秀社区工作者培训班、新任社区工作者培训班、新任社区工作者挂职锻炼等方式来提升社区工作者队伍的整体素质和能力。

三 当前浦东社会治理存在的主要问题

浦东社会治理水平同社会发展要求和时代要求还具有一定差距，主要存在以下五个问题。

（一）党建引领社会治理创新中的问题

浦东新区自开发开放以来创造了很多好的党建品牌，如“楼宇党建”“区域化党建”“‘两新’组织党建”“阳光驿站”“金领驿站”等，但是区域化党建中，有些街镇的驻区党组织、“两新”党组织和居民区党组织在融合发展过程中还存在党组织之间的互动、信息互通、资源共享等机制和平台发挥效果不太理想的状况，仍有很大的探索和提升的空间。同时，驻区党组织在服务内容和服务质量等方面还有很大的空间可以拓展。这些方面说明党建在社会治理创新中的功能需要进一步发挥，特别是要形成区域化党建合力；在发挥驻区党组织服务社区居民的作用等方面还需要不断挖掘潜力和提升水平。

（二）社会治理体制方面的问题

浦东新区地区工作委员会是近年为加强社会建设和社会治理成立的新部门，但是地区工作委员会职能定位认识和社会治理统筹协调作用发挥还有待加强，相关职能有待丰富和完善。同时，浦东社会治理体制中的社会治理条块关系尚未理顺，基层治理权责划分仍需进一步厘清。特别是浦东探索的“管镇联动”体制，已经在张江、金桥探索试验两三年，但是在镇政府经济职能弱化、社会管理职能加强后，对于社会治理工作如何有效开展，开发区管委会和镇政府之间在合作、分工、协调等方面仍需深入探索，最大限度发挥“管镇联动”体制的优势。

（三）多元参与社会治理的问题

浦东社会参与量与参与度还存在多方面的问题。一是从总体上看，多主体参与过程分工与合作不明确，政社边界有待进一步厘清。二是社会组织的发展环境、发展平台等方面还需要进一步完善。社会组织的热情尚未得到充分调动，且参与能力也有待提高，大多只承担服务执行者角色，市场及社会组织参与面仍有较大提升空间。三是社会组织和公民参与社会治理的活力还不足，积极性不高，在志愿精神和公共精神等方面还需要加强。四是参与方式和渠道也存在一定的缺陷，浦东社会力量参与社会治理的机制不够丰富，社会力量参与社会治理的领域仍然有限。特别是智能化的方式需要加强，参与的平台和机制需要不断完善，参与领域也有进一步拓宽的需要。

（四）社区建设与基层治理人才队伍建设中的问题

浦东一直以来都将人才作为关键，但是基层社区治理实践中，如何吸引有能力的人参与社区治理；基层党组织书记如何选出最好的“班长”；社区工作者队伍素质和能力如何进一步加强等方面还没有形成好的制度和规范。由于社区多样性和社区居民利益诉求多元性，如何进一步推进社区治理精细化还需要更多的努力。推进社区治理精细化重点是体制机制，关键是人才，基层社会治理中的人才队伍依然存在素质不高、能力不足等方面的问题。

（五）社会治理整体能力和水平的问题

浦东新区面积超过1210平方公里，最大的镇——祝桥镇镇域面积超过150平方公里，最大的街道——花木街道面积超过20平方公里，而且很多社区都由过去的街道、乡镇直接转变而成，因此治理的幅度超大。由于浦东新区地域面积广，区域之间、城乡之间发展差异大，治理资源配置不均衡，难以满足群众日益增长的物质文化需求。如，教育、卫生、养老、公共文化等基本公共服务供给不均衡且缺乏统筹，利用冷热不均；硬件设施建设仍然不足，文体活动场所尤为匮乏；公共财政在城乡基本公共服务方面投入结构不够均衡；资金使用分散和交叉重复使用并存；金融对“三农”支持不足。浦东新区社会治理水平仍然难以适应社会信息化、复杂化的发展趋势，在应对大数据时代社会治理的新需求和新挑战方面准备还不充分。网络犯罪等新兴公共安全问题以及大数据时代舆情收集和管理新变化的挑战，对新区创新社会治理提出了新的要求。网格化管理中，网格设置不够科学、网格职能边界不够明晰、网格化与联勤联动的对接协同机制还不够完善。因而，还需要不断提升浦东新区整体社会治理能力和水平。

四　提升浦东社会治理创新能力的对策建议

2017年上海市第十一次党代会提出：到2040年上海建成卓越的全球城市目标。为此目标，浦东新区需要为构建与全球卓越城市目标相一致的社会治理能力和水平而不断创新和努力。根据浦东当前社会治理中的主要问题和经济社会发展阶段和条件现状，提出如下建议。

（一）进一步加强党建体系建设，强化引领作用

党建引领社会治理创新是上海的品牌，也是浦东创设的品牌。以党建引

领基层社会治理创新，强化基层党组织领导，依托区域化党建平台，完善基层社会治理体系，着力提高基层治理水平和为群众办事能力。

一是着力构建完善的党委领导社会治理工作格局，完善区域化党建网络。办好中国的事情关键在党。这是中国的特色，也是中国的优势。因为只有中国共产党才是真正代表最广大人民根本利益的政党。在城市大党建格局下，强化党（工）委在区域化党建中的核心领导作用，健全区域化党建区、街镇、居村的组织网络，构建区、街镇（开发区）党建服务中心和居村、楼宇、园区党建服务工作站三级党建服务阵地体系。建立镇管社区党委体制，负责对应的责任网格范围内的区域化党建工作，强化“两委一中心”延展功能。[①] 探索以单元网格为基础的网格党建。依托居民区“大党委制”，做实楼组党建、队组党建、农村合作社党建等载体，发挥居村、楼队党组织在网格区域化党建中的领导核心和组织协调作用。

二是着力健全有效的党建引领社会治理工作机制，完善区域化党建组织体系和协同模式。深化落实“双报到”“双报告”制度。通过培育基层群众自治力量，使各类专业性的行业协会和经济合作组织以及基层群众的自主权、自治权和参与权有机融合，促进党建工作从传统领域向新型领域延伸。推进自下而上的社区自治共治议题和项目形成机制，以更好推进党建引领下的社区自治共治，满足群众社会参与需求、有效激发社会活力。推动街道“1 +2”领导体制和镇管社区体制有效运转，健全相关工作机制。

三是积极创新城市基层党建方式方法，引领共治自治。建设党建信息系统，深入实施“互联网 +”党组织和党员管理新模式，建立覆盖区域内各级各类党组织和党员的区党建数据库，推进党建信息系统与城市运行管理综合平台、“走千听万”平台等系统互联互通。深化完善三级党建服务阵地，强化区党建服务中心统筹协调功能，建设集社区党校、书记工作室、群团之家等于一体的枢纽型街镇党建服务阵地，推进村居党建服务工作站、园区“金领驿站”建设。健全区域化党建组织网络，健全区域化党建促进会分会

① 俞祖成：《新时代社区治理的多元主体参与》，《中国社会组织》2018 年第 2 期。

议事机构和成员构成，积极推动区域化党建向上拓展、向下延伸，发挥驻区单位党组织作用，积极参与社区共商共治。

四是党建引领社会治理创新的基本路径。以思想建党方式推进社会主义核心价值观在思想意识形态领域的引领作用，协调利益关系，凝聚社会共识，推进社会整合；将创新党建模式和创新社会治理平台并举，推动多元参与和协商共治；以依规治党引导依法治理，推进基层社会治理法治化、现代化；以党内民主带动人民民主和基层民主发展，激发社会活力，实现国家与社会良性互动，扩大社会参与，推进基层社会治理社会化；以服务型党组织推进服务型社会建设，实现社会发展成果共享，消除转型期社会矛盾产生的根源，实现基层社会治理有序和谐的目标。

（二）进一步加大社会组织扶持力度，规范政府购买服务

“十三五”期间，根据创新社会治理体制、激发社会组织活力的总体要求，新区政府出台了《关于“十三五”期间促进浦东新区社会组织发展的财政扶持意见》（浦府〔2016〕184 号）及实施细则，进一步推动浦东新区社会组织在经济社会发展中发挥积极作用。一是加强分类扶持。重点发展社区社会组织、行业协会商会类社会组织、支持型社会组织和枢纽型社会组织，把握社会组织整体发展方向。二是注重绩效导向。坚持问题导向、需求导向，在条款上创新行业发展补贴、项目发展补贴、发展性补贴、社会募款管理费补贴与社会募款奖励等内容，更加关注社会组织功能的实现，鼓励各级各类社会组织在所处领域更好地发挥作用，更好地服务浦东经济社会发展大局。三是体现择优发展。延续“十二五”期间房租补贴、工作经费补贴、人才补贴、活动经费补贴、规范化建设奖励和创先争优奖励等条款内容，对享受范围和要求进行调整，重点支持具有发展潜力、具有行业示范性和影响力以及具有较大社会服务效能的社会组织，形成优势发展，打造领军方阵。四是引导分层扶持。以充分调动区级、自贸区片区局和街镇资源为重点，鼓励构建综合立体的社会组织服务支持体系。

要严格按照《浦东新区政府购买服务管理办法》等制度的相关规定，

促进政府购买服务向规范化、标准化、程序化方向发展。一是要规范购买主体和内容。购买主体必须为行政机关、行政类事业单位、参照行政类事业单位以及党的机关、群团组织。事业单位购买的服务都不能统计为政府购买服务，只能作为一般性项目实施。购买的项目内容要符合《浦东新区政府购买实施目录》的相关规定。二是要优化完善购买机制。政府采购的是社会关注度比较高的领域，政府购买服务项目尤其要严格执行政府采购制度的规定。在此基础上，要建立和完善以政府采购、合同管理、绩效评价、信息公开为主要内容的管理模式。三是要加强购买岗位项目管理。要探索建立机构编制管理和政府购买服务的互动协调机制，严格控制财政供养人口，加快转变财政拨款从“买人”到“买事”的转变，真正实现花钱购买服务。

（三）积极推进社会治理智能化，加强信息共建共享

运用现代科技提高社会治理智能化水平，是浦东坚定追求卓越的发展取向、推动高质量发展、创造高品质生活的现实需要。

一要强化信息采集。信息采集是智能化的基础。由于浦东各部门社会治理相关信息互不相通，互不兼容，因此目前基层的主要问题还是信息共享不够，信息孤岛、信息烟囱现象非常突出，数据条块分割的情况比较严重。现有的数据共享不少还只是定期发送数据包，并不能做到动态跟踪、实时更新、自动抓取。我们要以共享为原则、不共享为例外，大力破除信息壁垒，要把信息采集工作切实抓起来，做到全覆盖、无死角。

二要强化应用开发。坚持以应用牵引智能化推进，集中力量办成办好几件实事，让群众感受到智能化的高效便捷，让职能部门尝到智能化的甜头。依托数据共享和流程再造，打响“一网通办”这个优化营商环境的主抓手，“一网”既包括线上也包括线下，“通办”既包括“法人事”也包括“民生事”。老龄化是上海面临的一个大问题，应加强信息技术在居家养老领域的应用，应提升居家养老智能化水平。比如浦东沪东新村街道给居家养老的家庭安装居家安防“三件套”，即可燃气体传感器、烟雾告

警器、紧急告警器，把“三件套”感知信息接入后台指挥系统，事故发生率大大减少。在安全领域，要加强对人流密集场所、消费管理、危化品运输的实时信息感知、实时控制的技术应用，提高隐患主动发现率和及时解决率。

三要强化技术迭代，强化共建共享。新技术代替旧技术叫技术迭代。在推进社会治理智能化方面，要针对问题、逐步改进、不断升级技术水平。智能化处理要从大数据技术向人工智能升级，算法模型不仅要统计过去、感知现在，还要能够准确预测未来。社会治理智能化建设要坚持顶层设计、系统集成，与智慧政府、网格化管理、智慧公安三大信息平台有机衔接，与各部门和各区的智能化实践充分对接。同时，要稳步推进政府信息安全有序地向企业和社会开放共享，为社会多元主体参与治理提供数据支撑。

（四）社会多元参与要激发社会活力

随着新时代社会主要矛盾的变化，人民对社会治理和城市管理的要求越来越高，已经不满足于由政府单向提供管理和服务，而是希望有更多的过程参与和自治共治，这是由管理向治理转变的内在要求。打造共建共治共享的社会治理格局，需要广大群众和各方面的积极参与。

一要扩大参与主体。有事好商量，众人的事情由众人商量，这是中国社会治理在基层的重要特点。因此，居村委员会要把群众组织起来，依法实现自我治理、自我服务、自我教育、自我发展。工会、共青团、妇联等群团组织要发挥桥梁纽带作用，把各自联系的群众动员和引导到社会治理事务中去。要加快社会组织的培育发展，通过政府购买服务、健全激励补偿等手段，引导社会组织参与社会治理，有效延伸党委政府的工作手臂。要善于发现和挖掘基层群众中的能人、达人，包括退休的老干部、教师、医生、文艺工作者等，让群众来做群众工作。

二要创新参与方式。随着信息化、智能化快速发展，推进社会治理创新方式成为提升社会治理创新能力的重要体现，浦东新区创新社会治理参与方式要自治共治德治法治一体化推进。要注重项目引领，自治项目、共治议题的形成一定要自下而上，让驻区单位和基层群众参与讨论、高度认同、自觉执行。群众参与要依法进行，要提高基层治理法治化、规范化水平，引入法律顾问，为基层治理把好合法合规关。“有法依法，无法依规，无法无规，村民自治”比较符合当前基层特别是农村的实际情况。要从群众最关心、最切实的利益问题入手，不断推进基层群众参与。许多基层事务细小繁杂，法律法规没有规定，要充分发挥村规民约在协调邻里关系、约束个人行为、保障群众利益方面的作用。

三要拓宽参与领域。在社会治理特别是公共服务方面，凡是社会能办好的，就尽量交给社会力量承担；凡是适合市场、社会组织承担的工作，都可以通过委托、承包、采购等方式交给市场和社会组织承担。社会力量不仅可以参与传统的志愿服务、关爱服务、维权服务、社区服务，还可以进入文化保护、矛盾化解、环境治理等领域。政府包揽包办社会治理，往往会产生不好的效果，如果由社会组织出面反而更容易消除可能存在的对立情绪，更容易凝聚群众的共识，更容易把事办成。

（五）进一步加强法治社会建设，推动社会治理法治化

加强法治社会建设，聚合社会各方力量，运用不同方式，创新各种机制，构建“党委领导、政府负责、社会协同、公众参与、法治保障”的多方主体协同共治的新模式新机制，创造良好的法治环境。

一是构建立体多元的社会法治宣传教育传播体系，推动全社会树立法治意识。要在公民中加大全面普法力度，形成潜移默化的法治信仰和认同；建设社会主义法治文化，推进法治与德治协同发展；加强社会诚信建设，把诚信建设同其他方面的公共服务联系起来，实现“不诚信者寸步难行”。

二是构建多层次多领域基层依法治理体系，深入推进基层民主法治建设。注重发挥人民群众的主体作用，系统开展基层社会治理，打造多元主体共同参与的基层依法治理平台，确保法治建设在基层社会多维渗透、全面可操作。加强和完善基层群众自治制度，发挥人大代表、政协委员在法

治社会建设中的作用。深化行业依法治理，大力培育发展社会组织，切实发挥其在法治社会建设中的积极作用。加强基层法治文明创建活动，深化基层民主法治示范居村创建活动，探索自贸试验区和科创中心社会治理特色模式。

三是构建系统完备的公共法律服务体系，丰富公共法律服务供给。普遍建立完善基层法律顾问制度；深化法律援助，提高法律援助覆盖面和服务水平；规范完善律师、公证等法律服务业；推动发展公益诉讼。

四是构建"以人为本"的依法维权和化解纠纷体系，形成稳定和谐的法治社会状态。探索推行人民调解开放式、专业化、社会化发展模式，保障人民群众参与司法。健全完善公共安全体系，把信访纳入法治化轨道，积极推动发展商事仲裁，实现纠纷解决机制的有效衔接。

（六）社会共治和群众自治结合，进一步提升整体功能

一是建立健全社区多元共治平台。进一步健全社区多元共治的组织构架，规范社区委员会职能，完善社区代表大会制度，建立健全以居民区党组织为领导核心，居委会为主导，居民为主体，业委会、物业公司、驻区单位、社会组织等共同参与的治理架构。进一步理顺社区共治基本规则和流程，重点推进社区议事规则制定，建立街镇约谈条线职能部门机制，提升社区议事活动的规范性和有序性。① 发展社区基金或社区基金会，增强社区共治的资源支持。着眼于解决社区居民的实际问题，努力提升"潮汐式停车"等一批社区共治品牌项目的影响力和实际效果。

二是推动共治发展。健全区域化党建组织网络，充分发挥社区委员会共治功能，引导动员区域企事业单位、各类机构组织共建社区。积极创设公共议题，进一步发挥基层党组织统筹协调作用，深入推广"潮汐式停车"等典型案例，引导各类主体参与治理、破解难题。加强基层治理专业化支撑，完善政府购买服务平台建设，探索建立差异化购买服务项目成本核算标准；

① 俞祖成：《新时代社区治理的多元主体参与》，《中国社会组织》2018 年第 2 期。

加强社会组织党建，引导其自律自治、规范管理、健康发展；做实做强社区基金会，依托“公益活动月”“缤纷社区”等项目，引导社会力量参与社区治理。

三是有效提高社区自治水平。加强自治建设，进一步发挥自我管理、自我教育、自我服务的功能。推进自治功能回归，梳理和清理村居委会工作事项，完善村居委会依法协助行政事项清单和事项准入机制。加强党建引领自治，深入推广“1+1+X”“自治金”等典型经验，发挥基层党组织在群众自治中的领导核心作用。丰富自治内容，把物业管理、环境卫生、河道整治、社区安全、违法建筑、群租等管理难点问题作为自治的重点，充分发挥业委会作用，提升基层自治能级。进一步理顺社区居委会和业委会之间的关系，加强党组织领导，推进居委会和业委会成员交叉任职，加强居委会和业委会之间的协调与配合；充分发挥居委会和业委会的自身优势，重点解决居民区“急难愁”问题。培育和凝聚一批有影响力的社区带头人，扩大社区公众参与渠道。丰富社区自治项目，鼓励社区居民自下而上生成自治项目。

（七）进一步加强队伍建设，打造一支坚强有力的基层队伍

基层队伍建设要突出能力本领。创新社会治理加强基层建设，关键还是要有一支高素质专业化的基层队伍。

一要着重抓好带头人队伍建设。居村党组织书记是基层群众的“主心骨”“当家人”，离群众最近，就在群众身边。老百姓有事，首先想到的往往是居村党组织书记。居村党组织书记是基层社会治理的核心力量，要着眼长远，逐步探索完善居村党组织书记队伍建设的各项制度体系。重点是后备队伍，在逐步消化退休返聘书记的基础上，完善社区工作者招录办法，增加街镇自主权，吸引更多具有党务工作经验的企事业职工进入社区工作，储备优秀人才，推进居村队伍结构持续优化。后备人才对民政、计生、老龄、党建、调解等各条线应知应会的内容都要熟悉了解，练就全方位服务群众的本领。同时，要加强实践历练，在艰苦岗位锤炼、在多个地方磨炼，尤其要用

好各种书记工作室、实训基地，请社会治理的老干部做好传帮带。选优配强，把基层的好“班长”选出来、用起来，市委组织部、市民政局要加强指导。

二要抓好基层干部的培训锻炼。要在职业化、专业化上下功夫，健全分层分类的培训体系。对居村书记，要将其纳入干部教育培训的主体班次；对专业社区工作者，要围绕社区治理形势任务、社区发展基础理论、社区社会工作方法、社区心理学等专题培训，培养“全科社工”，进一步提升其综合能力。对农村地区的干部，要结合农村地区实际，重点加强其依法办事、民主管理、服务群众等方面的技能知识培训。

三要不断提升激励保障。常态化管理居民区书记进享编，明确居民区党组织书记人走编留、职级晋升等待遇保障问题。稳妥做好社区工作者薪酬调整，完善绩效考核，突出工作实绩和群众评价，将探索评价结果与社工岗位等级调整、薪酬待遇、奖励惩戒、续聘解聘等挂钩，完善“能上能下、能进能出”的激励约束机制。探索建立跨街镇的社区工作者岗位交流平台，明确区内跨街镇人员流动程序和要求，规范人员流动。建立与综合管理执法要求相适应的多能型执法队伍，做好执法辅助人员的薪酬标准和政策制定，加强规范化管理。加大对社会组织人才的教育培训力度，持续推进社会组织人才“百千万”工程。

四要扎实推动社会工作职业化发展。鼓励社会组织引入专业社工人才，在服务中运用专业社工方法，增强社会力量的专业优势，发挥其服务特长。加大对社工的培养和发展支持力度，建立健全社工督导培养机制，通过对社工进行社会工作、社区管理、社会政策等专业培训和相关认证，打造一支由各级督导组成、梯度化发展的社工督导队伍。进一步完善社工薪酬体系和职业化成长体系，探索社工薪酬合理增长机制，改善社工人才的工资收入、福利待遇和工作条件；加大社工人才在政治参与、先进评选、人才资助中的政策倾斜力度；重视并加强社工高层次人才引进的后续管理和跟踪服务，完善社工人才服务、管理、评估、使用的长效机制，不断拓展社工人才的发展空间。

参考文献

丁元竹：《社会治理现代化的探索》，国家行政学院出版社，2016。

冯仕政：《社会治理新蓝图》，中国人民大学出版社，2017。

傅利平等：《天津社会治理科学化评价研究》，经济管理出版社，2015。

龚维斌：《中国特色社会主义社会治理体制》，经济管理出版社，2016。

韩立红：《中国共产党的社会管理创新之道》，人民出版社，2017。

李培林：《中国社会巨变与社会治理》，中国社会科学出版社，2014。

夏建中：《中国城市社区治理结构研究》，中国人民大学出版社，2012。

桂家友：《从边缘化郊区到现代化城区：以浦东基层社会治理创新为视角》，上海人民出版社，2016。

评 价 篇

Evaluation Report

B.2 2017年浦东新区社会治理指数报告

鲍宗豪　陈新光　杜文珏　李春强*

摘　要： 通过对相关数据分析，可以看出浦东新区社会治理仍存在短板，集中反映在教育卫生事业投入不足、民生保障建设处于相对落后水平、对社会组织培育投入不够、城乡发展不平衡不充分的矛盾比较突出等问题。有关部门要以问题为导向，不断完善浦东新区社会制度建设，运用好“指数评价标准化”，以“指数评价标准化”作为参考系，着力解决治理短板问题，以整体提升浦东新区社会治理指数

* 鲍宗豪，华东理工大学教授、博士研究生导师，上海华夏社会发展研究院院长，浦东新区社会建设研究会会长，研究方向为城市文明与现代化、社会建设和社会治理；陈新光，上海市统计学会副会长，上海大学经济学院兼职教授、法学博士，浦东新区社会建设研究会理事，研究方向为统计与经济、社会治理与社会建设；杜文珏，上海大学经济学院金融专业硕士研究生，研究方向为金融；李春强，上海大学经济学院金融专业硕士研究生，研究方向为金融。

水平。

关键词： 社会治理指数 进步指数 评价体系

一 导言

（一）开展浦东新区社会治理评价的重要意义

浦东新区作为国际超大型城区、全国改革开放的先行区、上海经济社会发展的桥头堡，其创新社会治理的实践与探索将对上海乃至全国产生示范作用和影响。2015 年 10 月 29 日，中国共产党第十八届中央委员会第五次全体会议通过《中共中央关于国家“十三五”规划》的建议，提出要建立共建共享的社会治理格局。2017 年 10 月，党的十九大在此基础上，增加了“共治”，更加充分地体现了治理的核心思想是建立共建共治共享的社会治理格局。如何通过对一个城市社会治理能力和水平的评价，把握该城市社会治理的特点和趋势？研究并发布浦东新区社会治理指数，对深化社会治理具有重要现实意义。

1. 贯彻落实十九大创新社会治理的重要举措

党的十九大提出建立共建共治共享的社会治理格局，着眼于夯实社会治理的“社会”基础，着眼于全面提升社会治理能力和水平。研制浦东新区社会治理指数，重在强调浦东新区社会治理的过程性，突出浦东创新治理的前瞻性，做到国际标准的可比性，兼顾日常工作的考核性。通过浦东新区社会治理指数，可对社会治理实践及其成效进行全面公正、客观的度量、评价与比较。一方面，发挥其对社会治理过程的咨询和监测作用；另一方面，使其成为反映浦东新区社会治理状况的“晴雨表”，真正起到预警作用，帮助政府相关部门及时准确地把握浦东新区社会治理现状、水平和走势，发现社会治理的薄弱环节和问题，从而厘清社会治理的指向和着力点，增强做好社会治理工作的自觉性。

2. 树立创新社会治理体制机制的新理念

十九大报告指出，我国社会主要矛盾已经转化为人民日益增长的美好生活需要和不平衡不充分的发展之间的矛盾。这一重大科学论断蕴含着丰富的内涵，这体现了中国特色社会主义进入新时代后呈现的新特征，面临的新任务和新挑战。社会主要矛盾变化反映在社会治理上主要是城乡之间收入不平衡、地区之间发展不平衡，要求我们逐步缩小居民收入差距、实现公共服务均等化，特别是地区间要协调共同发展。从“物质文化需要”到“美好生活需要”的变化，反映的是社会的进步和发展阶段的提高。人民美好生活需要日益广泛，不仅对物质文化生活提出了更高要求，在民主、法治、公平、正义、安全、环境等方面的要求也日益增长。

浦东新区“社会治理指数评价体系”和“社会治理指数体系标准化”，是从“质”和“量”结合的层面，对浦东新区推进国家治理现代化的一种实践探索。从本质上看，是社会主要矛盾的变化对社会治理提出的新要求，它面对的主要是社会领域的制度安排与能力建设问题，包括完善社会政策、培育社会力量、发展社会事业、改善社会服务、解决社会问题、化解社会矛盾等。社会治理要解决的正是国家治理中日益凸显的社会各种矛盾和社会主要问题。

我们在国家治理现代化框架下，提出“创新社会治理”的命题，主要是基于如下社会现实。中国社会处在转型期，经济成分、组织形式、就业方式、思想观念、利益诉求乃至社会需求日趋多样化，社会分化程度及其复杂性和风险性有增无减，导致社会管理的环境、条件和内容都发生了深刻变化。而长期以来，一直是政府强势，以全能型的模式来对社会实施管理，现在这种模式越来越显得僵化，难以适应深刻变化和快速发展的现实社会。

目前，社会治理社会化和公共服务市场化已成为一种发展趋势。政府逐渐调整与社会的关系，从过去对社会治理事务大包大揽逐步转移职能，通过购买服务和招投标等方式将可以由市场和社会承担的事务交给企业部门和社会组织承担，充分发挥社会力量和公众社会治理的协同作用。这是在现实社会发生深刻变化之下，对重构国家与社会关系的一种实践探索，对社会治理模式的一种自觉创新。社会治理指数体系标准化就是对这种新模式实际运行绩效的全面检验。缘此，发布浦东新区社会治理指数体系标准化，就是要在浦东新区所管辖的区域内，构建一个由各级政府、企事业单位、社会组织以及居民个体等多元主体参与、互动、协商和协同治理绩效的公共空间。这个治理绩效公共空间是在多元主体参与、互动、协商和协同的集体行动中产生的，这种集体行动是以社会治理为内在的价值共识和精神追求为基础的。因此，浦东新区社会治理指数体系标准化从深层次意义上说就是对创新社会治理体制机制的一种实践探索。

3. 衡量社会治理能力和水平实行标准化

2017 年，浦东新区社会治理指数体系上了新台阶。在市委推进办和市社工委将浦东新区社会治理指数体系列为上海社会建设示范项目，市质量技术监督局指导、推动浦东新区社会治理指数体系标准化工作。2018 年 5 月，浦东新区社会治理指数体系标准化由市质监局和浦东新区政府联合发布，并在全市各区域推广，在国内产生了很大的影响。

从创新社会治理水平来看，研制浦东新区社会治理指数体系标准化具有如下主要功能：一是通过社会治理指数体系标准化，对浦东新区社会治理能力和水平进行综合度量和评价有了规范的标准和参考系；二是通过发布浦东新区社会治理指数体系标准化，使全国各地区学习浦东社会治理经验有了“定量的标准化”，使浦东社会治理经验得到真正意义上的可复制、可推广；三是浦东新区社会治理指数体系标准化，标志着浦东创新社会治理的能力和水平得到提升。从这个意义上说，浦东新区社会治理指数体系标准化，是对基层社会治理工作成效的一种全面考核，它使浦东新区基层单位进行有效治理有了标准化的参考系。

（二）研制浦东新区社会治理指数体系标准化的目标、原则和方法

社会治理专业化的发达程度是衡量一个国家或地区社会服务和社会治理水平的重要标志。提高浦东新区社会治理专业化水平，要求社会服务和社会治理有专业的队伍、专业的理念、专业的技术和方法。为了进一步加强浦东

新区社会治理，推进浦东地区社会治理创新，应根据浦东新区经济社会发展的实际情况和社会治理的特点，开展浦东新区社会治理指数体系标准化研究。

1. 研制的目标任务

社会治理智能化，就是在网络化和网络平台基础上，运用大数据、云计算、物联网等信息技术，使我们的社会治理能够更加精准分析、精准服务、精准治理、精准监督、精准反馈，在社会治理方式上实现革命性的变革。近年来，上海市、区两级社会建设指标体系和浦东的社会发展评价指标体系的共同特点是以“目标值”为导向，通过运用智能化手段，对不同年份指标达标情况进行评价，反映社会建设指标的达标水平。这种方式也存在不足，主要有以下三点。一是缺乏对社会建设、社会发展概念及其内涵和边界的界定，导致一级指标的大小层次不一致，整个体系无内在逻辑关联。二是不少指标数据难采集，或意义不大，如原设置的“道路密度”“农村村庄改造率”等对社会建设的贡献度不大；“恩格尔系数”全国基本不用；“刑事案件立案数”，因为立案数高和低都不好，公安部也不采用。三是指标缺乏横向可比性，结果指标量很大，但无法与国内其他城市或国外社会建设水平做比较，无法定位浦东新区社会建设、社会发展客观水平。

因而，需要结合浦东新区政府各委办局及街镇实际工作特点，在综合已有的相关考评指标的基础上，研制浦东新区社会治理指数体系标准化，同时，结合2017年浦东新区创新社会治理加强基层建设重点工作安排，集成以下三大类社会治理指标，展开对浦东新区社会治理指数体系的研究（见图1）。

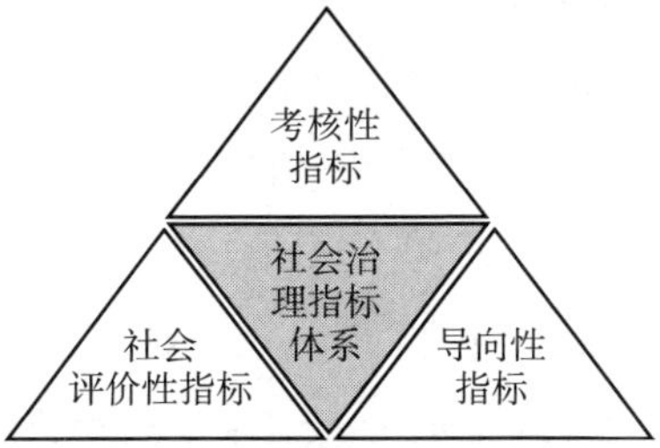

图1　社会治理指标体系

（1）导向性指标

导向性指标分为目标值导向和结果水平导向，前者注重对工作计划的实施情况进行反馈，后者注重当前工作所处的地位和水平。就浦东新区而言，结果水平导向需要有前瞻性和国际化视野；对全国和上海地区而言，浦东新区社会治理工作无疑担负着先行先试的责任和压力，这就需要加强对浦东地区社会治理未来方向的研究，通过设置导向性指标来引导发展方向，形成可复制可推广的“浦东经验”和“浦东做法”。

（2）社会评价性指标

社会评价性指标突出指标的社会反应度，特别强调具体工作针对性群体和个人的感受程度，例如老百姓的满意度、社会的整体印象等感知程度。这既是社会治理、社会服务工作的落脚点和归宿，也是具体工作完成情况的社会评价。

（3）考核性指标

将相关委办局已有的考核性指标，主要是针对日常工作的考核性指标进行综合筛选升级，统一纳入社会治理指数体系当中。这样体现 36 个街镇对社会治理指数的贡献度，也避免给基层工作带来不必要的重复性考核。

浦东新区社会治理指数体系，将导向性、社会评价性和考核性指标予以系统整合，形成集导向性、社会评价性和考核性于一体的社会治理指数评价指标体系。

2. 研制的基本原则

（1）代表性与可操作性相结合

浦东新区社会治理指数体系共采纳 50 个指标，基本涵盖了浦东新区经济社会发展的方方面面，但指数体系很难穷尽。作为引导和聚焦重点的工具，指标应该尽量少而精、代表性强，避免面面俱到、复杂烦琐。

同时，为便于评价，发现优势与不足，应尽量采用可操作性较强的指标。可操作性主要体现在以下几方面：一是所选指标与上海定位全球卓越城市的事权匹配，如指标的选取重点考虑浦东新区对市级层面有所作为和各区的可比性；二是指标及相关工作的动态性、可持续性和可提升性；三是指标的可量化、可统计、可衡量；四是指标目标值及相关标准，指标要求不宜过高或过低，以“跳一跳可以达到”为宜。

（2）共性指标与个性指标相结合

除了引领和推动实际工作之外，选择浦东新区社会治理指数体系的指标既要考虑“人无我有、人有我优、人优我特”，体现浦东新区在社会治理方面的优势和领先地位，又要兼顾浦东新区 36 个街镇发展的不平衡现状，有所差异。指标总体分为两大类。第一类是要跳出浦东看浦东。设置共性指标（以相对指标为主，并考虑和借鉴了国内外标志性地区公认的衡量指标），通过相应的工作推进实现“人有我优”。第二类是要融入浦东看浦东。为进一步突出浦东新区的发展特色，设置差异性指标，既可衡量浦东新区街镇的提升程度，通过相关工作推进实现“人无我有”；又可根据 36 个街镇的实际进行分类指导，引导各街镇的社会治理。另外，还要结合街镇的典型做法，形成“人优我特”的机制、做法，并进行推广。所有指标都采用统计年鉴或相关委办局提供的数据，然后运用主成分数学模型计算，最终形成浦东新区社会治理指数，反映浦东新区的社会治理水平。

（3）客观指标与主观指标相结合

浦东新区开展社会治理指数体系标准化研究最终的目的之一，就是惠及民生、民生幸福。浦东新区社会治理的水平与绩效，通过客观指标与主观指标来反映。对浦东新区社会治理的认知度、支持率及满意度的评估，虽是主观的，但它们是对浦东新区社会治理指数体系建设各项工作内容、工作绩效的反映和评价。因此，在社会设施、社会服务、社会治安等评价维度中，除了设置反映实际发展情况的客观量化指标之外，还设置了部分主观认知度、满意度指标，如“12345 市民服务热线回访满意率”“市民食品安全知晓度”等，从主客观相结合角度反映浦东新区社会治理的水平。

（4）现实性与前瞻性指标相结合

浦东新区社会治理指数体系相关指标的选取，既要立足浦东新区的现状，彰显浦东新区社会管理和社会治理的当下特点、优势；又要设置一些前沿性、引领性的指标，如“食品安全风险监测总体合格率”“全年空气优良率”“公共场所政府免费 WiFi 数”等，并使这些前瞻性指标能成为引领浦东新区社会治理一个又一个新的目标。

3. 研制的方法

研制浦东新区社会治理指数体系标准化，具有一定的开创性。尽管关于社会治理的文献有很多，但如何以指数形式表达社会治理的科学内涵、精神实质和实践要求，尚未形成较权威的说法。为此，课题组自 2016 年起，先后深入浦东新区 20 多个街镇开展实地调研，先后召开 8 次相关委办局的座谈会，最后由国家统计局浦东调查队逐条论证指标的可行性，进而形成浦东新区社会治理指数评价体系。2017 年，在市委推进办、市社工委和市质监局的指导下，开展浦东新区社会治理指数评价体系标准化研究，通过了专家评审并对社会公开发布。

（1）评价指标体系的构建

根据导向性、全面性、公认性、可行性和创新性原则，运用熵权法、头脑风暴法科学合理地筛选评价指标。

第一步，确定基础指标群。包括从浦东新区“十三五”规划及相关部门已有的指标中选取；从北京、香港、天津、重庆、广州、深圳等已有的社会治理指标中选取；从 G20 国家、中等发达国家相关的指标中选取（见图 2）。

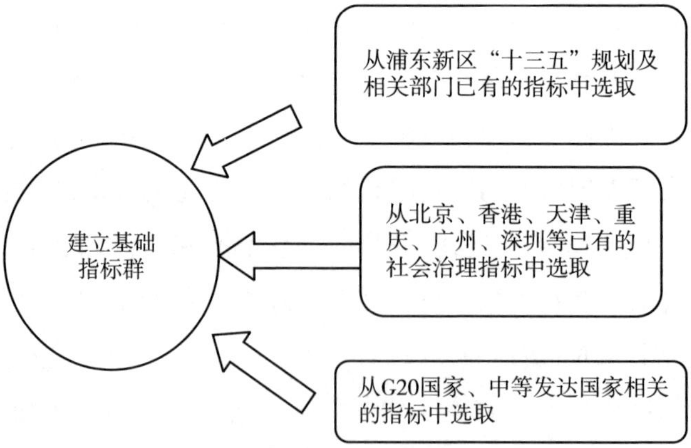

图 2　基础指标群的依据及来源

第二步，将基础指标群中有连续三年基本数据的指标挑选出来，用熵权法进行计算，得出各评价指标对评价对象的区分程度，研究各评价指标的相对重要程度。

第三步，通过熵权法计算出的评价指标，用定性分析方法进行调整。首先是进行标杆研究，找出有借鉴意义的做法和指标进行增补；其次是由相关专家通过头脑风暴法对社会治理指标体系进行充实和完善（见图3）。

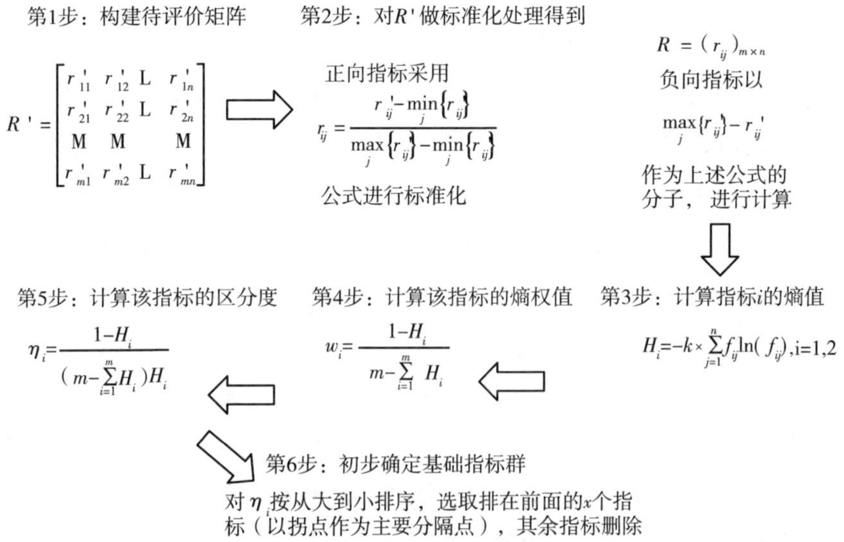

图3　运用熵权法筛选基础指标的步骤

（2）评价指标及其权重的确定

浦东新区社会治理指数指标体系中既有客观指标，也有主观指标，还增加了社会评价类指标。对纳入指标体系的工作效能考评指标，通过10多个街镇的重点调研，予以确认。并对其中的6个指标进行综合计算，给36个街镇对浦东新区社会治理指数的贡献度排序。

在德尔菲法基础上，运用主成分分析法确定评价指标的权重。

（3）评价指标体系的结构

课题组经过两年多时间的筛选，反复听取浦东新区政府相关委办局的意见，并经国家统计局浦东调查队和市相关专家论证，最终确定通过“社会设施”“社会服务”等五个维度、50个指标评价浦东新区的社会治理情况。

（4）社会治理指数的计算

用主成分分析法计算浦东新区社会治理指数的具体步骤和方法如下。

一是对各种变量数据的中心化、标准化处理。

由于各个变量的实际意义不同、量纲单位不一样，各个变量数据的数量级也可能相差很大，所以，在进行主成分分析计算之前，我们先对各变量的观测数据进行了中心化、标准化处理。

所谓中心化、标准化处理，就是对每个变量的每个数据，都减去这个变量的样本均值，再除以这个变量的样本标准差。做这样的中心化、标准化处理以后，各个变量都变成了无量纲单位的变量，样本均值都等于0，样本标准差都等于1，就不会发生数量级相差悬殊的情况了。

二是进行主成分分析。

对中心化、标准化了的数据进行主成分分析，计算出各个主成分的贡献率和载荷，其中贡献率最大的就是第1个主成分。将第1个主成分的载荷除以各个变量的样本标准差，这样就得到了未中心化、标准化以前的原变量的载荷系数，也就是各个原变量在浦东新区社会治理指数中的系数。

三是计算浦东新区社会治理指数得分和浦东新区社会治理指数百分制得分及其排名。

将与各个年份（即各次观测）对应的原变量的数据，乘以这些原变量在浦东新区社会治理指数中的系数，再加起来，就得到了与各个年份对应的浦东新区社会治理指数得分。

为了让人更容易看出各个年份浦东新区社会治理指数得分的大小，课题组还计算出了各个年份的浦东新区社会治理指数百分制得分，具体计算方法如下。

第一步，先求每一个变量（即各个评价指标）在各个年份观测数据中的最大值，将每个变量观测到的最大值，乘以这些变量在浦东新区社会治理指数中的系数，然后加起来，就得到了浦东新区社会治理指数的百分标准值。

第二步，再将各个年份的浦东新区社会治理指数得分，除以浦东新区社会治理指数的百分标准值，再乘以100，就得到了各个年份的浦东新区社会治理指数百分制得分值。

例如，2016年的浦东新区社会治理指数得分是230.5430914，而浦东新区社会治理指数的百分标准值是270.6464412，计算可得：

$$(230.5430914 \div 270.6464412) \times 100 = 85.18$$

所以，上海市的浦东新区社会治理指数百分制得分就是85.18分。

四是计算“浦东新区社会治理指数2016年、2015年、2014年对2013年的进步指数”。

计算出了浦东新区社会治理指数2016年、2015年、2014年和2013年的得分后，为了对各年的得分进行比较，课题组还计算出了“浦东新区社会治理指数2016年、2015年、2014年对2013年的进步指数”，计算公式如下：

2016年进步指数 =（2016年百分制得分 ÷ 2013年百分制得分 − 1）× 100

2015年进步指数 =（2015年百分制得分 ÷ 2013年百分制得分 − 1）× 100

2014年进步指数 =（2014年百分制得分 ÷ 2013年百分制得分 − 1）× 100

二　2017年浦东新区社会治理综合指数

根据浦东新区政府相关委办局从《上海浦东新区统计年鉴》（2013～2017年）、《浦东新区社会发展情况报告》（2013～2016年）、《浦东民生满意度问卷调查报告》（2013～2017年）等采集的50个指标数据，以及由浦东新区政府委办局相关部门提供的2013～2017年相关统计数据，通过运用主成分数学模型，经计算分析，得出2013～2017年浦东新区社会治理综合指数及其进步指数。

（一）浦东新区社会治理指数评价体系的指标构成

2016年，课题组深入基层开展实地调研，召开相关座谈会，最后由浦东新区统计局（调查队）逐条论证指标的可行性，进而形成“浦东新区社会治理指数评价体系”。指数体系由“社会设施”“社会服务”“社会动员”“社会治安”“社会生态”五个维度、50个评价指标构成，通过运用主成分数学模型计算出浦东新区社会治理指数。

2017年，随着浦东新区社会治理指数体系不断完善，在市社工委、市质量技术监督局的指导下，浦东新区社会建设研究会联合浦东新区地工委、浦东新区市场监管局、浦东新区民政局、国家统计局浦东调查队在不改变五个维度的框架下，对50个指标逐个重新进行科学界定，分别做了修改和调整。同时，根据区委主要领导的意见，率先在上海17个区中进行社会治理指数体系标准化研究，取得了积极的成效，具有以下特点。

1. 首次在全国自贸试验区发布社会治理指数区级标准

2018年5月8日，上海市质量技术监督局和浦东新区政府共同发布《社会治理指数评价体系》并正式实施，这不仅是浦东新区首次在基层社会治理领域发布标准，也是首次在自贸试验区先行先试发布的区级标准。新发布的《社会治理指数评价体系》重在强调浦东社会治理的过程性、突出浦东创新治理的前瞻性、做到国际标准的可比性、兼顾日常工作的考核性。发挥《社会治理指数评价体系》对社会治理过程的跟踪、监测和预警作用，使其成为反映浦东社会治理状况的“晴雨表”，可及时准确把握浦东社会治理现状、水平和走势，厘清社会治理的指向和着力点。

2. 社会治理指数体系标准化在全市各区中推广

2017年，在浦东新区地工委的牵头下，在市质量技术监督局的指导下，浦东新区社会建设研究会与浦东新区市场监管局、浦东新区民政局和国家统计局浦东调查队根据新区主要领导的指示，联合参与了浦东新区社会治理指数体系标准化研究。历时近一年，研究成果得到了市委推进办公室和市社工委的充分肯定，并作为2017年上海社会建设成果的示范且在全市各区中推广和交流。

3. 落实“应有尽有”，确保市、区指标口径具有一致性、可比性

浦东新区社会建设研究会积极落实《上海市社会治理“十三五”规

划》，对照规划中新发布的上海市社会治理17项指标，保证基础指标不遗漏。经梳理，浦东新区社会治理指数共性指标有11项。其中6项指标与市的指标完全相同；另5项指标内容相类似，但表述不一致，将在完善指标时对名称进行更改，分别是区级财政向社会组织购买服务金额占财政支出比重、民间纠纷调解成功率、亿元国内生产总值生产安全事故死亡率、示范性智慧社区数、文明小区创建率。

4. 提高社会治理指数指标的精准度、聚焦度

浦东新区社会治理水平走在了全市和全国的前列，体现在社会治理指数指标上，2017年，课题组对社会治理指数评价体系的50个指标进行了修订和调整。修改的指标有4项，见表1。

表1　2017年修改的指标与2016年对比

序号	2016年	序号	2017年
1	每千人养老机构床位数	1	养老机构床位数占区域户籍老年人口比重
2	每万人建有工会组织数	2	工会建会率
3	平安创建率	3	平安示范社区数
4	人均城市绿地面积	4	人均公园绿地面积

调整的指标主要有7项，见表2。

表2　2017年剔除和新增的指标

序号	2017年剔除	序号	2017年新增
1	百兆家庭宽带接入能力覆盖率	1	示范性智慧社区数
2	住宅小区技防设施覆盖率	2	社会组织党组织应建已建率
3	社会组织公益活动月参与情况评价	3	已成立业委会小区占符合成立条件小区比例
4	居村委自治工作的知晓率、参与率和满意率	4	社区代表会议/社区委员会建成率
5	城镇居民人均文化娱乐消费支出比重	5	文明小区创建率
6	公众安全感满意度	6	可防性案件防控数
7	注册志愿者参与志愿服务比例	7	组建社区基金(会)的街镇数

5. 社会治理指数评价体系体现引领性

课题组研究设置若干引领性指标，努力推动浦东新区社会治理工作走在上海前列，引领性指标主要有三类。一是导向性指标。浦东新区作为国际性超大型城区，社会治理工作担负着先行先试的重任和压力，需要设立有国际化视野的导向性指标，如通过设置“环保基金支出”“每万人拥有公共体育文化设施面积”“每千人配置家庭全科医生人数”等指标来明确社会治理的未来发展方向，突出浦东新区创新治理的前瞻性。二是群众获得感指标。为了突出社会反应，特别强调具体工作针对性群体和个人的感受度，在社会设施、社会服务、社会治安等评价维度中，设置部分主观认知度指标，如“生活便利性满意度”“社会保障满意度”“市民食品安全知晓度”“平安示范社区数”“示范性智慧社区数”“已成立业委会小区占符合成立条件小区比例”等，从主客观相结合的角度反映具体工作的社会评价情况。三是绩效性指标。主要是通过对国内外相关统计数据进行类比，突出浦东新区在全市、全国和国际同类城市中的地位，凸显浦东新区的差距和优势，形成绩效导向压力，如设置“人口平均期望寿命”“人均公园绿地面积”“社区代表会议/社区委员会建成率”等指标，帮助政府相关部门及时准确地把握浦东新区社会治理现状、水平和走势，发现民生服务的薄弱环节和问题，从而厘清社会治理的着力点。另外，设置全区 36 个街镇对社会治理指数的贡献度的指标，如“组建社区基金（会）的街镇数”“文明小区创建率”“可防性案件防控数”等指标。推动街镇强化社会管理和推广《“家门口”服务规范》标准，重在解决社区治理中“人随事走”的社区服务痛点。同时，积极提炼总结基层和社区的典型做法，形成可复制可推广的“浦东社会治理”标准。

（二）浦东新区社会治理指数得分

根据分析计算，浦东新区社会治理综合指数（简称“综合指数”）百分制得分：2017 年为 87.20 分，比 2016 年提高了 2.02 分；2013 年为 80.59 分，2014 年为 83.08 分，2015 年为 84.90 分，2016 年为 85.18 分（见表3、图4）。

表 3　2013 ~ 2017 年浦东新区社会治理综合指数得分

年份	2013 年	2014 年	2015 年	2016 年	2017 年
综合指数	80. 59	83. 08	84. 90	85. 18	87. 20

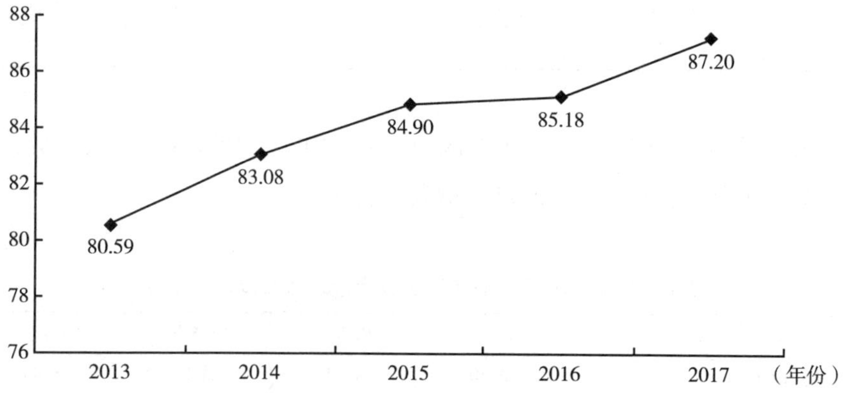

图 4　浦东新区社会治理综合指数得分走势

表 4 为“社会设施”“社会服务”“社会动员”“社会治安”“社会生态”五个维度 2013 年、2014 年、2015 年、2016 年、2017 年的得分情况。

表 4　2013 ~ 2017 年浦东新区社会治理指数得分

年份	2013 年	2014 年	2015 年	2016 年	2017 年
综 合 指 数	80. 59	83. 08	84. 90	85. 18	87. 20
社 会 设 施	80. 92	82. 78	84. 49	82. 62	84. 06
社 会 服 务	82. 07	83. 70	85. 24	87. 01	87. 57
社 会 动 员	80. 06	83. 80	86. 39	88. 29	89. 26
社 会 治 安	80. 75	82. 49	85. 84	88. 94	95. 52
社 会 生 态	80. 87	84. 24	85. 91	86. 72	86. 84
百分标准值	100	100	100	100	100

（三）浦东新区社会治理进步指数

相对于 2013 年，2014 年浦东新区社会治理进步指数为 3. 10，2015 年浦东新区社会治理进步指数为5.36，2016年浦东新区社会治理进步指数为5.70，2017年浦东新区社会治理进步指数为8.21（见表5）。

表5　2013～2017年浦东新区社会治理进步指数

年份	2013年	2014年	2015年	2016年	2017年
综合指数	—	3.10	5.36	5.70	8.21

从2013年到2017年，浦东新区的社会设施、社会服务、社会动员、社会治安、社会生态五个维度的进步指数见表6。

表6　2013～2017年浦东新区社会治理各维度进步指数

年份	2013年	2014年	2015年	2016年	2017年
社会设施	—	2.30	4.41	2.10	3.88
社会服务	—	2.00	3.87	6.02	6.71
社会动员	—	4.66	7.90	10.28	11.48
社会治安	—	2.15	6.30	10.14	18.29
社会生态	—	4.16	6.24	7.24	7.38

（四）社会治理水平解读

根据前面各类数据，对浦东社会治理的现状、特点及其存在问题做如下分析。

1. 有了一定基础，且持续进步

根据同一指标、同一采集数据方法、同一计算方法，计算出2013年到2017年浦东社会治理综合指数和分指数的得分，进而可从四年的得分清晰判断其进步状况。

从综合指数来看，2013年为80.59分，2014年为83.08分，2015年为84.90分，2016年为85.18分，2017年为87.20分。

从分指数来看，就社会设施而言，2017年为84.06分，比2016年提高了1.44分；2013年为80.92分，2014年为82.78分，2015年为84.49分，

2016 年为 82. 62 分。就社会服务而言，2017 年为 87. 57 分，比 2016 年提高了 0. 56 分；2013 年为 82. 07 分，2014 年为 83. 70 分，2015 年为 85. 24 分，2016 年为 87. 01 分。就社会动员而言，2017 年为 89. 26 分，比 2016 年提高了 0. 97 分；2013 年为 80. 06 分，2014 年为 83. 80 分，2015 年为 86. 39 分，2016 年为 88. 29 分。就社会治安而言，2017 年为 95. 52 分，比 2016 年提高了 6. 58 分；2013 年为 80. 75 分，2014 年为 82. 49 分，2015 年为 85. 84 分，2016 年为 88. 94 分。就社会生态而言，2017 年为 86. 84 分，比 2016 年提高了 0. 12 分；2013 年为 80. 87 分，2014 年为 84. 24 分，2015 年为 85. 91 分，2016 年为 86. 72 分。

2. 进步指数彰显进步水平

为了更好地描述浦东新区社会治理的进步水平，课题组还计算了综合进步指数以及五个维度的进步指数。从综合指数来看，自 2013 年以来，每年都在进步。相对于2013 年，2014 年的进步指数为3. 10，2015 年的进步指数为5. 36，2016 年的进步指数为5. 70，2017 年的进步指数为 8. 21。

从分指数来看，自 2013 年以来，每年也都在进步。就社会设施而言，2014 年、2015 年、2016 年、2017 年的进步指数分别为 2. 30、4. 41、2. 10、3. 88，2017 年比 2016 年提高了 1. 78（见表 7）。

表 7　社会设施进步指数

年份	2013 年	2014 年	2015 年	2016 年	2017 年
社会设施	—	2. 30	4. 41	2. 10	3. 88

就社会服务而言，2014 年、2015 年、2016 年、2017 年的进步指数分别为2. 00、3. 87、6. 02、6. 71（见表 8）。

表 8　社会服务进步指数

年份	2013 年	2014 年	2015 年	2016 年	2017 年
社会服务	—	2. 00	3. 87	6. 02	6. 71

就社会动员而言，2014 年、2015 年、2016 年、2017 年的进步指数分别为 4.66、7.90、10.28、11.48（见表9）。

表 9　社会动员进步指数

年份	2013 年	2014 年	2015 年	2016 年	2017 年
社会动员	—	4.66	7.90	10.28	11.48

就社会治安而言，2014 年、2015 年、2016 年、2017 年的进步指数分别为 2.15、6.30、10.14、18.29（见表 10）。

表 10　社会治安进步指数

年份	2013 年	2014 年	2015 年	2016 年	2017 年
社会治安	—	2.15	6.30	10.14	18.29

就社会生态而言，2014 年、2015 年、2016 年、2017 年的进步指数分别为 4.16、6.24、7.24、7.38（见表 11）。

表 11　社会生态进步指数

年份	2013 年	2014 年	2015 年	2016 年	2017 年
社会生态	—	4.16	6.24	7.24	7.38

其中，2014 年进步指数最高的是社会动员，为 4.66；2015 年进步指数最高的也是社会动员，为 7.90；2016 年进步指数最高的依然是社会动员，为 10.28；2017 年进步指数最高的则为社会治安，为 18.29。

3. 浦东社会治理的优势凸显，但还存在明显不足

就强项而言，浦东新区“社会组织”“社会民生”建设处于领先水平。例如，浦东新区人均期望寿命为 83.9 岁，比国内人均期望寿命最高的上海（83.18 岁）高出 0.72 岁，比 G20 国家排名第一的日本（83.7 岁）略高 0.2 岁，比 G20 国家排名第二的澳大利亚（82.8 岁）高出 1.1 岁，达到发达国

家水平。

就弱项而言，从近年来浦东社会治理指数看社会治理存在的主要问题。2017 年浦东新区社会治理综合指数得分为 87.20 分，虽然比 2016 年的 85.18 分高出了 2.02 分，但是浦东新区创新社会治理还面临以下突出问题。一是浦东新区教育卫生事业投入不足。例如，浦东新区的教育经费和卫生事业支出分别为 115.64 亿元、57.36 亿元，虽然比 2016 年分别增长 2.85%、1.05%，但与 2016 年上海市各城区相比，排名依旧靠后。二是民生保障建设处于相对落后水平。如 2017 年每千人拥有卫生技术人员数为 5.64 人、每千人口医疗卫生机构床位数为 4.1 张，但与北京市的中心城区相比、国内部分地级以上城市相比、与部分 G20 国家和中等发达国家相比，都处于落后水平。三是对社会组织培育投入不够。如区级财政向社会组织购买服务金额占财政支出比重，2017 年为 2.12%，2016 年为 3.73%，下降了 1.61 个百分点。四是每万人拥有社会组织数量 2016 年为 15.12 个，2017 年为 14.9 个，比 2016 年减少了 0.22 个。五是公共交通治理成效不显著。如道路事故发生数 2017 年为 15233 起，2016 年为 13970 起，事故发生数增加了 9.04%。六是基层社会治理的队伍建设问题仍然较突出。基层治理队伍与大数据时代给社会治理提出的挑战，与基层治理队伍的治理理念、治理能力等方面，还有一定的差距。

（五）影响社会治理水平的因素

从各评价指标的主成分载荷来看，对浦东新区社会治理现状发挥影响作用的主要因素，集中在如下六个方面。

一是社区服务。有 4 个社区服务类指标的绝对值相对较大，如“居村综合文化活动室达标率”“每十万人拥有城市商业综合体（购物中心）数量”“公共场所政府免费 WiFi 数”“生活便利性满意度”等。这表明，社区服务水平与浦东新区社会治理指数得分的相关度较大。

二是社会安全。有 4 个社会安全类指标的绝对值相对较大，如“道路交通事故发生数”“亿元国内生产总值生产安全事故死亡率”“可防性案件防控数”“平安示范社区数”等。这表明，社会安全水平与浦东新区社会治理指数得分的相关度较大。

三是社会组织。有 4 个社会组织类指标的绝对值相对较大，如“每万人拥有社会组织数量”“工会建会率”“每万人基层红十字会组织数”“区级财政向社会组织购买服务金额占财政支出比重”等。这表明，社会组织水平与浦东新区社会治理指数得分的相关度较大。

四是基本保障。有 3 个基本保障类指标的绝对值相对较大，如“高技能人才占技能劳动者的比重”“每千人口医疗卫生机构床位数”“每千人拥有卫生技术人员数”等。这表明，基本保障水平与浦东新区社会治理指数得分的相关度较大。

五是社会民生。有 3 个社会民生类指标的绝对值相对较大，如“居民人均可支配收入”“社会保障满意度”“人口平均期望寿命”等。这表明，社会民生水平与浦东新区社会治理指数得分的相关度较大。

六是社会公益。有 2 个社会公益类指标的绝对值相对较大，如“组建社区基金（会）的街镇数”“每十万人慈善捐款数”等。这表明，社会公益水平与浦东新区社会治理指数得分的相关度较大。

（六）社会治理成效与问题

结合以上数据分析，再结合党的十九大关于社会治理的重要论述和浦东新区社会治理“十三五”规划，课题组对浦东新区 2017 年社会治理的成效与问题做进一步分析。

1. 浦东新区建立共建共治共享的社会治理新格局

浦东新区认真贯彻党的十九大关于加强和创新社会治理要求，初步形成了共建共治共享的社会治理格局。浦东新区开发 28 年来，出现了多种多样的所有制形式，国有经济、集体经济、民营经济、个体经济、外资经济、股份制经济等快速发展，意味着浦东的经济资源、技术资源、人才资源等不是都集中在区委、区政府手中，其他的经济主体也掌握着大量的资源。为此，对社会成员的服务和管理，也不能完全由政府大包大揽，而应该由社会多个主体共同参与服务和治理。作为一个有限型政府，需要以开放的心态，整合社会各种资源、动员社会多个主体来共同参与对群众的服务和对国家社会公共事务的管理，形成社会治理人人有责、人人尽责的局面。只有实现社会共建共治，才能共享和谐稳定的社会发展环境。例如，坚持以人为本，维护广大居民的利益；坚持共建共商共治，推进社会治理的社会化、法治化、智能化、专业化；在社会治理中充分发挥大数据技术的作用。这厘清了社会治理工作指导思想，树立了社会治理的新理念。

2. 社会治理对接“家门口”服务体系

目前，浦东新区拥有社区社会组织567家，其中生活服务类94家、公益慈善类370家、文体活动类46家、专业调处类57家。浦东新区创新社会治理，以人民为中心，将“生活小事不出村居、教育服务就在身边”的家门口服务，建设成为一个村居层面的“家门口”服务体系，为居民提供党群、政务、生活、法律、健康、文化和城市管理共7大类服务，破解服务群众“最后一公里”难题。村居层面“家门口”服务体系平台是村居综合服务站。地区工委牵头形成了《浦东新区村居综合服务站条线下沉资源清单》和《浦东新区村居综合服务站基本服务项目清单》，为街镇、村居实际操作提供借鉴。村居综合服务站将依托村居党建服务站，集社区事务居村代理室、志愿者服务站、红十字服务站、青年中心（少年之家）、妇女之家、居民活动室、外来人口管理办公室、城市运行综合管理工作站、社区民众安全防护应急站、消费者权益保护联络站、食品安全工作站等站点于一身，把党建资源、公共资源、服务资源、管理资源、自治共治资源等汇集在一处，叠加党群服务、政务服务、为民服务、城市管理等功能，成为一个综合服务平台，使百姓得到实惠。目前，已逐步全面推开，到“十三五”末，将实现全区覆盖。

3. 浦东新区推进社会治理创新硕果累累

浦东新区作为全国改革开放的先行区，在加强社会治理方面一直走在全国的前列。按照习近平总书记关于上海“努力走出一条符合特大城市特点和规律的社会治理新路子”“在推进社会治理创新上有新作为”的要求，

2014年，在市委完成“创新社会治理加强基层建设”一号课题调研后，浦东新区区委先后出台创新浦东新区社会治理的“1+24”文件并紧抓推进落实。近年来，浦东新区地工委紧紧围绕“创新社会治理加强基层建设”主题，着力统筹协调，注重突破瓶颈，确保求得实效，在加强社会建设和社会治理方面取得了显著的成绩。具体来说，主要体现在六个方面：一是制定了《浦东新区社会治理“十三五”规划》《浦东新区关于构建党建引领的基层治理新格局的实施意见》；二是构建了自治、共治、德治、法治“四位一体”、由党建引领“四治”的新格局；三是打造了贯彻区委关于“管理进网格，服务进社区”的要求，构建村居“家门口”服务体系的品牌；四是建立了全市首创的浦东社会治理指数体系，与市质量技术监督局和浦东新区政府共同发布《社会治理指数评价体系》《“家门口”服务规范》两项社会治理领域的区级标准，并将其纳入市社会治理标准化体系，动态地监测浦东社会治理能力和水平；五是在全市率先建设了社会治理创新试验基地，选择不同社会治理领域的好做法、好经验，培育了塘桥、沪东、陆家嘴、航头、高行、川沙、书院等7个基地，形成了各自的特色项目，创新了基层经验培育模式；六是运用“互联网+社会治理”思维，打造了浦东新区社会治理综合信息服务平台，为社会治理创新提供信息支撑，提升了社会治理的智能化、专业化水平。

4. 浦东新区创新社会治理面临不平衡、不充分问题

浦东新区社会治理虽然走在全国前列，但是浦东新区创新社会治理也面临着不平衡、不充分的问题。主要原因有：一是随着中国工业化、市场化、城镇化的快速发展，一些利益群体之间的利益关系没有处理好，导致一些社会矛盾凸显，如小区物业管理、中心城区停车难、城市噪音等问题时而引发集访事件；二是随着社会主体日益多元化，市场机制及社会机制的作用日益重要，但社会组织发展还不壮大，政府购买服务投入减少；三是浦东地域广阔，破解城乡二元结构问题办法不多，市政建设和公共保障方面仍存在较大反差。

浦东新区社会治理不平衡、不充分问题主要体现在以下两个方面。

（1）社会治理不平衡的主要问题

主要有以下四个方面。一是建成区、城乡接合部、街道和乡镇之间的社会治理存在不平衡。浦东新区是副省级行政区域，区域面积为1210平方公里，截至2017年12月，浦东新区常住人口552.84万人，户籍人口298.96万人，现辖12个街道、24个镇。建成区中有全国乃至全世界最繁华的金融商业区，如陆家嘴地区。12个街道的经济和社会发展存在较大反差，24个镇发展同样不平衡。二是原南汇区的社会治理明显落后于浦东新区。2009年经国务院批复同意，南汇区并入浦东新区，虽然已经过9年的发展，但原南汇区的社会治理与浦东新区仍有较大反差。三是社会治理在财力投入上的不平衡。政府各部门、街道和镇的领导对社会治理的认识和重视程度不同，在财力的投入上也不尽相同，带来了浦东社会治理的不平衡。四是街道、镇的社会治理水平和品位不平衡，街道集中的问题是小区停车难、物业管理矛盾突出，镇集中的问题是公共医疗设施不配套、群众看病难、公共文化设施缺乏等。以上四个方面，直接造成浦东新区社会治理水平的差距和品位的高低，直接造成社会治理的不平衡。

（2）社会治理不充分的主要问题

主要有以下四个方面：一是政府相关部门、街镇领导参与度不够，表现为下沉到基层社区指导服务不够；二是发动面不充分，表现为国企、外企、股份制企业、民企、社会团体和社会组织参与度不够；三是社会组织发育不充分，表现为社工队伍还满足不了社会治理的需要，对各类社会组织（各类学会、协会、基金会、研究机构等）培育不够；四是政府购买公共服务不够，许多社会治理存在的问题需要社会组织来承担，由于政府财力投入不够，社会治理存在短板。

三　浦东新区社会治理分指数

根据2017年浦东新区社会治理指数，对比自2013年以来的历年指数进一步分析浦东新区社会治理五个维度的指数。

（一）社会设施指数

根据计算，浦东新区社会设施指数百分制得分：2013 年为 80.92 分，2014 年为 82.78 分，2015 年为 84.49 分，2016 年为 82.62 分，2017 年为 84.06 分。相对于 2013 年，2014 年浦东新区社会设施进步指数为 2.30，2015 年浦东新区社会设施进步指数为 4.41，2016 年浦东新区社会设施进步指数为 2.10，2017 年浦东新区社会设施进步指数为 3.88（见表 12、图 5）。

表 12　2013～2017 年浦东新区社会设施指数

指标	指数得分	指数百分制得分	进步指数
2013 年	105.4941283	80.92	—
2014 年	107.9252607	82.78	2.30
2015 年	110.1464884	84.49	4.41
2016 年	107.7084292	82.62	2.10
2017 年	109.5924875	84.06	3.88
百分标准值	130.3687915	100	

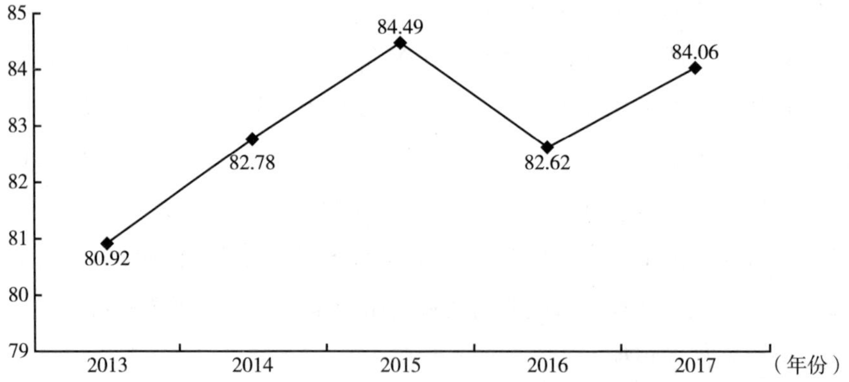

图 5　浦东新区社会设施指数百分制得分走势

从评价指标的主成分载荷分析来看，社会设施指数包含 10 个指标，分别是“社会服务事业费占财政支出的比重”“文化事业费占财政支出的比重”“保障性住房竣工面积占住宅竣工面积的比重”“教育经费支出”“卫生事业支出”“环保基金支出”“每万人拥有公共体育文化设施面积”“高技能人才占技能劳动者的比重”“每千人口医疗卫生机构床位数”“每千人拥有卫生技术人员数”。

（二）社会服务指数

根据计算，浦东新区社会服务指数百分制得分：2013 年为 82.07 分，2014 年为 83.70 分，2015 年为 85.24 分，2016 年为 87.01 分，2017 年为 87.57 分。相对于 2013 年，2014 年浦东新区社会服务进步指数为 2.00，2015 年浦东新区社会服务进步指数为 3.87，2016 年浦东新区社会服务进步指数为 6.02，2017 年浦东新区社会服务进步指数为 6.71（见表 13、图 6）。

表 13　2013～2017 年浦东新区社会服务指数

指标	指数得分	指数百分制得分	进步指数
2013 年	179.4754591	82.07	—
2014 年	183.0562350	83.70	2.00
2015 年	186.4275789	85.24	3.87
2016 年	190.2789138	87.01	6.02
2017 年	191.5209286	87.57	6.71
百分标准值	218.6986217	100	

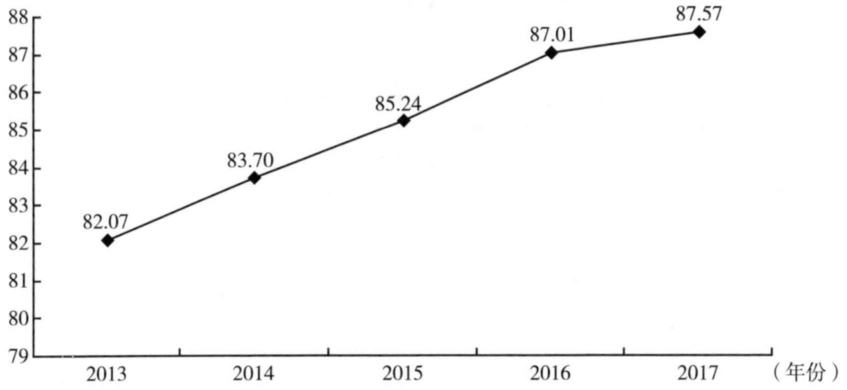

图 6　浦东新区社会服务指数百分制得分走势

从评价指标的主成分载荷分析来看，社会服务指数包含11个指标，分别是“人口平均期望寿命”“城镇调查失业率”“每千人养老机构床位数”“城镇居民人均可支配收入”“每千人配置全科医生人数”“社会保障满意度”“每十万人拥有大型生活购物中心数量”“生活便利性满意度”“居村综合文化活动室达标率”“百兆家庭宽带接入能力覆盖率”“公共场所政府免费WiFi数”。

（三）社会动员指数

根据计算，浦东新区社会动员指数百分制得分：2013年为80.06分，2014年为83.80分，2015年为86.39分，2016年为88.29分，2017年为89.26分。相对于2013年，2014年浦东新区社会动员进步指数为4.66，2015年浦东新区社会动员进步指数为7.90，2016年浦东新区社会动员进步指数为10.28，2017年浦东新区社会动员进步指数为11.48（见表14、图7）。

从评价指标的主成分载荷分析来看，社会动员指数包含9个指标，分别是“区级财政向社会组织购买服务金额占财政支出比重”“每万人口社工助工师”“每万人拥有社会组织数量”“社会组织培育和发展情况”“工会建会率”“每万人基层红十字会组织数”“街镇居村干部绩效考核”“群众文化活动参与人次”“城镇居民人均文化娱乐消费支出比重”。

表14　2013～2017年浦东新区社会动员指数

指标	指数得分	指数百分制得分	进步指数
2013年	73.78319728	80.06	—
2014年	77.22402781	83.80	4.66
2015年	79.61422111	86.39	7.90
2016年	81.36887621	88.29	10.28
2017年	82.25564442	89.26	11.48
百分标准值	92.15738364	100	

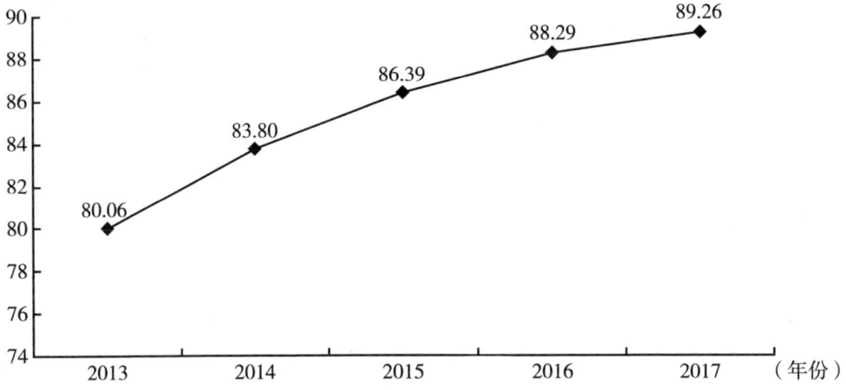

图7　浦东新区社会动员指数百分制得分走势

（四）社会治安指数

根据计算，浦东新区社会治安指数百分制得分：2013 年为 80. 75 分，2014 年为 82. 49 分，2015 年为 85. 84 分，2016 年为 88. 94 分，2017 年为 95. 52 分。相对于 2013 年，2014 年浦东新区社会治安进步指数为 2. 15，2015 年浦东新区社会治安进步指数为 6. 30，2016 年浦东新区社会治安进步指数为 10. 14，2017 年浦东新区社会治安进步指数为 18. 29（见表 15、图 8）。

从评价指标的主成分载荷分析来看，社会治安指数包含 12 个指标，分别是“实有人口万人报警类 110 警情数”“民间纠纷调解成功率”“新增重

表 15　2013 ~ 2017 年浦东新区社会治安指数

指标	指数得分	指数百分制得分	进步指数
2013 年	42. 01069181	80. 75	—
2014 年	42. 91364386	82. 49	2. 15
2015 年	44. 65892601	85. 84	6. 30
2016 年	46. 27034993	88. 94	10. 14
2017 年	49. 13504590	95. 52	18. 29
百分标准值	52. 02397112	100	

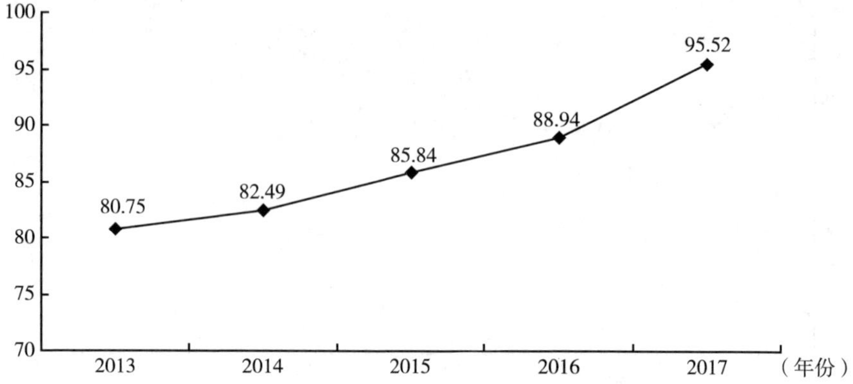

图 8　浦东新区社会治安指数百分制得分走势

复信访率”“12345 市民服务热线回访满意率”“12368 诉讼服务平台受理数”“市民食品安全知晓度”“公众安全感满意度”“道路交通事故发生数”“亿元国内生产总值生产安全事故死亡率”“食品安全风险监测总体合格率”“可防性案件防控数”“平安创建率”。

（五）社会生态指数

根据计算，浦东新区社会生态指数百分制得分：2013 年为 80. 87 分，2014 年为 84. 24 分，2015 年为 85. 91 分，2016 年为 86. 72 分，2017 年为 86. 84 分。相对于 2013 年，2014 年浦东新区社会生态进步指数为 4. 16，2015 年浦东新区社会生态进步指数为 6. 24，2016 年浦东新区社会生态进步指数为 7. 24，2017 年浦东新区社会生态进步指数为 7. 38（见表 16、图 9）。

表 16　2013～2017 年浦东新区社会生态指数

指标	指数得分	指数百分制得分	进步指数
2013 年	83. 89320385	80. 87	—
2014 年	87. 38585985	84. 24	4. 16
2015 年	89. 12592240	85. 91	6. 24
2016 年	86. 33312382	86. 72	7. 24
2017 年	90. 08657152	86. 84	7. 38
百分标准值	103. 7394836	100	

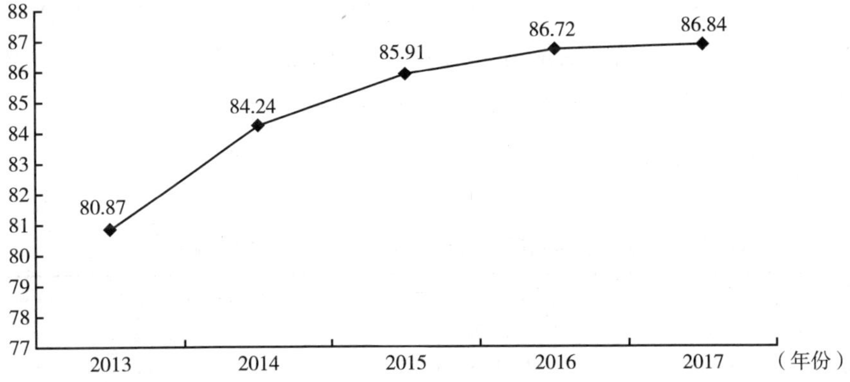

图9　浦东新区社会生态指数百分制得分走势

从评价指标的主成分载荷分析来看，社会生态指数包含8个指标，分别是“人均城市公共绿地面积”“单位增加值能耗下降率”“城镇污水集中处理率”“全年空气优良率”“市容环境质量评价（月考指标）”“注册志愿者比例”“人均志愿服务项目”“每十万人慈善捐款数”。

四　2016～2017年浦东新区36个街镇对社会治理指数的贡献度

浦东新区社会治理指数的水平，与浦东新区36个街镇社会治理工作的绩效密切相关。36个街镇社会治理的能力和水平，是浦东新区不断提升社会治理指数的基础。不同街镇社会治理受历史条件、客观基础、治理对象的复杂性等因素影响，其治理的绩效或者说对提升浦东新区社会治理指数的贡献度是有差异的。发现不同街镇对浦东新区社会治理指数贡献度的差异，正是为了更好地采取有针对性的措施破解难题，提升其治理能力和水平。

（一）2016年36个街镇贡献度排序及其变化

根据2016年浦东新区36个街镇对浦东社会治理指数贡献度得分的计算

和排序，排前10位的街镇为洋泾街道90.73分、南码头路街道[①]90.66分、浦兴街道90.23分、陆家嘴街道90.20分、东明路街道90.13分、金杨街道89.82分、花木街道89.79分、塘桥街道89.56分、沪东街道89.56分、周家渡街道89.36分（见表17）。

表17 2016年浦东新区社会治理指数中36个街镇贡献度排序

排名	街镇	社会治理指数贡献度得分	社会治理指数贡献度百分制得分
1	洋泾街道	17.36371450	90.73
2	南码头街道	17.33756341	90.66
3	浦兴街道	17.17543540	90.23
4	陆家嘴街道	17.16263773	90.20
5	东明路街道	17.13599607	90.13
6	金杨街道	17.01777164	89.82
7	花木街道	17.00577722	89.79
8	塘桥街道	16.92133858	89.56
9	沪东街道	16.91807181	89.56
10	周家渡街道	16.84556428	89.36
11	潍坊街道	16.82861098	89.32
12	上钢街道	16.75423618	89.12
13	高行镇	13.74442351	80.72
14	张江镇	13.59516689	80.28
15	唐镇	13.55221318	80.15
16	老港镇	13.54765864	80.14
17	周浦镇	13.49349449	79.98
18	金桥镇	13.38705248	79.66
19	南汇新城镇	13.37945177	79.64
20	祝桥镇	13.30800096	79.43
21	合庆镇	13.28051753	79.35
22	书院镇	13.24291007	79.23
23	新场镇	13.19457451	79.09
24	曹路镇	13.18854035	79.07
25	万祥镇	13.10259341	78.81
26	大团镇	13.01313921	78.54
27	航头镇	12.99480159	78.49
28	三林镇	12.99430560	78.49

① 南码头路街道，上海一般称为南码头街道。

续表

排名	街镇	社会治理指数贡献度得分	社会治理指数贡献度百分制得分
29	川沙新城镇	12.98535797	78.46
30	高 东 镇	12.97171442	78.42
31	康 桥 镇	12.96218927	78.39
32	惠 南 镇	12.94285184	78.33
33	北 蔡 镇	12.84789465	78.04
34	宣 桥 镇	12.57516211	77.21
35	高 桥 镇	12.54647971	77.12
36	泥 城 镇	12.39989239	76.67
百分标准值		21.09457077	100

（二）2017年36个街镇贡献度排序及其变化

根据2017年浦东新区36个街镇对浦东社会治理指数贡献度得分的计算和排序，名列前10位的街镇为南码头街道90.66分、洋泾街道90.20分、东明路街道90.01分、陆家嘴街道89.87分、花木街道89.67分、浦兴街道89.29分、塘桥街道89.22分、金杨街道89.21分、潍坊街道89.06分、沪东街道88.98分（见表18）。

表18　2017年浦东新区社会治理指数中36个街镇贡献度排序

排名	街镇	社会治理指数贡献度得分	社会治理指数贡献度百分制得分
1	南码头街道	17.33756341	90.66
2	洋 泾 街 道	17.16390932	90.20
3	东明路街道	17.09079067	90.01
4	陆家嘴街道	17.03740194	89.87
5	花 木 街 道	16.96057183	89.67
6	浦 兴 街 道	16.81661684	89.29
7	塘 桥 街 道	16.79064180	89.22
8	金 杨 街 道	16.78964986	89.21
9	潍 坊 街 道	16.73169179	89.06
10	沪 东 街 道	16.70137783	88.98
11	上 钢 街 道	16.58976181	88.68

续表

排名	街镇	社会治理指数贡献度得分	社会治理指数贡献度百分制得分
12	周家渡街道	16.56026772	88.60
13	老 港 镇	14.73092565	83.57
14	唐 镇	14.65316781	83.35
15	高 行 镇	14.64022028	83.31
16	祝 桥 镇	14.53111052	83.00
17	南汇新城镇	14.45413483	82.78
18	周 浦 镇	14.42913382	82.71
19	张 江 镇	14.28987411	82.31
20	金 桥 镇	14.27271597	82.26
21	新 场 镇	14.25499603	82.20
22	合 庆 镇	14.20408687	82.06
23	高 东 镇	14.19413343	82.03
24	大 团 镇	14.12497762	81.83
25	三 林 镇	14.07092536	81.67
26	航 头 镇	14.02701483	81.54
27	曹 路 镇	14.00733922	81.49
28	书 院 镇	14.00609425	81.48
29	川沙新城镇	13.97697815	81.40
30	北 蔡 镇	13.93608875	81.28
31	惠 南 镇	13.93522253	81.28
32	万 祥 镇	13.89473637	81.16
33	康 桥 镇	13.76216263	80.77
34	宣 桥 镇	13.73215755	80.68
35	泥 城 镇	13.39226307	79.68
36	高 桥 镇	13.30736102	79.43
百分标准值		21.09457077	100

对比表 17 和表 18 可知，浦东新区 36 个街镇对浦东社会治理指数的贡献度排序是变化的。从排序变化来看，从 2016 年到 2017 年，排名上升的有 18 个街镇，包括南码头街道、东明路街道、花木街道、塘桥街道、潍坊街道、上钢街道、老港镇、唐镇、祝桥镇、南汇新城镇、新场镇、高东镇、大团镇、三林镇、航头镇、北蔡镇、惠南镇、泥城镇；排名下降的有 15 个街镇，包括洋泾街道、浦兴街道、金杨街道、沪东街道、周家渡街道、高行

镇、周浦镇、张江镇、金桥镇、合庆镇、曹路镇、书院镇、万祥镇、康桥镇、高桥镇；排名没有变化的有3个街镇，即陆家嘴街道、川沙新城镇和宣桥镇。

从排名前10名的变化来看，从2016年到2017年，排名上升的有5个街道，包括南码头街道、东明路街道、花木街道、塘桥街道、潍坊街道；排名下降的有4个街道，包括洋泾街道、浦兴街道、金杨街道、沪东街道；周家渡街道2016年进入了前10名，而2017年排名第12。

五　提高和运用好浦东新区社会治理

（一）以问题为导向，不断完善浦东新区社会制度建设

社会治理制度是指社会治理主体为了维护正常的社会秩序而制定的具有约束性的各种行政法规、章程、制度、公约的总称。它包括有权迫使人们服从的正式制度和规则，例如明文规定有严格惩奖措施的法律和各种规章制度；也包括各种人们同意或认为符合大家利益的非正式的制度安排，例如伦理道德规范、风俗习惯、村规民约、社区公约等。

浦东新区作为超大型的国际城区，社会治理面临着不平衡不充分的问题，特别在城市治理中面临着许多挑战性的问题，如城乡发展不平衡不充分的矛盾比较突出、在城乡接合部“城中村”问题比较突出、外来流动人口管理和社会保障面临压力较大、城市交通特别是地铁交通重要换乘枢纽存在安全隐患、超高层建筑密集带来的消防隐患等，都迫切需要运用大数据加强城市管理，推行“绣花针”式的精细管理。

为此，浦东新区在社会治理制度建设中，要坚持以问题为导向，一方面，要加强法治建设，推进科学立法、民主立法、依法立法，以良法促进发展、保障善治。随着社会主体日益多元化，市场机制及社会机制的作用日益重要。另一方面，社会治理不是政府独自承担的任务，社会治理社会化和公共服务市场化已成为一种发展趋势。政府逐渐调整与社会的关系，从过去对

社会治理事务大包大揽逐步转移职能，通过购买服务和招投标等方式将可以由市场和社会承担的事务交给企业部门和社会组织承担。充分发挥社会力量和公众社会治理的协同作用，自觉履行法定义务、社会责任和家庭责任，自觉遵守和维护社会秩序，提高社会综合治理的能力。

（二）运用浦东社会治理标准，提高社会治理水平

2017 年，浦东新区地工委贯彻党的十九大关于创新社会治理的要求，根据浦东社会治理“十三五”规划，围绕区委“2 + 2 + 2 + 1”重点工作，展开对社会治理重点问题的研究，推进社会治理创新上新台阶，开展了浦东新区社会治理指数体系标准化研究和推广“家门口”服务，实现所有村居“服务站”全覆盖，以推进“家门口”服务提升质量，增强效能。2018 年 5 月 8 日，市质量技术监督局和浦东新区政府共同发布《社会治理指数评价体系》和《“家门口”服务规范》两项标准。这不仅是浦东新区首次在基层社会治理领域发布的标准，还是首次在自贸试验区先行先试发布的区级标准。

现行《标准化法》规定只有设区的市以上地方人民政府可制定地方标准。为了解决这一矛盾，经与国家标准委协商，市质监局在自贸试验区等区域开展区级标准试点。通过实践，证明行之有效，并有复制推广意义、条件成熟的区级标准，可作为地方标准的储备，经本市行业主管部门同意，可以优先上升为地方标准，在更大范围内推广。此次浦东发布的两项区级标准各具特色。其中，《社会治理指数评价体系》重在强调浦东社会治理的过程性、突出浦东创新治理的前瞻性、做到国际标准的可比性、兼顾日常工作的考核性，发挥其对社会治理过程的跟踪、监测和预警作用，使其成为反映浦东社会治理状况的“晴雨表”，及时准确把握浦东社会治理现状、水平和走势。

两项标准的发布，是市质监局和浦东新区政府深入贯彻党的十九大精神，认真落实习近平总书记关于社会治理系列指示精神的切实举措，是贯彻落实市委创新社会治理、加强基层建设推进大会精神，推进城市精细化管理

的实际行动，借助标准化手段明确管理服务要求、优化流程、实现协同，有助于把基层社会治理的实践转化为可复制可推广的经验。

（三）着力解决治理“短板”问题，整体提升社会治理指数水平

浦东新区社会治理指数作为上海乃至全国首个全面系统构建的“社会治理指数评价体系”，在城市治理中发挥了重要的作用。随着社会治理实践的不断发展，浦东新区社会治理指数评价体系也在与时俱进，实现了整体性、系统性和科学性提升。指数评价体系不断完善，现已作为“治理指数标准化”于2018年5月向社会和媒体公开发布，并在全市各区推广。

浦东新区社会治理指数体系已实现标准化，关键的是要运用好“指数评价标准化”，将“指数评价标准化”作为参考系，着力解决治理“短板”问题，以整体提升社会治理指数水平。从2017年区级层面指标来看，浦东社会治理的短板主要与政府社会治理的经费投入密切相关。应采取有效措施，针对不足和问题，制定相应配套政策。如提高社会服务事业费占财政支出的比重，提高区级财政向社会组织购买服务金额占财政支出的比重，加大对教育和医疗等社会事业发展的财政支持力度。在巩固社会治理强项指标的同时，精准发力，整体提升浦东社会治理指数总体水平。

从街镇层面指标来看，浦东社会治理的短板主要是区域不平衡、不充分问题。浦东新区36个街镇种类差异大，加之南汇区并入浦东新区后高度城市化地区、城乡接合部、远郊农村地区各种类型多元并存，城乡结构差异、南北区域差异、街镇内部差异集中凸显。解决社会治理难度大，为此要健全社会领域城乡统筹发展机制，加大对不同地区的分类治理力度。如高度城市化的陆家嘴金融城，相关街道要加大超大城市网格化管理的力度、深化智慧社区的综合治理；在城乡接合部的大型居住地区要补基本公共服务均等化的不足、落实基本管理单元标准化配置公共服务资源的制度，推动公共服务设施延伸到居村；远郊地区和农村乡镇要补社会事业公共资源的财政支持力度的不足，以资源的均衡化、标准化为导向，着重破解相对远郊地区的公共资源匮乏的问题。

参考文献

夏先良：《新时代开放型社会治理体系的构建与完善》，《人民论坛·学术前沿》2018 年第 6 期。

江必新：《以党的十九大精神为指导、加强和创新社会治理》，《国家行政学院学报》2018 年第 1 期。

徐汉明、邵登辉：《习近平社会治理法治思想及其实践研究》，《中南民族大学学报》（人文社会科学版）2018 年第 38 期。

杨宜勇：《全面开启中国社会治理现代化新征程》，《人民论坛·学术前沿》2018 年第 3 期。

张海波：《大数据驱动社会治理》，《经济社会体制比较》2017 年第 3 期。

王勇：《社会治理创新与政府积极作为》，《国家行政学院学报》2017 年第 1 期。

秦上人、郁建兴：《从网格化管理到网络化治理——走向基层社会治理的新形态》，《南京社会科学》2017 年第 1 期。

鲍宗豪：《中国特色“社会现代化”的动力机制》，《天津社会科学》2016 年第 2 期。

鲍宗豪、宋贵伦：《重视大数据时代的社会治理创新》，《红旗文稿》2014 年第 11 期。

鲍宗豪：《创新社会管理体制　强化社会自我管理》，《深圳特区报》2005 年 8 月 9 日。

公共服务篇

Public Service

B.3
浦东新区“家门口”服务的现状与展望

范矿生*

摘　要： 全心全意为人民服务是我们党的根本宗旨。新时代如何回应不同类别人群的不同诉求，就近提供精细化、集约化、有温度的服务，成为各级政府探索的重要内容。浦东新区着力推进“家门口”服务体系建设，致力于打通服务群众的“最后一公里”，努力实现“生活小事不出村居、教育服务就在身边”。在此基础上，浦东新区以“家门口”服务体系建设为契机，积极撬动基层治理，打造“四治一体化”的基层治理新格局，为城市精细化管理提供新的思路。

* 范矿生，博士，中共上海市浦东新区委员会党校党建研究中心讲师，研究方向为中共党史、基层治理等。

关键词： “家门口”服务体系　清单制度　精细化管理

全心全意为人民服务是我们党的根本宗旨。随着基层群众提出的诉求日益多元化、个性化，更具弥散性，服务群众“最后一公里”的难题愈发凸显。作为一座超大型城市，上海无论是在群众的异质性、阶层性、流动性等方面，还是在服务的体量和能级方面都面临更加严峻的考验。如何回应不同类别人群的不同诉求，就近提供精细化、集约化、有温度的服务，成为上海和浦东新区重点探索的内容。

一　浦东新区“家门口”服务的缘起和实施

（一）浦东新区“家门口”服务的缘起

1. 服务“最后一公里”没有打通，成为浦东新区推进“家门口”服务的直接动因

一般来说，群众对服务的感受度受物理距离、兴趣爱好、参与程度、服务质量等因素的影响，党委、政府提供的服务有没有延伸到群众身边，成为影响群众感受度的重要因素。2015 年，上海市发布《中共上海市委、上海市政府关于进一步创新社会治理加强基层建设的意见》以及 6 个配套文件（一般称为“1 + 6”文件），同时浦东新区推出了“1 + 24”实施意见。这些文件针对前期调研过程中基层反映突出、群众呼声强烈的问题提出一揽子解决方法，推行社会治理改革。这一系列改革（“1 + 6”文件、“1 + 24”实施意见）涉及街镇体制、招商引资、资源下沉、村居规范等方面。其中，在服务群众方面，提出“继续优化社区事务受理服务中心、社区文化活动中心、社区卫生服务中心的基本公共服务功能”。相较于浦西中心城区，浦东新区辖区较大，很多镇的面积相当于浦西一个区的面积，不少村的面积超过浦西一个街道的面积，使得“三个中心”辐射区域不广的问题较为突出。

群众距离街镇“三个中心”过远，特别是郊区农村的基层群众很难就近得到服务，“1+6”和“1+24”效应未得到最大限度的释放，这与党委、政府提出的“15分钟生活圈”倡议不相适应，成为“家门口”服务工作推进的直接动因。

2. 服务的供给侧和需求侧之间存在信息、资源等方面的“不对称”，使服务的有效性受到挑战

基层工作的一大问题是“好心办坏事”，其根本原因在于党委、政府提供的服务和老百姓的需求之间缺少精准的对接和互动，影响到了服务效果。从需求侧来看，浦东新区群众诉求多元，既有保底作用的民生诉求，又有高质量服务的个性化诉求；既有中老年人相对传统的诉求，又有广大青年更为新潮的诉求；既有村民对于集体资产处置、村民自治的诉求，也有居民对自治共治、社区事务参与的诉求。从供给侧来看，政府提供的一些服务，未必是基层群众最需要的；基层群众需要的一些服务，未必是目前政府能够提供的。典型如上述“三大中心”，它们主要代表的是体制内资源的集聚，能够提供的服务和群众日益多元的诉求之间存有较大缺口。总的来说，服务的供给侧和需求侧存在矛盾，服务资源、服务手段的有限供给和广大群众日益增长的多元需求构成了一对矛盾，部分群众对党委、政府提供的服务感受度不高，部分服务不可及、不可知、不对称。

3. 浦东新区多年的基层实践探索，给“家门口”服务体系的建设打下坚实基础

浦东新区多年来始终关注如何打通服务群众“最后一公里”，形成了很多行之有效的做法。北蔡镇在探索社会网格化综合管理的过程中，以问题为导向，在精细化管理的基础上发掘出了很多服务项目，并通过“1+2+x”运行机制，以服务为核心，发挥党组织的核心引领作用，打造社会综合治理网、便民服务网及N个功能平台，切实满足百姓日益增长的需求。其中的便民服务网，主要基于“北蔡易生活”的探索，以政府购买服务的方式，熟练运用“互联网+”手段，以微信公众号、互联网、实体店的形式，在村居布置了“北蔡e生活”实体店，成为延伸到百姓身边的优质服务平台。

这些都为“家门口”服务体系的建设奠定了坚实的基础。此外，2017 年上海市推行的“城市基层党建 20 条”，也为“家门口”服务工作提供很多指导性意见，诸如清单思维、“四治一体化”思维等，为党建引领下的基层治理提供依据。

（二）“家门口”服务工作的实施

浦东新区自 2017 年 5 月以来，着力推进“家门口”服务体系建设，致力于打通服务群众的“最后一公里”。主要的做法是依托村居委建构“家门口”服务体系，打造资源整合、功能集成、机制有效、群众参与的平台，就近提供党群服务、政务服务、生活服务、法律服务、健康服务、文化服务、社区管理服务等七大类基本服务，努力实现“生活小事不出村居、教育服务就在身边”。在此基础上，浦东新区以“家门口”服务体系建设为契机，积极撬动基层治理，打造“四治一体化”（自治、共治、德治、法治）的基层治理新格局。目前 36 个街镇应建的 1284 个“家门口”服务站已全部完成建设，很大程度上满足了基层群众对各类政府服务、社会服务的诉求，不但使老百姓就近得到各类服务，而且开辟了基层治理新格局。

二　浦东新区“家门口”服务的基本内容和运作机制

相较于传统工作，“家门口”服务体系有以下几个特点：更加注重服务系统的末端建设，更加注重基层百姓的感受，更加强调基层服务的可及性、多样性、针对性，更加强调资源在整个体系的畅通。它不仅关乎广大基层百姓对服务的感受度，还对基层体制、资源分布、办事流程、群众参与、社会治理、政府和社会之间的关系提出了更高的要求，是一项系统性工程。它既集中统一，又融会贯通，注重和其他改革措施的互动配套，注重和既有体系的有效衔接。概言之，它集中从体系、功能、机制、载体、队伍等五个方面用力。

1. 从体系上说，“家门口”服务的最大特点是系统性

党的十八大以来，以习近平同志为核心的党中央高举改革大旗，多次强调加强全面深化改革开放各项措施系统集成，这是新时代改革的重要特征。浦东新区“家门口”服务因循了这一思路，并将其体现在自身体系的建构上。它是一项系统性工程，这一体系具体包括“新区—部门（行业）—街镇（社区）—村居”四个层面，涵盖了新区、街镇中心、村居服务站、综合服务园、延伸服务点等各级服务站点。典型如浦兴街道的“6+6+40”“家门口”服务体系，包括6大专业服务园（党建同心园、大爱乐业园、戏曲文化园、科普示范园、大爱公益园、长安法治园）、6个旗舰型社区综合服务园以及40个居委综合服务站。另一方面，“家门口”服务体系天然的融入属性使其与社区原有各类实践探索（如自治金项目）有机结合，这些项目成为“家门口”服务的“脚”，丰富了“家门口”服务体系的内涵，使“家门口”服务进一步延伸到居民身边。“家门口”服务体系在基层更多表现为平台属性，其以街镇、村居“家门口”服务站点为中心，广泛整合行政资源、社会资源、市场资源，打通上下左右的资源渠道，使“家门口”服务体系得到延伸。这些举措，使“家门口”服务成为一个贯通体制内外、打通各层级政府、连通政府社会市场的资源流动体系。

2. 从功能上说，“家门口”服务的最大特点是综合性

以往群众周边的服务点大多是单个条线在基层的延伸，功能较为单一。“家门口”服务体系的一大特点是综合性，它提供的是七大类服务，体现的是政治、组织、服务、整合、社会等多个功能。其中，政治功能突出表现为“家门口”服务体系中的“党建引领”。无论是川沙新镇七灶村的队组党建，还是沪东街道各居民区的楼组党建，在与“家门口”服务有效衔接后，都发生了奇妙的“化学变化”，焕发出新的活力。组织功能突出表现为党组织在基层的引导力、组织力进一步增强，突出表现在区域化党建领域。街镇、村居依托“家门口”服务平台推进区域化党建，使得党建和治理的融合度大大提高，党组织在基层治理中的统筹协调功能日益凸显。典型如浦兴街道党组织引领下的“四治一体化”建设，给

基层治理注入了活力。服务功能突出表现在党群、政务、生活、法律、健康、文化、社区管理服务等七大类服务领域。各村居结合自身特色，将七大类服务进行了细化，大多数转化为可以看到的项目，很多村居还增添了自己的特色服务，如书院镇塘北村的为农服务、金桥镇碧云社区的涉外服务等。整合功能突出表现为街镇党建服务中心、村居对各类资源的整合和对接。社会功能表现为党员志愿者队伍等社区资源的发掘、动员和运用。

3. 从机制上说，“家门口”服务的最大特点是有序性

“家门口”服务体系建设背后，一定要有一套行之有效的运行机制作为支撑，只有这样才能最大限度发挥这一体系的功用。这些机制包括“三张清单”制度、“三会一代理”机制、“三转”机制、基层约请制度等。以“三张清单”制度为例，七大类服务的细化与落地，不是依靠政府单向的“规定”，而是因为有一个科学的意见汲取机制在背后发挥功用。三张清单即需求清单、资源清单和项目清单。三张清单之间的逻辑关系是这样的：群众需求产生需求清单；街镇、村居梳理现有资源，提供资源清单；需求清单和资源清单交互作用，产生项目清单。具体的运作逻辑是：村居坚持自下而上的议题和项目形成机制，以辖区内各类组织和各个群体为对象，以座谈、登门访问、微信调查、问卷调查、党小组长问询、开放式空间讨论等形式广泛征集社区居民需求，在此基础上进行分类提取，聚焦群众反映最集中的问题，推出需求清单；上级部门以民生服务为重点，全面梳理委办局可以下放的资源，街镇、村居积极承接以上资源，同时运用区域化党建等手段积极整合社会优质资源、村居自身的志愿者资源，形成资源清单；在此基础上，需求清单和资源清单之间产生互动、碰撞、共鸣，形成项目清单。这三张清单由群众说了算，群众可以根据实际需求进行“点单”。可以说，政府通过“三会”（听证会、协商会和评议会）机制，把服务项目的选择权、决定权、评价权交给群众。在这个过程中，群众的主体地位得到彰显。

4. 从载体上说，“家门口”服务的最大特点是融入性

“家门口”服务体系不仅提供互动的、有温度的服务，还积极参与社

会治理。它主要依托街镇的中心工作，以“两学一做”学习教育常态化制度化建设、“五违四必”环境综合整治、中小河道综合整治、住宅小区综合治理、城市运行综合管理、美丽乡村、美丽庭院、缤纷社区、自治金项目及社区其他活动为出发点，积极推动基层治理。典型案例有居民区的自治金项目以及村里的党小组建设，在“家门口”服务体系建设后，二者进一步融入，相互促进，成为“家门口”服务体系建设向基层的更进一步延伸的着力点，深化了原有的治理格局。祝桥镇新如村“铁三角”民主自治，将党建点、睦邻点和“家门口”服务点“三点合一”，有效发挥三支队伍在基层的自治作用，把议事民主和养老服务、安全服务等“家门口”服务有机结合起来，克服了原有各条线站点较为分散、功能单一的局限性。

5. 从队伍上说，“家门口”服务的最大特点是全面性

从队伍上来说，“家门口”服务体系需要大量村居社工转型升级。为适应首问接待制度，“家门口”服务体系在不增加人员、编制的前提下，推行“全岗通”社工模式，落实“一专多能，全岗都通”。“全岗通”意在打破社工条线界限，轮值社工“首问负责、一口受理”。群众来到村居委问询时，负责“家门口”服务接待的社工不但要熟悉自己条线的业务，还要掌握其他条线的内容，做到“政策不许办的事耐心解释，政策允许办的事坚决办理，能够当场办理的及时办结，不能当场办结的事给予时限”，确保居民来电来访事项“件件有回复、事事有落实”。“全岗通”实施后，分块落实走访制度落实更加到位，除前台接待人员外，社工们有更多时间到楼组和居民家中走访，频率得到提高，程度有所加深。

“全岗通”背后有一系列的制度支撑，如岗前培训制、轮值接待制、块长负责制、社工走访制、每周例会制、错时上班制、信息支撑机制等。为了更好发挥“全岗通”的优势，给村居社工适应的过渡阶段，陆家嘴街道开发了“全岗通社工助手”信息系统。该信息系统一方面能够帮助社工快速查询，回答群众的各类问题，一方面能够从后台绘制出社工走访的轨迹，为后续对社工的考察提供科学依据。以错时上班制为例，很多在职党员、就业

年龄段居民的一些服务，需要在下班后或周末时间前来办理，这就需要延长“家门口”服务的时间，很多村居委安排了社工、志愿者双休日值班。

三　浦东新区“家门口”服务面临的主要问题及优化策略

（一）浦东新区“家门口”服务面临的挑战

浦东新区“家门口”服务工作在短短一年多的时间里，取得了较为明显的成绩，然而对标更高标准、更高目标，还有不少需要细化、深化的地方。

1. 要进一步处理好科层制自上而下和“家门口”自下而上两种逻辑之间的关系

为做到重心下移、资源下沉、权力下放，区委提出“部门围绕街镇转、街镇围绕村居转、村居围绕群众转”的工作理念。这其中的逻辑，首先是自下而上，以下为中心。其次是“转”，要有互动。可以说，互动性是设计时的重点所在。然由于科层制管理长期以来自上而下的运行机制和行为惯性，二者之间时有抵牾。虽然其间也曾试图建立一种自下而上的评价机制，来激发上级机关眼光向下、增强服务意识，然而囿于种种现实因素，“区级部门考核，街镇评价占到70%；街镇考核，村居、群众和‘两代表’评价占到80%”的规定远远没有发挥应有的约束效应。一些条线部门参与“家门口”服务体系建设的内生动力不足，对“家门口”服务工作监督多参与少，执法多指导少，检查多保障少，没有充分发挥条线的专业优势，把“家门口”服务做得更细致、更完美、更周全一些。实际上，就是没有充分“转”起来。这背后，就是自上而下和自下而上两种逻辑的抵牾。

2. 要进一步处理好党建引领和“家门口”服务之间的关系

党组织在“家门口”服务体系建设中发挥引领作用，不仅是党建元素和党组织在“家门口”服务站点前期功能设置过程中发挥主导作用，更重要的是在“家门口”服务站点的后期运营过程中充分发挥核心作用。“家门口”服务站点的后期运营的核心要义是参与基层治理。在这个过程中，党建引领作用要进一步凸显，尤其是党建引领下的“四治一体化（自治、共治、德治、法治）”实践。可以说，“家门口”服务体系建设是党建引领基层治理的生动实践。目前来看，“四治一体化”的内在逻辑、相互关联还需进一步探讨，基层真正意义上的“四治一体化”较为少见，“四治”之间还未形成较为顺畅的衔接，更多的情况是各干各的。此外，在村居层面，党建引领作用同样需要进一步提升。村居党组织对于体制内的资源过度依赖，整合社会资源的能力有待进一步加强。

3. 要进一步处理好“家门口”服务站点和村居中心工作之间的关系

“家门口”服务体系和村居中心工作之间的关系是嵌入与融合的关系，一定不是“上级又下派了一份新工作”，也一定不具备“做了‘家门口’，其他工作还要不要做”的排他属性。它们之间的理想状态一定是融会贯通的，一定是和原有的中心工作、特色工作有机结合在一起的。无论是“两学一做”学习教育常态化制度化建设，还是“五违四必”环境综合整治工作，无论是中小河道综合整治，还是住宅小区综合治理，无论是城市运行综合管理，还是美丽庭院、缤纷社区建设，都可以和“家门口”服务体系衔接在一起，成为一个体系，做了某一件事，一定是有利于完成其他事情的。目前来看，“家门口”服务站点的工作很多时候和村居中心工作之间的关联度还需要进一步加强、进一步细化、进一步串联，需要从中寻找一些规律性的、方法论的东西，从基层优秀做法中提炼出相关理论。

（二）浦东新区“家门口”服务的优化策略

结合中央、市、区最新要求，针对“家门口”服务中亟待优化的方面，笔者提出以下建议。

1. 体系上要进一步完善

目前“家门口”服务体系已经形成“新区—部门（行业）—街镇（社区）—村居”四个层面，下一步需要在实践经验的基础上进一步优化、延伸整个体系。首先，优化区级指导机构。目前的指导部门是浦东新区地区工作党委（以下简称“地工委”），其主要依托社会工作党委（以下简称“社工委”）开展工作。从体系上说，地工委对街镇进行统筹，对“块”上的部门指导较为顺利，但对“条线”上的部门，其更多地发挥协调作用。为进一步优化“家门口”服务体系的指导部门，建议成立浦东新区“家门口”服务体系工作指导小组，以地工委为主导，以各相关委办局部门为成员单位，加强对“家门口”工作的指导。其次，明确延伸“家门口”服务体系到队组、楼组。在目前的实践探索中，已经有村居把“家门口”服务体系向队组、楼组延伸，这方面需要进一步规范和完善。最后，扩大“家门口”服务的覆盖面，将站点向楼宇、商场延伸，并与村居形成互动，做到资源互通、场地共用，以覆盖在职群众群体，引导其在村居或楼宇中的“家门口”服务站点参与治理。

2. 功能上要进一步优化

“家门口”服务体系提供党群、政务、生活、法律、健康、文化、社区管理服务等七大类服务，体现的是政治、组织、服务、整合、社会等功能。首先，要做细、做实这七大类服务。以法律为例，它不应仅局限在送法下乡这类服务，更要给“家门口”服务本身提供法律保障。比如基层“家门口”服务站点在做一些创新探索时，相关部门可以提供法律咨询，寻找法律依据，加强业务指导，使这些创新做法更加周全、长效。其次，要坚持功能背后的“三张清单”制度。如送文化下乡时，一定要村居百姓通过“三会一代理”制度加以筛选，形成需求清单，而非延续原有的自上到下式的“下派”资源，不能由社区文化活动中心在面上进行剧种搭配，送一些老百姓不需要的剧种下去，这样反而会导致功能弱化。再次，要完善“四治一体化”内涵。对“四治一体化”的内在逻辑、相互关联做进一步探讨，提高村居整合各类资源尤其是社会资源的能力，把居民区党组织“大党委制”落到实处，探索“民警进社区”深度融合实践做法，在面上推行一些优秀做法。最后，积极运用大数据，打造统一平台，集成功能，克服基层探索中的电子信息碎片化难题。

3. 机制上要进一步巩固

“家门口”服务体系中的机制包括“三张清单”制度、“三会一代理”机制、“三转”机制、基层约请制度。一些制度如约请制度，基层出于种种顾虑，使用率不高，要适度将其纳入考核机制，鼓励基层采用。可以适度扩大“三会一代理”制度的运用范围，将其和“四议两公开”、传统“三会一课”制度等有机结合起来，增加其活力。对于考核机制，要进一步细化、量化，制定实施细则，消除基层顾虑，真正落实“区级部门考核，街镇评价占到70%；街镇考核，村居、群众和‘两代表’评价占到80%”的规定。要探索建立部门容错机制，鼓励委办局参与“家门口”服务工作，形成监督、参与、执法、指导、检查、保障一体化的机制，充分发挥条线的专业优势，把“家门口”服务体系做得更精细。在日常探索中，要及时提炼优秀做法，将其固定下来，形成机制。

4. 载体上要进一步丰富

进一步加强“家门口”服务和村居中心工作之间的联系，进一步丰富载体，在传统村居工作的基础上，进一步加强自治金项目、邻里中心、睦邻点、党建点、楼宇党建服务站等既有探索成果之间的关联，形成整体。要总结不同区域、不同类型村居的发展规律，如快速城市化区域、纯农地区，使“家门口”服务更具针对性。要提高村居整合各类资源的能力，引入社会组织参加“家门口”服务体系，依托社会组织引入更多载体和平台，扩大人群覆盖面和社会影响力。

5. 队伍上要进一步培训

村居委普遍反映，在“三不”（不增加编制、不增加人员、不增加任务）原则下，基层工作者人数相对固定，不能满足“家门口”服务面广量大的需求。要进一步整合区域内政府购买服务的社工或辅助岗位人员队伍，合理调配村居社工队伍。进一步丰富“全岗通”培训形式和内容，发挥现有社工队伍的最大化效用，积极搭建交流平台，加强社工经验交流。要把对“全岗通”知识的测试前置到新区社工招录考试中。要结合村实际情况，学习其他地方经验，积极探索村级社工队伍建设。

参考文献

〔美〕林南：《社会资本：关于社会结构与行动的理论》，上海人民出版社，2005。

赵义：《枫桥经验：中国农村治理样板》，浙江人民出版社，2008。

〔美〕马克・格兰诺维特：《镶嵌：社会网与经济行动》，社会科学文献出版社，2015。

李鸿渊：《共治与自治互动：基层社会治理法治化的路径整合》，《党政论坛》2016年3月号。

廖彩荣、陈美球：《乡村振兴战略的理论逻辑、科学内涵与实现路径》，《农林经济管理学报》2017年第6期。

B.4

浦东城乡基础教育均衡发展现状与展望

苏兰花*

摘　要： 城乡基础教育均衡发展是促进教育公平，保障教育发展成果更多更公平惠及全体人民的关键环节。浦东自开发开放以来，通过改革基础教育管理体制、探索“管办评联动”机制、促进学区化和集团化办学、鼓励新优质学校集群化发展、加强师资队伍建设等举措，着力解决区域内城乡间、学校间发展不均衡问题，为办好每一所学校，让每个孩子享有公平而有质量的教育进行了持续不断的努力。现阶段，对于人口大量导入、人才不断集聚的情况以及广大群众对优质教育资源的迫切需求来说，浦东的基础教育均衡化发展无论是在量的方面，还是在质的方面都是不充分的。下一阶段，浦东要立足质量和内涵式发展，着力实现城乡基础教育均衡优质发展的目标。

关键词： 城乡差距　基础教育　均衡发展

十九大报告强调要“推进教育公平”，“推动城乡义务教育一体化发展，高度重视农村义务教育”，“努力让每个孩子都能享有公平而有质量的教育”[①]。城乡基础教育均衡发展有助于缩小城乡教育差距，促进教育公平，

---

* 苏兰花，中共上海市浦东新区委员会党校讲师，研究方向为教育学、人力资源开发。

① 习近平：《决胜全面建成小康社会　夺取新时代中国特色社会主义伟大胜利——在中国共产党第十九次全国代表大会上的报告》，人民出版社，2017，第37页。

是保障教育发展成果更多更公平惠及全体人民的关键环节。开发开放以来，浦东高举教育公平之旗，走均衡发展之路，始终把城乡基础教育均衡发展作为民生工作的重中之重，着力解决区域内城乡间、学校间发展不均衡问题，努力办好每一所学校，为让每个孩子享有公平而有质量的教育进行了持续不断的探索和创新。

一　浦东基础教育总体情况

浦东的基础教育规模居上海市各区首位，占全市近1/4。截至2016年底，浦东全区有各级各类基础教育阶段学校634所，基础教育阶段学生总数47.41万人。其中，普通中学161所，在校生13.6万人；小学164所，在校生19.98万人；幼儿园298所，在园幼儿12.44万人。全区教职工有4.15万人，专任教师3.46万人，有4289名乡村教师被纳入从教30年教师登记范围。目前，浦东义务教育已经实现了全覆盖，其中，义务教育毛入学率、残疾儿童义务教育阶段入学率以及符合入学条件的外来务工人员子女接受义务教育率均为100%。

在基础教育体量不断增大的同时，浦东不断加大教育投入，不断提升整体办学质量与水平，不断扩大优质教育资源覆盖面，不断推进教育的国际化发展。2016年，浦东教育经费支出122.45亿元，比上年增长19.91%，小学生生均公用经费5497元，初中生生均公用经费6562元，高中生生均公用经费8892元。全区共有市实验性示范性高中11所，区实验性示范性高中18所，市示范性幼儿园7所。全区共有招收外籍及港澳台学生学校117所，有外籍及港澳台学生1.25万人。其中，在公办或民办学校就读的学生3793人，在国际学校就读的学生8756人。[①]

通过一系列体制机制改革，浦东基础教育均衡发展的实践在全市和全国产生了良好影响。2009年，浦东被教育部评为全国推进义务教育均衡发展

① 《浦东年鉴》编辑部：《浦东年鉴（2017）》，2017，第379页。

先进地区，在我国基础教育均衡发展中起到了标杆作用。[①] 2013 年，浦东顺利通过了上海市教委、上海市政府教育督导室“推进区域教育现代化暨义务教育优质均衡发展”综合督政。2014 年，在上海整体通过国家义务教育均衡发展督导认定时，浦东新区受到教育部督导组的高度肯定。2015 年，浦东新区获批“上海市教育整体综合改革实验区”。[②]

二　浦东城乡基础教育均衡发展的实践

浦东新区以城乡基础教育一体化实践为抓手，在此基础上大胆地尝试体制机制创新，以多种形式的制度设计构建教育公共服务平台，不断加快城乡基础教育均衡发展步伐。

（一）改革基础教育管理体制，统筹配置教育资源

浦东新区成立之初，教育管理体制是典型的城乡二元结构，区内各级各类学校分成“区管”和“镇管”两类，各学校在资源配置、办学水平等方面差距很大。为缩小城乡差距，推进教育均衡发展，经区委、区政府批准，2003 年，浦东新区把位于郊区 13 个镇的共 86 所镇管公办、镇办学校（其中完中 13 所，初中 12 所，小学 34 所，幼儿园 27 所，学生数、教职工数以及资产均占全区教育各项总量的 1/5 左右）全部纳入区政府统一领导、统一管理，实现城乡教育管理体制并轨。在此基础上，统一了城郊学制，把原郊区部分学校实行的“六三”分段学制全部调整为和城区统一的“五四”学制，为均衡化发展提供了保障。2003 年末，浦东成立资产管理中心、会计核算中心和工程管理中心，加强对浦东城郊学校资源的统一管理。2004 年初，浦东成立 4 个教育署，各署区域内既有城区学校又有郊区学校，有利于促进城乡教育一体化发展；成立全国首家区域性教育研发机构——浦东教

① 《浦东新区基础教育均衡发展研究》课题组：《浦东新区基础教育均衡发展研究》，《新区政研动态》（第 9 期）2011 年 2 月 28 日。

② 参见《浦东新区人民政府关于印发〈浦东新区教育改革和发展“十三五”规划〉的通知》（浦府〔2017〕38 号），上海市浦东新区人民政府办公室 2017 年 3 月 21 日印发。

育发展研究院，使之成为促进浦东城郊教育均衡发展的教育学术中心、校长教师专业发展中心、教育信息中心和国际教育交流中心。[①] 2009 年，原浦东新区和原南汇区合并后，通过“四统一”（统一拨款标准，统一硬件配备水平，统一信息平台，统一提供教师培训与发展机会）的管理体制创新，浦东实现了城郊基础教育一体化管理，基本实现了南片和北片学校设施达标改造和设备配备统一化目标，改变了浦东南片办学条件薄弱的状况，奠定了“二元并轨”后浦东新区城乡基础教育均衡发展的基础，使浦东从城乡基础教育“差异发展”向“均衡发展”迈进。

（二）探索“管办评联动”机制，开展中小学办学体制改革

在财政的大力支持下，浦东农村学校办学条件迅速提升，但老百姓心目中的“好”学校仍然大多集中在城区，农村学校的教学水平与城区学校差距仍然较大。为了改变这种情况，构建“小政府、大社会、大服务”的高效管理模式，浦东开始努力构建“政府宏观管理、学校自主办学、中介优质服务”的“管办评联动”发展机制，主要包括培育社会中介组织，实施委托管理，购买教育学位等服务内容，将农民工子女小学纳入民办管理体制等。同时，探索了“二元并轨”下浦东优质教育资源向农村拓展的六种模式，即集团办学、委托管理、与高校合作办学、局镇合作、成立办学联合体、城郊结对。[②] 这六种办学模式，通过校际横向合作以及高校、社会化专业机构与学校之间的纵向合作，搭建了城乡之间、教育局和镇政府之间开放合作、交流共享的平台，促进了优质教育资源不断向农村、郊区辐射，进一步缩小了浦东区域内城乡间、学校间的差距，促进了城乡教育均衡化发展，整体提升了教育质量。可以说，六种模式的实质就是加强各类教育资源的合作，实现优质教育共建共享。[③]

---

① 上海市教育科学研究院：《率先突破“瓶颈”，“给力”教育均衡——聚焦浦东新区教育均衡发展进程的报道（下）》，《解放日报》2010 年 12 月 30 日。

② 董少校：《上海浦东新区深化六种模式推进区域教育均衡》，《江西教育》2014 年第 8 期。

③ 参见《浦东新区教育局关于加强合作办学、推进教育均衡发展的指导意见》（浦教基〔2010〕48 号），上海市浦东新区教育局 2010 年 12 月 21 日印发。

（三）促进学区化和集团化办学，提升整体教育质量

2015 年，根据上海市教委的统一部署，浦东启动学区化集团化办学工作，并出台《浦东新区推进学区化集团化办学实施方案》，明确了实施学区化集团化办学的具体时间表、路线图。学区化办学，即各教育署在区域内按照就近原则，将相同或不同学段的学校结成办学联合体，不断生成新的优质教育资源，从而促进基础教育优质均衡发展。集团化办学，即采取学校自主组合、行政主导组合等多种方式，鼓励优质品牌学校组建办学联合体，带动相对薄弱学校、农村学校、新建学校发展，分享先进的办学理念，增加优质教育资源总量。截至 2017 年，浦东先后成立 20 个学区、6 个集团（2015 年成立以建平中学、进才中学和洋泾中学为牵头学校的 3 个教育集团，作为“优质均衡发展”的先行试点；2016 年成立川沙中学、南汇一中、明珠教育集团），学区化和集团化办学参与学校数量占义务教育阶段学校总数的比重为 68.24%①，公办义务教育学校覆盖率近 70%。通过学区制管理、集团化办学、名校办分校、城校带乡校等方式，浦东进一步缩小了城乡之间、学校之间的办学水平差距，越来越多的学校在共建共治共享中获得发展，提升了整体教育质量。

（四）鼓励新优质学校集群发展，打造老百姓身边的好学校

2011 年，上海市启动第一批新优质学校推进项目，集中推出一批不挑选生源，不集聚资源，不争抢排名的普通公办学校，以教好每一位学生、成就每一位教师、办好每一所学校为追求目标，引导学校走向新优质。此后，一批名不见经传的学校办出了特色和品牌，成为老百姓心目中家门口的好学校。② 2012 年起，浦东开始推进“创建新优质学校”内涵项目。2015 年 11 月，上海市教委印发《上海市新优质学校集群发展三年行动计划（2015 ~

① 龚洁芸：《上海浦东：近七成学校加入学区化集团化办学》，《上观新闻》2017 年 9 月 7 日。
② 吴燕：《集群发展扩容新优质学校“朋友圈”》，《浦东时报》2016 年 2 月 5 日。

2017年)》，首次提出集群发展这一概念。2015年底，浦东起草了《浦东新区新优质学校集群发展三年行动计划（2015～2017年)》，旨在通过集群化发展举措，稳步增加新优质学校数量。浦东新区组织一批老百姓家门口的普通学校，聚焦课程与教学、管理与文化、评价与改进等领域和内涵发展的瓶颈问题，深入开展项目研究和实践，使学校的办学水平不断提升。2016年，全区有市级新优质学校集群发展项目学校6所，区级项目学校39所。[①] 新优质学校集群发展通过项目推进、专家引领、行动更新，推进学校教学方式与组织形式的变革、课程的丰富、教师的发展，营造家校社合作的育人环境，促进学校全领域的综合性变革，持续提升学校的教育质量与办学水平。[②] 具体的做法如下：一是多维集群，着力发展共同体；二是分署布局，实现协同均衡化；三是完善创建，形成“目标－评价－改进”体系；四是梳理学校发展路径，总结优秀案例，提炼基本经验；五是重视教师培养，提升学校整体教师质量；六是加强经验共享、成果宣传，提升新优质学校的社会认可度。

（五）加强郊区师资队伍建设，扩大优质教师队伍

为加快浦东城乡基础教育均衡发展，浦东按照整体推进、重点突出、城郊互动、优质均衡的原则，建立多项制度，采取多种措施，努力加强教育人才队伍建设。一是制订向郊区倾斜的师资政策。浦东在2014年出台《关于进一步加强农村学校教育人才队伍建设的暂行办法》（简称“教育六条”政策），针对农村地区公办学校在编在岗教师，完善教师招聘办法，实施教育人才奖励政策，鼓励优秀应届毕业生和城区教师到试点学校任教；引进和培育一批专家型教师，加强试点学校教师专业发展，解决试点学校教师住房困难。率先在南汇新城镇主城区的临港第一中学、冰厂田滴水湖幼儿园等8所学校试点。经统计，2015至2016年已总计发放教育人才奖励及教师租房租

① 数据来源：《浦东年鉴（2017)》，浦东年鉴编辑部，2017，第381页。
② 内部资料：浦东新区教育局：《浦东新区新优质学校集群发展三年行动计划（2015～2017年)》，2016年1月12日。

金补贴455.6万元，2017年发放教育人才奖励及教师租房租金补贴328.6万。试点三年以来，引进教师数量不断增加。2015年公开招聘教师24人，2016年公开招聘教师35人，2017年公开招聘教师45人。“教育六条”政策在稳定试点学校师资队伍、增强农村学校教师引进力度方面优势明显。[①] 二是制订落实《上海市乡村教师支持计划（2015~2020年）实施办法》工作方案，组织开展“乡村教师从教30年教师荣誉证书”首次登记工作，4289名乡村教师被纳入登记范围，其中，在职教师576人，离退休教师3713人。三是结合市义务教育城乡一体化建设及乡村教师支持计划，修订《2016年浦东新区教育局专业技术职务管理工作操作办法》，组建新一届教师职称评审专家库[②]。

三 浦东城乡基础教育均衡发展面临的问题和挑战

开发开放以来，浦东城乡基础教育均衡化发展取得了长足进步，规模持续扩大，整体质量稳步提升。但是，浦东是教育事业大区，但还不是强区，特别是面对人口大量导入、人才不断集聚，广大群众对教育质量需求迫切的新情况，浦东的基础教育均衡化发展无论是在量的方面，还是在质的方面都是不充分、不均衡的，均衡优质发展的任务依然很重。

（一）问题

一是教育事业历史欠账问题。公建配套相关政策落实不到位，使得公建配套设施布局不合理，有些甚至无法落实。教育公建配套设施不足，严重影响教育资源的均衡化布局。一方面，无法满足区域适龄人口就近上学的需求；另一方面，为保证适龄儿童受教育的权利，一般采取过渡和临时措施对入学生源进行统筹安排，其造成的结果是部分区域学校在校学生总量、班级学生

① 数据来源（内部资料）：浦东新区人大课题组：《浦东新区教育、体育、卫生民生工作调研报告》，2018年4月。

② 数据来源：《浦东年鉴（2017）》，浦东年鉴编辑部，2017，第379页。

数过度增加，挤占原有校舍资源，增加了大班额，降低了师生比，严重影响了教育质量。

二是师资队伍建设不平衡问题。浦东新区南北片在师资队伍力量上存有一定差距，教师由农村地区向城市区域单向流动。2004 年开始，新区开始区级学科带头人、骨干教师评比，郊区一部分优秀教师获得此殊荣后，就会很快地流向城区学校。“教育六条”政策的试点面也比较窄，目前仅覆盖南汇新城镇主城区 8 校，应该进一步扩大试点。

三是优质教育资源不足问题。优质教育资源供给能力不足，与人民多样化、个性化及实惠的教育需求之间的矛盾越来越突出。近年来，通过实行委托管理，局镇合作、优质学校到郊区办校区、城郊学校的结对互帮等举措，一大批郊区学校的办学水平有了较快提升。但由于区域经济社会发展水平等原因，农村优质教育资源仍显不足，需进一步加强和拓展。例如，2006 年浦东全区有市实验性示范性高中 11 所，其中城区学校有 9 所，郊区学校仅有 2 所。同时，近年来新区适龄入园儿童激增，随着“二胎”政策的放开，2013～2015 年户籍出生幼儿年均增长近 4000 人；自 2015 年起已进入新一轮入园高峰期，2017 年比 2016 年净增 7000 人，未来 3 年预计还将增加 1.8 万人。学前教育优质资源本来就很紧张，在这种情况下“入园难”的矛盾在浦东将会更加突出。①

（二）挑战

一是经济社会发展的新机遇。当前，上海迈向全球卓越城市，浦东着力打造上海“五个中心”核心功能区和“四大品牌”核心承载区，这对特色高端优质的教育资源提出了更高的要求，浦东应进一步整合教育资源、优化配置结构。

二是人口形态变化的新要求。在人口新政的推动下，人口形态将出现增

① 数据来源（内部资料）：浦东新区人大课题组：《浦东新区教育、体育、卫生民生工作调研报告》，2018 年 4 月。

速放缓和结构优化的新格局。人口年龄结构、知识结构优化，产业人口结构调整以及自贸区改革与发展、教育综合改革红利的不断释放，必然带来浦东教育整体规模和结构的进一步优化。

三是群众教育需求的新变化。习近平总书记在十九大报告中强调，“我国社会主要矛盾已经转化为人民日益增长的美好生活需要和不平衡不充分的发展之间的矛盾”。[①] 当前，教育工作面临的宏观环境和内在条件都在不断发生变化，人民群众的公平意识、民主意识、权利意识不断增强。过去人们对教育的要求是“有没有”，现在要看“好不好”。浦东教育体系面广量大，优质教育资源不足，城乡基础教育均衡任务依然艰巨。

四 浦东城乡基础教育均衡发展的展望

教育质量是人民群众教育需求的重要内涵。目前，浦东教育已经进入从数量规模外延式发展向质量提升内涵式发展的转换节点。教育均衡的实质是质量均衡、充分发展，未来浦东城乡基础教育就要从质量和内涵发展着手。根据《浦东新区教育事业发展“十三五”规划》，未来几年，浦东城乡基础教育均衡化发展具体体现在以下几个方面。

（一）完善治理结构，深化教育整体综合改革实验

经济社会发展的多重挑战和多元化的教育需求，要求深化教育领域综合改革，进一步建立和完善教育治理结构，提高现代教育治理能力。一是继续深化政府职能改革，进一步转变政府职能。明确政府在教育治理中的主要责任在于教育政策制度的顶层设计，在于教育宏观管理。二是要建立权责清单，厘清政府与市场、社会组织、学校以及公民个人的权责边界，增强学校的办学自主权，大力培育和发展社会专业组织。三是完善以政府为主导，市

① 习近平：《决胜全面建成小康社会 夺取新时代中国特色社会主义伟大胜利——在中国共产党第十九次全国代表大会上的报告》，人民出版社，2017，第9页。

场、社会专业组织、学校、公民个人等多元主体共同参与的教育公共服务体系。在政府“保基本”的基础上，调动市场、社会、学校的自主性和积极性，满足公民的多元教育需求，从而整体提升公共教育服务供给能力。[①]

（二）提高保障水平，营造教育发展的良好环境

改变浦东城乡基础教育均衡化发展在量和质上的不充分、不平衡情况，要从硬件设施建设和体制机制改革创新两个方面着手。一是进一步加大财政经费投入，加大硬件设施建设力度。加快公建配套校舍建设，缓解、消除因公建配套缺配等历史欠账导致的教育资源不均衡问题，增大硬件设施供给；推进城乡教育设施一体化建设，在硬件上达到更高的水平。二是创新教育管理体制机制，均衡配置教育资源。以城乡基础教育优质均衡为目标，通过“新优质学校”“百年老校战略联盟”等办学模式，推进区域教育资源整体优质均衡发展。进一步提高均衡化和优质化水平，在原有委托管理、与高校合作办学、局镇合作、集团办学、成立办学联合体、城郊结对等六种模式的基础上[②]，打造“六种模式”升级版，重点加强和完善农村、郊区地区优质教育资源的配置和布局，进一步促进浦东区域内城乡教育资源的共建共享。

（三）集聚教育人才，促进整体教育质量的提升

教师是缩小城乡教育差距，提升教育质量的核心资源。浦东要紧紧抓住这一核心，以教师这一教育人才资源的集聚流动促进城乡整体教育质量的提升。一是要明确教师队伍建设的优先地位，优先谋划教师工作，优先保障教师工作投入，优先满足教师队伍建设需要。[③] 二是完善关于教育事业人才集

---

① 吕普生：《以政府主导型复合供给推进义务教育优质均衡发展——来自浦东的供给经验》，《福建行政学院学报》2013年第6期。

② 浦东新区教育局：《浦东新区教育局关于加强合作办学、推进教育均衡发展的指导意见》（浦教基〔2010〕48号），上海市浦东新区教育局2010年12月21日印发。

③ 张志勇：《深刻认识加强教师队伍建设的战略内涵》，《中国教育报》2018年2月13日。

聚的一系列政策制度。建立教育事业紧缺人才的引进培育制度，引进培养一批专业化、高素质教育人才。改革完善教育人才管理制度，促进教育人才城乡流动。“教育六条”政策对于鼓励教育人才资源向农村地区流动具有关键作用，是城乡教育均衡化发展的人才资源保障，浦东应本着坚持、完善、扩大的原则，尽快扩大试点范围，实现拴心留人。三是促进教师专业发展。建立完善教师专业发展的支持平台和系统，推动专家型、学术型教师发展，整体提升教师素质。

（四）推进教育信息化，打造数字化教育

信息化、数字化作为教育服务手段，可缩小城乡差距，实现教育数量和质量均衡化发展。浦东在加强城乡学校信息化环境建设方面的基础较好，目前已经实现了学校无线网络全覆盖。下一步在推进教育信息化，打造数字化教育方面，要显著提升信息技术与教育融合发展的能力和水平①。一是要实现教育信息技术硬件和软件共同建设、全面升级。进一步完善校园信息化设施，共建共享优质教育资源软件信息，提升教育管理信息化水平。二是要进一步增强数字教育信息使用效益。全面提升教师以及教育管理人员的信息化素养，提高有效利用数字信息的能力。教师能够利用数字教育信息资源支持教育教学系统，能够挖掘优质数字信息丰富教育教学过程。教育管理人员能够统筹区域教育信息，优化配置区域内数字信息资源，实现高效教育管理，并为教育决策提供科学化支撑。

参考文献

习近平：《决胜全面建成小康社会　夺取新时代中国特色社会主义伟大胜利——在

① 中华人民共和国教育部：《教育信息化“十三五”规划》（教技〔2016〕2号），2016年6月7日印发。

中国共产党第十九次全国代表大会上的报告》，人民出版社，2017。

上海市浦东新区社会发展局课题组：《多元文化背景下浦东基础教育的改革与发展》，《中国基础教育改革报告：区域研究2007》。

《浦东新区原浦东区域社区配套设施水平稳步提升原南汇区域教育文化设施配置有待增强》，《浦东情况》2010年2月11日。

曹锡康：《基础教育均衡发展研究——以浦东新区为例》，《教育学术月刊》2012年第1期。

吕普生：《以政府主导型复合供给推进义务教育优质均衡发展——来自浦东的供给经验》，《福建行政学院学报》2013年第6期。

《浦东新区教育改革和发展“十三五”规划》（浦府〔2017〕38号），浦东新区人民政府办公室，2017。

陈群波、胡惠闵：《从优化资源配置走向关注内涵的上海基础教育均衡发展》，《全球教育展望》2015年第7期。

张志勇：《深刻认识加强教师队伍建设的战略内涵》，《中国教育报》2018年2月13日。

B.5

浦东新区养老服务事业的发展与挑战

乐　昕*

摘　要： 浦东新区养老服务事业发展成果显著，发展水平位居全市前列，尤其在日间照料和长者照护方面的发展优势更为明显，为解决老龄化带来的诸多现实难题提供了有效应对方案。进一步推进浦东新区养老服务事业的发展仍然面临三大挑战：一是如何满足老年人养老服务多层化、多样化和高质化的要求；二是如何做好城乡之间的统筹；三是如何实现辖区内的充分发展与平衡发展。浦东新区应充分结合自身优势来应对这些挑战。首先，进一步推动老年宜居环境建设，并把宜居环境的概念和范畴从硬环境拓展到软环境；其次，依托科技助力老龄事业和老龄产业的发展；最后，出台相应的配套政策予以支持，形成社会治理的整体性格局。

关键词： 浦东新区　养老服务　人口老龄化

一　浦东新区老龄人口的发展态势

改革开放四十年间，中国人口完成了从年轻态向少子化和老龄化的转变。中国在新世纪伊始正式成为老龄化社会，在此之后中国人口老龄化水平

* 乐昕，经济学博士，复旦大学城市发展研究院城市治理研究中心讲师，研究方向为老龄社会治理。

不断提升，老龄社会带来的挑战已经成为中国政府和中国社会高度关注和持续面临的问题。上海作为中国经济社会发展走在前列的城市，较全国早21年进入老龄化社会。2000年，当全国刚刚进入老龄化社会之时，上海户籍人口中60岁及以上的老年人口已经达到20%。根据上海市统计年鉴数据，2016年末上海户籍老年人口总数已超过457万人，占比达到31.6%。根据全国层面的老龄化预测，中国60岁及以上的老年人口占总人口的比重将在2050年左右上升至30%以上。上海当前的老龄化程度已先于全国至少30年，上海的老龄化进程还持续提速。上海极速的人口老龄化进程及与之伴随的高龄化进程，使得上海当前及未来所面临的城市发展及经济转型升级、社会结构调整等各项发展领域都需要直面因人口年龄结构老化而带来的挑战。并且，人口老龄化给上海经济社会发展带来的挑战与冲击是超前的、复杂的、艰难的。上海市委、市政府及下属各区的党委、政府，都对这一问题高度重视，并且把老龄事业发展作为保障和改善民生的重中之重。基于这样的治理理念，上海的老龄事业发展已经走在全国的前列，在这一领域已有较多、较好的治理经验。

就各个区而言，上海市浦东新区的人口发展状况既与上海市整体人口态势相一致，又具有区域的独特性。浦东新区已进入快速老龄化阶段，从人口统计角度而言，老年人口总量大、增速快，从家庭结构角度而言，纯老家庭数量大、增速快。人口年龄结构的老化对浦东新区养老服务提出更高的要求。2014年7月30日，民政部确定上海市浦东新区为全国养老服务业综合改革试点地区之一。经过四年多时间的试点和改革，上海市浦东新区在养老服务这一领域已走在全市乃至全国的前列，有许多经验和做法具有可推广性和可借鉴性。

二　浦东新区养老服务建设的重要进展

（一）浦东新区养老服务资源的发展

经过多年的建设与发展，浦东新区目前拥有的养老服务资源包括以下几个类别：综合为老服务中心、养老机构、老年活动室、老年护理院、日间照料中心、助餐点、孝亲主题公园、长者照护之家、睦邻点。基于实地调研与访谈所得详情，本报告重点针对浦东新区在日间照料中心和长者照护之家两个领域的发展状况做一梳理并总结浦东的经验。

1. 日间照料中心

日间照料中心是升级版的托老所，其在传统的、低标准的托管老人服务基础上，为老人提供健康检测、身体康复、失能照护和失智训练等高层次专业化服务。浦东新区南码头街道在日间照料中心建设方面已形成“南码头模式”和“南码头经验”，其成功经验可以总结为两点：其一，委托市场化经营，实现日间照料中心最优的运营模式；其二，以日间照料中心为基地和依托，把日间照护功能辐射入户，而非局限于日间照料中心内部。“南码头模式”是浦东新区在养老服务方面的创新典范。以这样的创新治理方式为依托，南码头街道成功地将过去人气较低的社区托老机构改头换面为人气十足的日间照料中心，既为那些能够自理的老年人日常检查和身体康复的首选去处，也很好地满足了失能、半失能、失智老人的生活需要。

2. 长者照护之家

长者照护之家是面向失能和失智老人的综合性照护服务机构，主要服务内容包括完全托养服务、喘息式托养服务、居家上门服务和失能家庭照护者知识技能培训等。长者照护之家通常面向的人群类型是所在社区且老年照护统一需求评估等级 3 ~5 级的失能和失智老人。

上海市最早的长者照护之家成立于浦东新区浦兴路街道，长者照护之家可谓浦东新区养老服务资源的一大特色。除建立最早的浦兴社区福苑长者照护之家以外，浦东新区还有老港社区长者照护之家、陆家嘴社区长者综合照护家园、潍坊社区四村长者照护之家、洋泾社区长者照护之家等多家较为完善的长者照护之家。与全市其他区的建设情况相比，浦东新区在长者照护之家数量上遥遥领先。截至 2016 年底，浦东新区已建成长者照护之家达到 11 家。除了数量上的优势，浦东新区在长者照护之家建设质量和创新方面的优势也十分突出，本报告以浦兴路街道和陆家嘴街道为例进行具体说明。

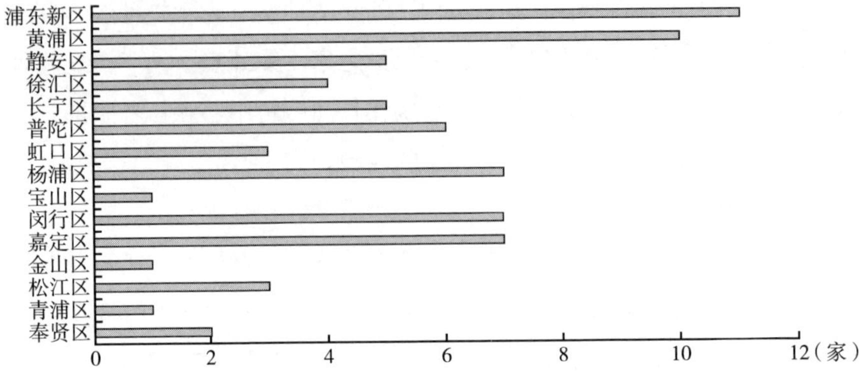

图1　2016 年上海各区已建成长者照护之家的分布情况

资料来源：《大城养老——上海的实践样本》，上海人民出版社，2017，第 63 页。

（1）浦东新区浦兴路街道：浦兴社区福苑长者照护之家

浦兴社区福苑长者照护之家是上海第一个长者照护之家。作为最早建立的一家最完善、证照齐全的长者照护之家，它的建成离不开运营理念的创新——与养老机构的合作和互通。长者照护之家是所有养老服务资源中涉及面最广、技能要求最高的，因而建成这一类型的养老服务机构并且良好持续地运营并非易事。作为首家长者照护之家，浦兴社区福苑长者照护之家通过与毗邻的一家养老机构合作运营，依托其管理、技术和服务团队，成功探索出了一条社区养老服务资源良性运转和收支平衡的道路。截至目前，浦兴社区福苑长者照护之家已累计为 5000 多人次的社区长者提供健康咨询和健康监测服务，已累计为社区内 300 多户失能长者家庭提供照护技能与知识培训，已经成为社区内失能和失智长者的重要照护依靠。

（2）浦东新区陆家嘴街道：陆家嘴长者综合照护家园

浦东新区陆家嘴街道的陆家嘴长者综合照护家园是一家综合型社区托养机构，其最大的特点及优势在于服务种类齐全。该照护家园内部的服务项目包括长者照护家园、日间照料中心、居家养老服务中心、居家照护站、社区护理站、社区康复站，以及户外感官训练花园。此外，该照护家园还将许多日常服务项目延伸至社区，这些服务包括照护设备租赁与使用指导、照护技能培训、家庭照护环境改造等。在运作方式上，该照护家园与浦兴社区福苑长者照护之家有相同之处，即与周边养老机构打通运营、资源共享、信息联动。

浦东新区在长者照护之家建设方面是有先进经验的。归纳而言，有以下几点值得其他区县和其他省市学习。一是借助周边养老机构或护理机构的资源和能量使自身良性运转；二是打通机构、社区、居家三种服务，办好真正合格的长者照护之家。

（二）浦东新区养老服务项目的发展

养老服务项目包括“居家养老十助”和“长期护理服务”两大类。其中，“居家养老十助”主要面向个人生活可以基本自理的老年人，而长期护理服务则面向失能、半失能和失智的老年人。服务群体身体状况的不同，决定了两类服务项目的服务内容、服务层次、服务难度有相应的区别。从全市范围来看，浦东新区目前所形成的这两大类服务项目是非常完善的。

表1　浦东新区“居家养老十助”基本内容与服务要求

服务名称	基本内容	服务要求
1 基本内容	个人卫生护理 生活起居护理	洗漱等个人卫生应协助到位，容貌整洁、衣着适度、指（趾）甲整洁、无异味； 饮食、如厕等应协助到位； 定期翻晒、更换床上用品，保持床铺清洁、平整； 用于生活护理的个人用具应保持清洁
2 助餐服务	集中用餐 上门送餐	符合国家和本市食品安全法律法规的规定； 尊重老年人的饮食生活习惯； 注意营养、合理配餐，每周有食谱； 提前一周为用餐老人预订膳食； 助餐服务点应配置符合老年人特点的无障碍设施； 送餐运输工具应保持清洁卫生，餐具做到每餐消毒； 助餐服务点及送餐运输工具应有统一的社区居家养老服务标识

续表

服务名称	基本内容	服务要求
3 助浴服务	上门助浴 外出助浴	助浴前应进行安全提示； 助浴过程中应有家属或其他监护人在场； 助浴过程中应注意观察老年人身体情况，如遇老年人身体不适，协助采取相应应急措施； 上门助浴时应根据四季气候状况和老年人居住条件，注意防寒保暖、防暑降温及浴室内通风； 外出助浴应选择有资质的公共洗浴场所或有公用沐浴设施的养老服务机构
4 助洁服务	居室整洁 物具清洁	保持卧室、厨房、卫生间等居室内部整洁、物具清洁； 保洁用具应及时清洗，保持清洁
5 洗涤服务	集中送洗 上门洗涤	洗涤前应检查被洗衣物的性状并告知老年人或家属； 集中送洗应选择有资质的洗衣机构或有洗涤设施的养老服务机构； 集中送洗送取衣物时，应做到标识清楚、核对准确、按时送还； 上门洗涤应分类洗涤衣物并做到洗净、晾晒； 贵重衣物不在本洗涤服务范围之内
6 助行服务	陪同户外散步 陪同外出	助行服务一般在老年人住宅小区及周边区域内； 助行服务应注意途中安全； 使用助行器具时应按助行器具的使用说明进行操作
7 代办服务	代购物品 代领物品 代缴费用	代办服务范围一般为日常生活事务； 代办服务时应当面清点钱物、证件、单据等
8 康复辅助	群体康复 个体康复	康复辅助应在专业人员指导下进行； 康复辅助应符合老年人的生理心理特点； 康复辅助过程中应注意观察老年人的身体适应情况，防止损伤； 康复辅助根据需要配备相应的康复器具； 群体康复一般借助社区卫生和养老服务等公共服务场地设施，指导和组织老年人开展肢体功能性康复训练； 个体康复一般提供被动运动的肢体功能性康复训练、辅助运动的肢体功能性康复训练、保健性康复
9 相谈服务	谈心交流 读书读报	相谈服务应以舒缓心情、排遣孤独为原则； 预先了解老年人兴趣爱好等情况； 相谈过程中应与老年人保持良性互动
10 助医服务	陪同就诊 代为配药	陪同就诊的情形为：常见病、慢性病复诊，辅助性检查，门诊注射、换药； 陪同就诊应注意途中安全； 及时向老人家属或其他监护人反馈就诊情况； 代为配药的范围为诊断明确、病情稳定、治疗方案确定的常见病、慢性病； 代为配药一般到老年人居住地所在区域范围内的医疗机构； 代为配药应做到当面清点钱款和药物等

资料来源：浦东新区综合为老服务平台，http://www.pdll.com.cn/html/showNews_xiangqing_6280.html，2018-06-30。

表2　浦东新区“长期护理服务”项目

序号	服务分类	服务项目	序号	服务分类	服务项目
1	基本生活照料	头面部清洁、梳理	22	基本生活照料	皮肤外用药涂擦
2		洗发	23		安全护理
3		指/趾甲护理	24		生活自理能力训练
4		手、足部清洁	25		压疮预防护理
5		温水擦浴	26		留置尿管的护理
6		沐浴	27		人工肛门便袋护理
7		协助进食/水	28	常用临床护理	开塞露/直肠栓剂给药
8		口腔清洁	29		鼻饲
9		协助更衣	30		药物喂服
10		整理床单位	31		物理降温
11		排泄护理	32		生命体征检测
12		失禁护理	33		吸氧
13		床上使用便器	34		灌肠
14		人工取便术	35		导尿(女性)
15		晨间护理	36		血糖监测
16		晚间护理	37		压疮伤口换药
17		会阴护理	38		静脉血标本采集
18		药物管理	39		肌肉注射
19		协助翻身叩背排痰	40		皮下注射
20		协助床上移动	41		造口护理
21		借助器具移动	42		经外周静脉置入中心静脉导管(PICC)维护

资料来源：浦东新区综合为老服务平台，http：//www.pdll.com.cn/html/showNews_xiangqing_6287.html，2018-06-30。

（三）浦东新区养老服务团队的发展

养老服务团队的发展主要涉及志愿者和社会组织两个方面。就志愿者情况而言，截至2016年5月，浦东新区养老服务志愿者总人数达到24480人，其中，北蔡镇、南码头街道、东明路街道、三林镇、高行镇、金杨新村街道、周家渡街道和祝桥镇的志愿者人数相对其他街镇较多。养老服务志愿者人数的多寡反映了社区养老服务氛围的强弱，同时其也是社区养老服务建设水平和建设成果的重要标志。

表3　各街镇志愿者人数汇总

街镇	总人数	街镇	总人数
北蔡镇	3988	南汇新城	259
曹路镇	149	南码头街道	1568
川沙新镇	377	泥城镇	495
大团镇	220	浦兴路街道	80
东明路街道	3574	三林镇	1195
高东镇	956	上钢新村街道	133
高行镇	1722	书院镇	16
高桥镇	136	唐镇	97
航头镇	190	塘桥街道	132
合庆镇	553	万祥镇	147
沪东新村街道	104	潍坊新村街道	403
花木街道	976	新场镇	48
惠南镇	739	宣桥镇	484
金桥镇	306	洋泾街道	107
金杨新村街道	1557	张江镇	137
康桥镇	465	周家渡街道	1561
老港镇	191	周浦镇	292
陆家嘴街道	106	祝桥镇	1017

统计截至2016年5月16日。资料来源：浦东新区综合为老服务平台，http://www.pdll.com.cn/html/showNews_ xiangqing_ 4920.html，2018-06-30。

就养老服务的社会组织而言，浦东新区目前拥有的养老服务社会组织包括上海尽美长者服务中心、上海和一养老服务中心、上海永爱健康科技有限公司、上海浦东新区潍坊馨丰社区服务社、上海市浦东新区老年医院、上海手牵手生命关爱发展中心、上海福寿康居家养老护理服务社、上海浦东新区和宁居家养老服务中心、上海浦东新区安老宜居社区服务指导中心、上海浦东新区社会组织服务中心、上海浦东新区乐耆社工服务社、上海市老年福祉科技研发推广中心、上海伙伴聚家养老服务社、上海浦东新区爱照护老年人公益发展中心、上海南鑫恺尔养老事业发展中心等多家社会组织和企业组织。

三　浦东新区养老服务发展面临的挑战与应对

（一）挑战

在上海这样一个人口密度较高的城市，为快速增长的老年群体提供养老服务是上海市政府面临的重大民生事业。上海市浦东新区作为上海市各辖区中的大区，在养老服务发展方面面临的挑战是很大的。为此，浦东新区政府在过去的几十年中，已经通过行政力量、政策引导和创新经营等多种方式大力推进区内养老服务事业发展。目前，浦东新区养老服务发展水平已居于全市各辖区的前列，成功摸索出一条符合区域发展特色和发展规律的道路，让我们看到了未来浦东新区养老服务事业发展的前景。

但是，浦东新区在养老服务发展中仍然面临诸多挑战，这些挑战主要表现于以下几个方面。

其一，满足老年人日益增长的美好生活需要离不开更高层次、更全面的养老服务。2000 年，上海提出“居家养老服务”这一概念，经过将近 20 年的发展，上海居家养老服务已从低层次的家政服务转型为较高层次和更全面的居家养老服务。在制度和政策层面，这 20 年间，上海市陆续出台了《关于全面推进居家养老服务的意见》《关于进一步推进深化居家养老服务工作的通知》《社区居家养老服务规范》等政策文件。上海市居家养老服务在服务层次、服务范畴和服务规范化等方面有了全面的进步。随着上海全市各区老龄化和高龄化进程不断深化，未来居家养老服务面临进一步满足老年人对美好生活向往的挑战。比如，失能、半失能和失智老年人数量将会越来越多，伴随而来的是长期照护需求相比之前越来越多，意味着养老服务也要面临供给侧结构性改革，要思考如何适应老年人高龄化过程中出现的长期照护需求增加的现象。又如，居家养老服务面临的用工难问题将会持续、甚至更加严峻，通过政策支持和政策引导应对用工短缺问题，是接下来工作中面临的挑战。再如，居家养老服务在老年人心理健康和精神需求方面仍有进一步提升的空间和必要，这也是居家养老服务事业的发展从满足基本生活需求朝向满足更高层次需求方向发展的必然路径。

其二，养老服务的城乡一体化发展是接下来一段时间工作的重中之重。上海市郊区的农村在快速城镇化进程中逐渐空心化和空巢化，由此产生的养老问题比城市更严峻。2000 年以来，上海市在农村养老建设方面已取得一定的成果。在政策层面，2015 年上海市民政局联合发改委等多个部门印发了《关于加强本市农村养老服务工作的实施意见》。在具体实施层面，逐步探索和发展出适合农村特点的养老服务方式。对于浦东新区而言，农村地区养老服务发展面临的挑战仍然存在，且比上海市中心城区更大。比如，如何更好解决浦东新区农村地区养老服务建设所需资金问题，如何进一步提高浦东新区农村居民养老服务的参与度，等等。

其三，浦东新区辖区面积较大，且街镇数量众多，养老服务仍然处于不平衡与不充分的发展阶段。尽管从总量角度而言，浦东新区在许多方面都已位居全市各区的前列，但仍有很大的提升空间和必要。各街镇之间的养老服务发展水平有一定差距，统筹平衡、共同发展是下一阶段浦东新区养老服务建设中应当格外重视的一个方面。

（二）应对与思考

党的十九大报告为今后一段时期我国如何积极应对人口老龄化做了总体战略性部署："构建养老、孝老、敬老政策体系和社会环境，推进医养结合，加快老龄事业和产业发展。"对于浦东新区而言，应对人口老龄化、推动养老服务事业的进一步发展，都应紧密围绕这一指导思想。结合浦东新区的特色和优势，浦东新区应对人口老龄化、推动养老服务事业的发展可以从以下几点出发。

首先，进一步推动老年宜居环境建设，并把宜居环境的概念和范畴从硬环境拓展到软环境。浦东新区在 2009 年被全国老龄办列为首批老年友好城区和老年宜居社区建设试点地区。到目前为止，浦东新区已基本实现老年宜居社区全覆盖。要构建养老、孝老和敬老的社会环境，就要将老年宜居环境建设重点从满足老年人生活的基础设施等硬环境建设，逐步延伸和拓展至适宜老年人生活的家庭环境、社会环境和精神环境等软环境建设层面。浦东新区在硬环境建设中已走在全市的前列，已经具备向更高层次发展的条件和能力。浦东新区可以将为老服务设施同已经取得较好发展成果的睦邻点建设结合起来，加强扶持和培育社区睦邻互助点，由小及大、由点及面，在浦东新区形成养老、孝老和敬老的人文环境和社会环境。

其次，借助科学技术的进步推动老龄事业与老龄产业的发展。浦东新区正在打造区级科技助老信息平台。这一平台将信息化管理和养老科技设备等科技力量融入养老服务建设中。在 2015 年，这一平台已覆盖全区低保和低收入老人，正在逐步向更多老年群体拓展。目前，信息化管理主要运用于跟踪监管老年人健康信息，科技设备主要包括紧急呼叫装置和助老专用电话机。为了更好地将科学技术融入养老服务，应当进一步加强信息化管理和科技设备的开发与应用，使其适用于更多的场景和更多的老年人。依托科学技术来进一步发展养老产业与养老事业已经成为未来的趋势。浦东新区聚集的高科技产业较多，在科技创新领域是有优势的，这是浦东新区应对养老问题诸多挑战的优势。

最后，养老服务的建设需要出台相应的配套政策予以支持，形成社会治理的整体性格局。养老服务建设需要与托幼服务、妇女发展、家庭政策等诸多政策协同合作，才能使单个资源发挥出更大的效用。比如，如何处理和解决家庭代际劳动力的分配问题，这集中表现为低龄老人如何分配照顾孙子女和照料高龄父母。由此可见，我们目前所面临的养老问题涉及多代人，养老服务建设不能只局限于解决老年人的需求。

参考文献

《大城养老——上海的实践样本》，上海人民出版社，2017。

《浦东新区产业升级、服务布局与人口发展——上海市浦东新区第三次经济普查研究报告》，复旦大学出版社，2018。

习近平：《决胜全面建成小康社会　夺取新时代中国特色社会主义伟大胜利——在中国共产党第十九次全国代表大会上的报告》，人民出版社，2017。

穆光宗：《成功老龄化：中国老龄治理的战略构想》，《国家行政学院学报》2015 年第 3 期。

彭希哲、胡湛：《公共政策视角下的中国人口老龄化》，《中国社会科学》2011 年第 3 期。

B.6

浦东新区外来人员社会保障体系现状与对策

陈新光　曾希萌　张雅韵　范国荣*

摘　要： 开发开放28年来浦东新区取得了举世瞩目的成就，这离不开外来人员所做出的重大贡献，外来人员已成为浦东新区经济和社会发展的生力军。然而，浦东新区外来人员在社会保障方面除了受城乡二元体制制约因素外，也面临劳动保障政策难以落地；各类缴费比例偏高，缺乏退出机制；子女教育缺乏保障机制；不享受医保，怕得大病等方面的问题。为此，需要从政策层面保障外来人员安居乐业；探索以居住证积分化管理；加强外来人员的综合培训，将外来人员列入“家门口”服务体系。

关键词： 外来人员　保障体系　破解路径

1990年开发开放来，浦东新区已成为中国改革开放的前沿窗口和超大型国际城区，吸引了海内外投资经营者来浦东发展，也吸引了国内一批青年劳动力来浦东寻求发展机会。截至2017年底，浦东新区外来人口已达

* 陈新光，法学博士，上海市统计学会副会长，上海大学兼职教授，浦东新区社会建设研究会理事，研究方向为统计与经济、社会治理与社会建设；曾希萌，上海大学经济学院金融专业硕士研究生，研究方向为金融；张雅韵，上海大学经济学院金融专业硕士研究生，研究方向为金融；范国荣，中国《船舶报》前主编，法学博士，浦东新区社会建设研究会理事，研究方向为国企政治工作研究。

235.09万人，占上海外来人口总量的24.17%。大量外来人口涌入浦东新区，给浦东社会事业建设和社会治理带来巨大的挑战。

《上海市城市总体规划（2017～2035）》提出远景目标，2050年，上海将建成卓越的全球城市。浦东新区作为超大型国际城区，将成为上海打造“四个中心”的核心功能区，成为新时代全国改革开放和创新发展的标杆。但浦东新区在发展中也面临着城市管理服务精细化程度不高、城乡二元结构等问题。对此，加强浦东新区总体规划、人口控制、资源集约，促进外来人口合理有序流动、成为新上海人，是促进当前浦东新区经济发展和社会和谐稳定的重要手段。

一 浦东新区外来人员社会保障体系现状

（一）外来人员的定义

外来人员是个外延范围比较宽泛的概念。本文所称外来人员是指现住地与户口登记地不一致的人，具体讲就是指现居住在上海市半年以上、其户口登记在外省市的人口。外来人员具有以下特征：一是指从外地流入本城市，在城市中就业和居住，但不具备所居住城市户口的人；二是外来人员进入城市的目的千差万别，但最主要的目的是就业；三是法律的界定，《中华人民共和国户口登记条例》第六条规定：“公民应当在经常居住的地方登记为常住人口，一个公民只能在一个地方登记为常住人口。”公民在常住地登记常住户口，在当地被称为常住人口；到本市县外的其他地方需申报暂住登记，被称为暂住人口。

（二）浦东新区外来人员基本概况

1. 外来人员占常住人口的42.52%

截至2017年底，浦东新区常住人口为552.84万人，其中，户籍人口298.96万人，外来人员占常住人口的42.52%（见图1）。

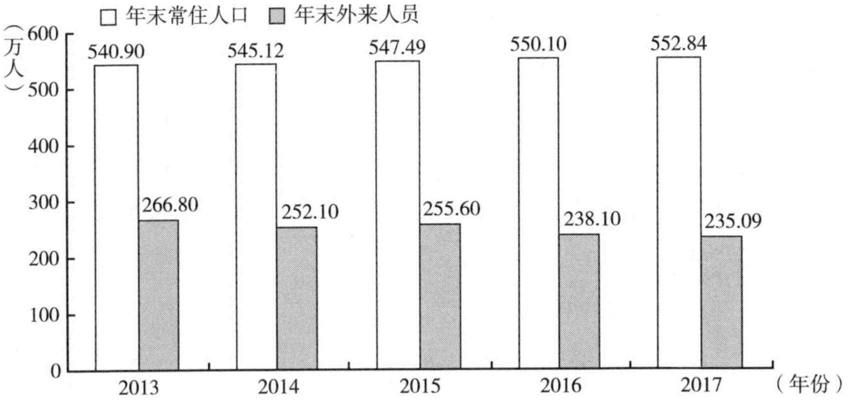

图1　浦东新区外来人员增长情况

2. 外来人口以青壮年为主

近年来浦东新区有关统计资料表明，浦东新区外来人口迅速增加，其主要原因是浦东开放新政策吸引了大量青壮年，其中，20～44 岁年龄段占比达 70.8%。而户籍人口中 20～44 岁年龄段占比仅为 35.8%，这对缓解浦东新区劳动力供给紧张具有非常积极的意义，有效缓解了人口老龄化所带来的劳动力不足问题。特别是制造业、建筑业等第二产业，对青壮年劳动力的需求极大，外来人员中的青壮年为其提供了重要的劳动力资源。

3. 外来人员中男性比例高

按惯例，人口性别比女性为 100，男性为 102 至 107 之间。同时，从浦东新区外来人口的数据来看，外来男性人口大量流入浦东新区，男性占比提高到 58%。而近 10 年来，浦东新区户籍人口性别比持续下降，到 2016 年底为 99.47。外来男性人口占比提高，提高了浦东新区常住人口的性别比。

4. 外来人口中安徽籍占35%

从籍贯来看，浦东新区安徽省籍的外来人口最多，约占 35%；第二位是江苏省，约占 23%；第三位是四川省，约占 7%；第四、第五位分别是浙江省、江西省。这五个省份的外来人员已占浦东新区外来人员总数的 78%。

5. 外来人口社会保障参与人数仅为常住人口的5%

浦东新区社会保障工作覆盖率不够高，外来人员参保率依然很低。2016年外来人口各项社会保障福利的参与人数均不足常住人口的5%，而外来人员占常住人口的43.28%。外来人员中没有参加任何保险的达到27.8%，参加上海保险的仅为19.4%，更多的外来人员是在户籍所在地参加保险，参保率达到40.3%。

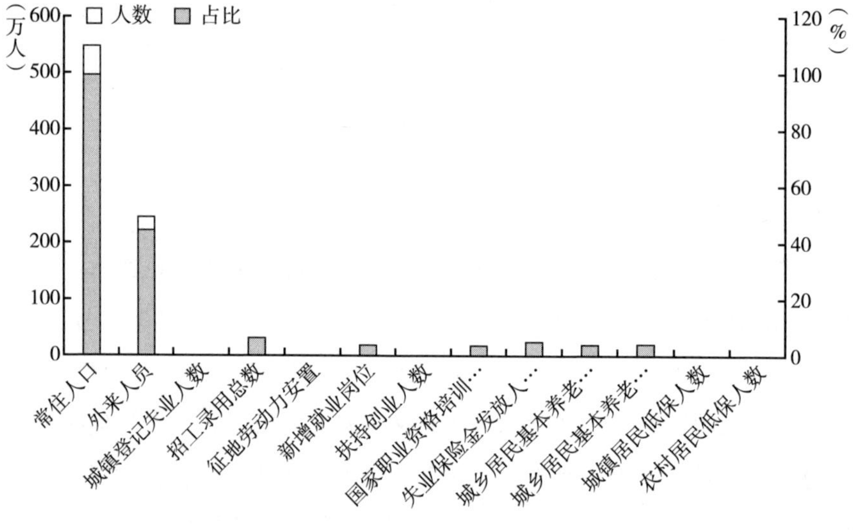

图2　浦东新区外来人员社会保障福利参与情况

6. 外来人口学历以初中为主

浦东新区外来人员的学历结构呈现两头低、中间高的橄榄形结构。研究生以上学历和未上过学的比重均很低；文化程度以初中为主，占67.86%；其次是高中（中专、职校、技校），占19.17%。浦东新区外来人口学历总体偏低。

（二）外来人口对浦东新区发展的贡献

经过28年的发展，浦东经济规模不断跨上新台阶，改革开放不断实现新突破，社会民生改善不断取得新进展，城市建设不断呈现新面貌。浦东发生了历史性的巨变，经济总量从1990年的60亿元跃升到2017年的9651亿元，增长了近160倍，年均增长15.1%；财政总收入从浦东开发之初1993年的11亿元增加到2017年的3938亿元，增长了350多倍；居民人均可支配收入在2017年已经超过6万元，比2003年增长3.1倍；全社会固定资产投资累计超过2.3万亿元，浦东已成为上海现代化建设的缩影。

其中，外来人员对浦东新区发展的贡献巨大，根据浦东新区第六次全国人口普查提供的数据，我们可以从以下几个方面看出外来人员对浦东发展的贡献：一是外来人员的比重已占到42.52%，其中，青壮年男性的比重达到58%；二是2013年外来人员在第一、第二、第三产业的比重分别为：5.86%、62.87%和31.27%；三是在就业结构中，排前三位的行业依次是制造业、批发零售业和建筑业，分别占38.22%、16.79%和10.60%。按照《国民经济行业代码（2017版）》，在细分行业中，在居民服务业和其他服务业、住宿和餐饮业、批发零售业等行业的从业人员中，外来人员占绝对多数，由此可以说明，外来人员已成为第二业、第三产业的重要建设队伍，为浦东新区的经济建设和社会繁荣做出了积极的贡献，是浦东新区社会财富的创造者。外来人员对浦东新区的发展功不可没，每年春节前后，浦东新区就会出现“保姆荒”和因劳动力紧缺影响企业正常生产的情况。

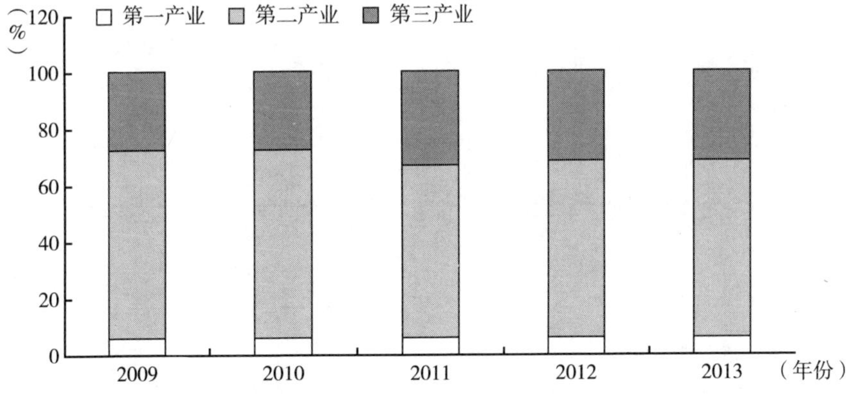

图3　2009～2013年外来人员各产业就业比重

二　浦东新区外来人口社会保障的主要特点

改革开放的不断深入和原南汇区并入浦东新区，使浦东新区外来人口急剧增长，其外来人口社会保障的特点与上海其他15个区不同，反映出浦东新区经济和社会发展速度在加快。

（一）外来人员向生活成本低的市郊转移

随着浦东新区核心城区生活成本的上升、产业的转移，外来人员的集聚力度逐渐减弱，如原人口密度相对较高的潍坊新村街道、陆家嘴街道外来人员逐渐减少（见图4）。随着这些区域市政建设（包括世博园区）的逐步完善，外来人员又逐步向城乡接合部转移。2005～2016年，北蔡镇的外来人员增加7.14万，三林镇增加5.68万，张江镇增加5.61万，曹路镇增加4.56万，高桥镇增加3.71万，川沙镇增加1.38万。由于地域观念和文化差异等原因，浦东各地外来人员分布情况有所不同，形成了户籍人口密集区、混合增长区和外来人员密集区等。

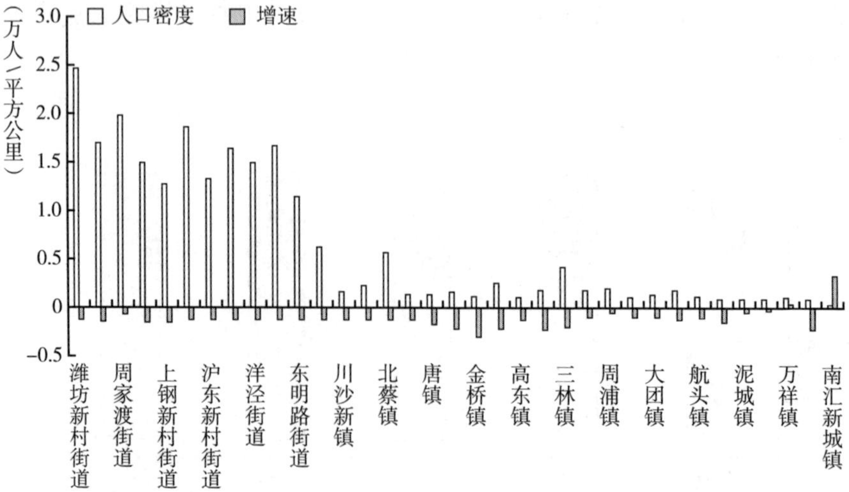

图4　2013～2016年各街镇外来人员增速和2016年人口密度

（二）外来人口沿核心区向市郊结合部流动

从浦东新区 2013～2016 年人口增速和 2016 年人口密度的统计分析数据来看，12 个街道的平均增速为 5.6%、平均人口密度为 1.37 万人/平方公里；24 个镇的平均增速为 104.6%、平均人口密度为 0.14 万人/平方公里。以上数据说明，浦东新区核心城区人口密度较高，浦东新区市郊城乡接合部的乡镇外来人口呈增长趋势。

（三）外来人员对生活环境满意率为42.8%

据现有的统计调查资料分析，超六成的外来人员感到多重高压力且对生活环境的满意率较低。超六成外来人员认为在沪工作生活面临“三高”问题，即工作高压力、生活高负担以及身体高负荷（见图 5）。外来人员对浦东新区生活环境的平均满意率为 42.8%，处于较低水平，反映出多数外来人员生活工作条件一般。其中，满意率最高的是“就业环境”，为 47.7%；其次是“居住条件”，为 46.5%；最低的是“收入水平”，为 36.0%（见图 6）。巨大的人口规模与城市承载力的矛盾越加凸显，尤其在教育、医疗等公共服务领域，供需矛盾尤为突出。

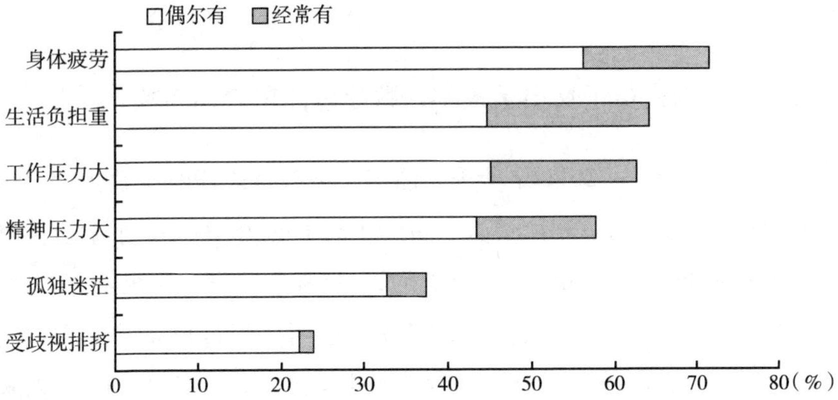

图 5　外来人员身心状况评价

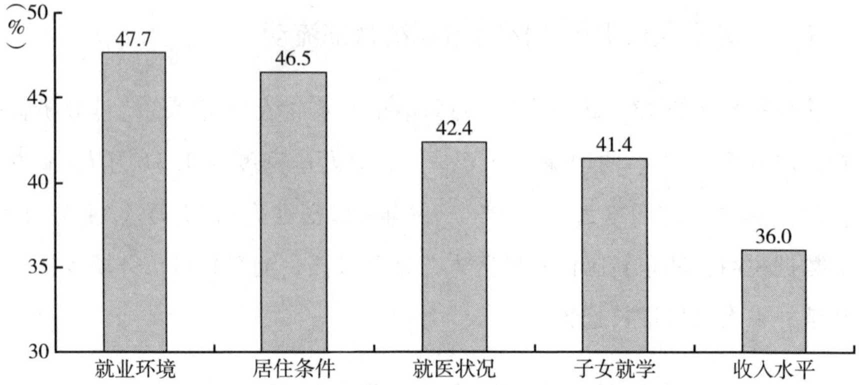

图6　外来人员对生活环境的满意度评价

（四）外来人员犯罪占比高于常住人口

城乡接合部、城中村等地治安秩序混乱、违法犯罪问题突出，外来人员违法犯罪比重高。2011～2013年，浦东新区公安机关共抓获各类犯罪嫌疑人员1.5万人，其中来沪人员1.1万人，占总数的73.3%；2013年1月至6月，公安分局刑事拘留对象中，来沪人员占比为79.3%。经对部分刑事作案对象案前倒查，发现大部分对象属流窜作案，游离于管控视线之外。

（五）外来人员子女小学入学人数超过浦东户籍人数

据教育部门统计，2011年秋季，浦东义务教育阶段学生数为28.96万人，其中外来人员子女13.42万人，占学生总数的46.34%。小学段接收外来人员子女9.36万人，占小学生总数的51.95%。小学一年级4.29万新生中外来人员子女为2.57万人，占59.9%，已明显超过户籍学生人数。其中，公办学校是接收外来人口子女就学的主渠道。2011年13.42万外来人口子女中，在公办学校就读的有9.97万人，占74.29%；在民办农民工子女小学（41所）就读的有2.83万人，占21.07%。

三　浦东新区外来人员社会保障体系主要问题和原因分析

一方面，我国实行户籍制度；另一方面，上海作为超大型城市，对人口总量有严格的规划要求，其对外来人员的社会保障制度也处于探索阶段，可以说外来人口的社会保障问题是我国大城市社会保障体系面临的主要考验之一。由于现有的法律制度、管理方式等原因，浦东新区外来人员的社会保障水平依然不能与户籍居民齐平，存在着许多政策和体制上的瓶颈和制约。

（一）外来人员劳动保障政策难以落地

由于浦东新区大量外来人口在建筑工地、服务行业打工，不能与上海户籍人口享受同样的劳动就业服务网络、就业卡等社会保障。虽然浦东不少街镇和企业出台了许多吸引外来人员就业的劳动保障措施，但是这些劳动保障措施都没有落实到法律法规层面。企业为就业者缴纳的各类社会保障金标准过高，少数企业为了降低生产成本，就采取各种办法不给或少给外来人员增加保险金。一旦发生工作事故，企业又不给务工人员规定的赔偿，给外来人员造成心理落差。

在社会救助方面，外来人员难以享受最低生活保障。现行的城镇社会救助体系只覆盖了上海户籍人口，而外来人员尤其是农民工很难享受最低生活保障和社会救助等权益。通过对外来人员社会保障现状进行分析，可以看出外来人员在就业、医疗、教育、福利水平等社会保障和社会救助方面存在诸多问题，需要在制度层面和顶层设计上予以解决。

（二）外来人员各类缴费比例偏高，缺乏退出机制

早在 2011 年，上海就推出了将外来人员纳入上海市城镇职工基本养老保险（简称“城保”）的政策。按照上海社保新政策规定的过渡期下限工资额度计算，外来员工的养老金至少增加了 2.6 倍，给企业带来的压力剧增，

故部分企业想方设法减少缴纳“四金”。有调查者反映，我国缴纳的“四金”占工资比重，超过西方发达国家。

除外来人员各类缴费比重偏高之外，还缺乏退出机制。以上海户籍劳动力为例，在缴纳“四金”后，男性年满60周岁，女性年满55周岁之后，可以在上海领取养老保险金。按照现行的政策，外来人员退休后只能到户籍所在地的社保机构申请将已经缴纳的养老保险缴费金额和年限转过去，但是能转移走的只是8%的个人账户部分，企业缴纳的22%进入统筹账户，不能转。

（三）外来人员子女教育缺乏保障机制

浦东新区现有的教育资源供给能力与外来人口学龄子女的需求之间存在较大的落差。据调查，浦东新区外来人员中0~14岁的儿童有18.75万人，占该年龄段儿童总数的39.2%，也就是说浦东新区每10名儿童中，就有4名是外来儿童。

为了解决外来人员随迁子女的就学问题，新区政府也出台了不少政策。目前，外来人员随迁子女在新区就学主要有两种途径。一是当地公立学校在满足本市户籍学生就学的基础上，将多余的教育资源向外来人员子女开放。二是将随迁子女送到附近的民办农民工子弟学校读书。截至2016年底，浦东新区有小学164所，其中农民工子弟学校35所，比2010年减少了6所，况且短期内仍然难以从根本上解决硬件设施落后、教师资源匮乏等问题。农民工学校缺乏竞争力，无法吸引正规师范学校毕业的教师。除了教育水准低，学校管理也存在着安全隐患，为了降低办学成本，不少学校缺乏消防设施、缺乏食品安全监督、缺乏学校安保人员。

（四）外来人员不享受医保，怕得大病

浦东新区有近七成的外来人员居住在中环以外，这部分外来人员多数情况下选择到郊区的一级、二级医院就医，给郊区医疗资源带来不小的压力。由于医疗保障体系的缺失，有的外来人员不得不到小诊所、黑诊所就医，甚

至选择有病不看。

从2011年起，按照国家有关社会保障规定，外来城镇户籍来上海打工，无论其是否持有居住证都应缴纳城保，外来农村户籍应缴纳新三险（包括工伤、住院医疗和老年补贴）。但由于农民工群体没有固定的工作场所，其参加社会保障的比例不高，一旦发生大病、工伤事故等容易陷入家庭贫困。

四　加强外来人员社会保障体系建设的对策和建议

党的十九大报告指出，中国特色社会主义进入新时代，我国的社会主要矛盾已经转化为人民日益增长的美好生活需要和不平衡不充分的发展之间的矛盾。浦东新区作为我国改革开放的先行区，不平衡、不充分的问题同样存在。要以民生为先回应群众期盼，坚持抬底部、促公平、提质量，持续加大民生投入，完善社会事业布局，健全社会保障体系，让群众有更多获得感、幸福感、安全感，使外来人员尽快成为新上海人，为浦东全面实现小康社会做出积极贡献。

（一）从政策层面保障外来人员安居乐业

浦东新区在城市治理中积极探索外来人口管理办法，在外来人口社会保障和社会服务的方法和路径上取得了一定的成绩，形成了以服务民生为途径，以政策管理为载体，以自我管理为基础，以文化生活为纽带的多种服务方式，有力推进了外来人口社会保障体系的完善，加快了外来人口的有效融入。

浦东新区区委、区府应将外来人员的安居乐业提高到政策层面，重视外来人员管理，按照“同一个城市、同一种待遇”的理念，关注社会发展的薄弱环节，不断扩大社会保障覆盖面，提高保障水平，着力完善全覆盖、保基本、多层次、可持续的社会保障体系。浦东不断完善社会保障体系，将来沪从业人员综合保险纳入本市城镇职工社会保险，实现城乡“低保”基本应保尽保，为外来人员有序融入进一步创造良好物质、制度和社会条件；积极而为、量力而行，大力营造关心尊重外来建设者的社会氛围，努力做到“就业有岗位、劳动有尊严、参保有办法、生产有安全、子女有教育、居住有场所、健康有服务、生活有文化、维权有渠道、发展有舞台”。

（二）探索居住证积分化管理

浦东新区政府应积极探索一线城市居住证积分化管理方式，制定浦东新区居住证积分化管理政策。应科学设计积分标准，并分层分类区别对待。围绕浦东新区打造“两个核心区”的特点，对于符合新区产业发展导向的高学历和专业的来沪专家学者，实行“积分入户”制度，达到积分要求可以落实户口；对于与市民生活息息相关的从事服务业的来沪外来务工人员，实行“积分享益”制度，达到一定积分，就享受相应的基本服务项目；推行“积分联薪”制度，鼓励务工单位将积分与工资奖金挂钩，使外来务工人员努力有方向、发展有路径。

坚持按照常住人口统筹考虑基本公共服务资源的配置，不断将基本公共服务向外来人员延伸拓展。在上海商品房价格居高不下的情况下，应建造“蓝领公寓”“人才公寓”等（如高东镇建设了总面积1.3万平方米的蓝领公寓）；在计划生育、医疗服务方面应实施“彩虹计划”，为外来务工人员免费进行健康体检，为外来育龄妇女免费进行妇科检查。要在全区广泛开展“关爱农民工”活动，让外来人员享受市民化待遇、亲情化服务、便利化生活。

（三）加强外来人员的综合培训

要使外来人员尽快融入上海，适应大都市的生活，要首先从培训和教育入手，提升外来人员的综合素质。新区政府要把外来人员的培训和教育纳入社区教育体系，以社区为平台，加强外来人口与当地居民之间的交流互动，加强对外来人员的培训和教育，使外来人员对所在社区有归属感、积极走进社区参加公益活动，提高其融入社会的能力。

外来人员在浦东已经形成“民二代”，提升外来人员的综合素质，重点在外来人员的随迁子女上。为此，要重点做好“民二代”子女的义务教育工作。要尽可能将稳定就业的农民工子女纳入公办学校序列。在城乡接合部外来人口集聚地区，将农民工同住子女纳入学前教育的公建配套规划范围，恢复所有挪作他用的托儿园的教育功能，开设三级民办幼儿园或看护点。重视对“民二代”的教育引导，建立外来人口子女学习成绩、农民工学校教学质量监控和督导机制，创建适合“民二代”特点的教育基地、实践基地、创业基地，确保“民二代”健康成长。

（四）将外来人员列入“家门口”服务体系

2018 年 5 月 8 日，上海市质监局和浦东新区政府联合发布了《社会治理指数评价体系》和《“家门口”服务规范》两个标准。以《“家门口”服务规范》为标准，按照“四化”理念，建设村居层面的“家门口”服务体系。2018 年先局部试点，2019 年再扩大试点范围，此后全面推开，到“十三五”末，实现全区覆盖。为居民提供党群、政务、生活、法律、健康、文化和城市管理共 7 大类服务，破解服务群众“最后一公里”难题。

建议将外来人员纳入“家门口”服务体系平台，使其和浦东户籍市民享受同等的综合服务，即依托村居党建服务站，打造集社区事务居村代理室、志愿者服务站、红十字服务站、青年中心（少年之家）、妇女之家、居民活动室、外来人口管理办公室、城市运行综合管理工作站、社区民众安全防护应急站、消费者权益保护联络站、食品安全工作站等功能于一身的“家门口”服务站，为社区内外来人口提供完善的学习、生活、就业等服务。

参考文献

鲍宗豪：《后全球化视野下的社会管理》，《解放日报》2012 年 2 月 19 日。

鲍宗豪：《中国可持续城市化面临八大挑战》，《红旗文稿》2011 年第 2 期。

陈新光、王诗浩、曾希萌：《关于建设国际宜居城市的思考——以福州健康城市建设为例》，《海峡科学》2018 年第 2 期。

陈新光、鲍宗豪：《后现代视域下的社会风险防范——兼与肖瑛和张乐、童星教授商榷》，《探索与争鸣》2012 年第 6 期。

陈新光、钱海清：《世界特大城市社会风险防范研究和启示》，《科学发展》2012 年第 10 期。

魏晓晖：《浅析城市外来人口社会保障问题》，《商》2016 年第 4 期。

周伟佳：《对在沪外来务工人员的管理模式的探讨》，《法制与社会》2011 年第1 期。

朱新捷：《浦东新区人口演化中的人口空间分异研究》，《中国城市规划年会》，2015。

杨上广：《浦东新区迁入人口的分异》，《城市问题》2006 年第 1 期。

罗仁朝、王德：《上海市流动人口不同聚居形态及其社会融合差异研究》，《城市规划学刊》2008 年第 6 期。

公共管理篇

Public Administration

B.7
浦东运用大数据优化社会治理的实践与改革

郭琳琳 *

摘　要： 党的十九大提出打造共建共治共享的社会治理新格局。以大数据为特征的信息时代的到来，既为社会治理的变革提供了机遇，又对其形成了挑战。浦东在运用大数据加强社会治理方面进行了诸多的实践探索，尤其是在“智慧城市”建设、拓展市民参与城市管理渠道和城市运行综合管理方面。优化大数据下的社会治理，更需要浦东新区政府推动政府和社区共治、确立合作治理新规则、推动治理决策变革和推动治理绩效评估变革配套改革。

* 郭琳琳，上海市浦东新区行政学院副教授，研究方向为政府治理。

关键词： 大数据 社会治理 政府改革

自开发开放以来，浦东外向型经济发展取得了举世瞩目的成就，伴随着外来人口的大量导入，其已经从地域型城市变成了移民型城市，居民来源复杂多样，流动常态化，一个陌生人社会悄然形成。后工业化的生产方式对浦东社会治理构成了重要的挑战。20多年来，浦东在完善社会治理方面进行了积极的探索，最近几年，尝试运用大数据加强社会治理，取得了一定的业绩。但是，要形成适应后工业化生产方式、开放型的特大城市的社会治理方式，浦东依然任重道远。大数据为这种变革既提供了机遇，又构成了挑战。

一　信息时代的大数据与社会治理

最早预言大数据时代的是未来学家阿尔文·托夫勒，他1980年在《第三次浪潮》中写道："如果说IBM的主机拉开了信息化革命的大幕，那么大数据则是第三次浪潮的华彩乐章。"2001年Gartner公司的研究报告首次出现"大数据"（Big Data）的提法。2008年以来，"大数据"成为一个风靡全球的词汇，在互联网领域和信息技术行业得到广泛应用。2011年6月，美国麦肯锡研究所发布的《大数据：下一个创新、竞争和生产力的前沿》指出大数据是新时期的基本生活资料和市场要素，重要程度不亚于人力资本和物质资本，它将成为企业提高生产力与竞争力的重要方式和关键因素。2012年5月联合国"全球脉冲"计划发布的《大数据：机遇与挑战》报告阐释了大数据带来的机遇、挑战和应用领域。总之，大数据是继云计算、物联网之后涌起的一股革命性浪潮，它深刻影响和改变着人们生活的方方面面。展现在人们面前的大数据时代是一个将数据当作核心资产的时代，数据呈现战略化、资产化和社会化等特征。①

① 刘叶婷、唐斯斯：《大数据对政府治理的影响及挑战》，《电子政务》2014年第6期。

作为一种技术手段，大数据是由数量巨大、结构复杂、类型众多的数据构成的数据集合，是基于云计算的数据处理与应用模式，是通过数据的整合共享、交叉复用形成的智力资源和知识服务能力。[①] 具体到社会治理方面，大数据主要运用在社会治安、人群细分、交通分流、环境治理等方面，为政府优化社会治理发挥了不可替代的作用。具体包括以下四个方面。

有效提升应急管理能力，实现快速响应和提前预警。如通过大数据分析，提前预测拥堵路段，做好联勤联动保畅准备。实现了交警、消防、公安、医疗等部门的联合执勤，提高了统一指挥、快速反应、高效决策处置能力和出警效率。

实现精准扶贫。互联网和移动 APP 在扶贫减贫工作中的应用，汇聚了大量的数据项，进而利用这些数据建设详尽、全面、精准的扶贫信息系统，对扶贫对象实施精确识别、精确帮扶、精确管理，使扶贫效率和效果大大提升。

细分目标人群。政府或相关的企业及社会组织利用大数据对人群按需要进行具体细分，能够精确地寻找特定群体、产品和服务。例如对某些人员进行定位，综合各方面消息进行综合研判。

发掘和创造新需求。通过分析人口结构以及变动趋势，瞄准最适当的群体开展相关的社会服务。比如实时位置数据的出现已经创造了一套全新的从导航应用到目标跟踪的服务体系，这对犯罪分子有很大的震慑作用。

二　浦东运用大数据加强社会治理的探索

浦东加强社会治理的改革可以追溯到 2005 年国务院批准浦东为全国首

① 浦东新区经济和信息化委员会：《对浦东大数据发展模式的思考和对策建议》，《新区政研动态》2014 年 7 月。

个综合配套改革试验区。当时是从中国区域经济发展总体布局考虑，希望浦东在新的历史条件下探索出区域发展的新模式，改革的目标侧重配套和可持续。最近几年来，浦东以创新社会治理为己任，推进社会治理体系和社会治理能力现代化，按照科学化、精细化、智能化和法治化要求，建设符合浦东实际、体现浦东特点、具有浦东特色的浦东社会治理新格局，实现城市网格化综合管理与社会治理、应急管理的深度融合，实现城市运行综合管理全行业、全区域、全时段覆盖，实现城市管理资源高度整合、监控信息系统高度集成、部门联勤联动高度协同、上下贯通指挥高度统一，努力开创在全市具有引领性、标杆性和示范性的社会治理新格局，让浦东城市更有序、更安全、更干净。

1. 依托智慧城市建设，集中大量的公共数据。例如，浦东人口库已涵盖530多万实有人口数据，市场信息主体资源库涵盖新区20余万市场主体单位法人信息，空间地理信息数据库也已充实至50余层图层，新型电子健康档案库收入档案238万余份，惠农通已入库农户信息10万户。同时，浦东积极推进数据应用，已初步实现对全区快速路网、主干路网运行状况的全面监控、合理诱导，实现对噪声、环境空气质量等的实时监测，初步实现农产品质量安全监控，形成较为完善的食药品追溯安全监控网络，智慧公交试点已完成1000余辆公交车的集群调度软硬件部署。①

2. 优化城区环境，拓展市民参与城市管理渠道。原来市民发现城市管理中的问题只能通过电话等传统方式进行投诉，2016年有了“浦东e家园”APP，市民可以随手拍、即时传，方便快捷，人人都可以成为城市管理参与者和监督员。上线最初半个月，市民就通过“浦东e家园”上报问题3494件，相当于同期通过12345等热线上报问题数的38.8%，相当于同期网格员发现问题数的14.0%，“浦东e家园”已成为市民参与城市管理的重要渠道，培育了市民爱护城市、参与管理的责任意识和主人翁精

① 浦东新区科技和经济委员会：《智慧浦东建设规划（iPudong2020）——浦东新区国民经济和社会信息化“十三五”规划》，2016年11月，内部资料。

神。同时，“浦东 e 家园”将所有上报问题的地点、内容、处置过程全部公开，将不文明行为曝光在广大市民面前，对违法违规主体和广大市民都进行了文明教育。

3. 通过城市运行综合管理，实现管理的规模化和一体化。在区委、区政府领导下，浦东经过多方研究、系统谋划，在网格化综合管理的基础上，通过城市运行综合管理中心及分中心两级平台建设，初步构建了“1+39（36+3）+X+Y”的城市运行综合管理体系（见图1）。这当中，“1”是一级平台，注重实现资源高度整合、信息高度集成、指挥高度统一、条块高度协同。“39”是二级平台，包括36个街镇分中心和保税区、国际旅游度假区、世博开发区3个特定区域分中心，注重实现实体化、高效化、集成化运作，并将工作延伸到X个联勤联动站和Y个村居工作站。联勤联动站注重高效响应、快速处置，建在服务对象最多、产生问题最多的区域；村居工作站注重履行发现、自治、报告的职能。

以周浦城运中心为例来观察“城市大脑”的运转。在接通大数据智慧平台的大屏幕上，呈现出针对人、车、物的11个信息化感知模块，包括人脸识别、人群监测、智能巡屏、违章停车、消防联动、道路拥堵、违章倾倒渣土等。屏幕上那些代表人群密度的热力图、车辆位置的GIS地图等统计图表每秒都在发生变化。变化来源于散布在城市各角落的“神经元”。在周浦，光是像井盖、路灯、垃圾桶这样装有传感器的城市功能部件就有3万个，它们承担着“神经元”的角色，即时感知风险，向“城市大脑”发出信号，这是智能化城市管理的重要一环。

2018年5月，浦东发布两项社会治理标准，把大数据时代的社会治理向前推了一步。其一《社会治理指数评价体系》重在发挥对社会治理过程的跟踪、监测和预警作用，使其成为反映浦东社会治理状况的晴雨表；其二《“家门口”服务规范》重在解决“人随事走”的社区服务痛点。此次规范重点流程制度和工作边界，目的是要改变“一人一座一电脑”的封闭格局，以更公开透明、开放共享的服务态度面向居民群众。

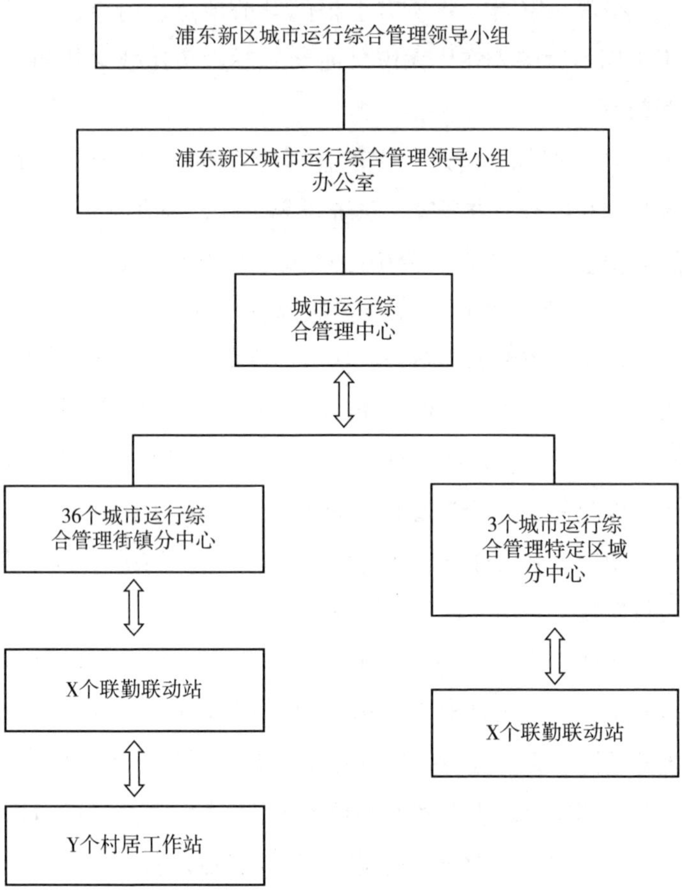

图1　浦东新区城市运行综合管理体系架构

三　大数据背景下浦东社会治理的变革

20世纪80年代以来，随着经济全球化和后现代社会哲学的提出，“治理”一词的内涵发生着巨大的变化，学术界对其达成的基本共识是：它是一种区别于传统政府统治的新型社会管理模式。迄今为止，学术界对治理理论的争论方兴未艾，孙柏瑛所列举的一些核心要件得到了认同：第一，治理意味着政府组织不是唯一的治理主体，治理承担者扩展到政府以外的公私机构；第二，治理的权力运行方向发生变化，从单一向度自上而下的统治，转变为上下互动、彼此协商的多元关系；第三，形成了多样化的社会网络组织，从事公共事务的共同治理；第四，政府治理策略和工具向适应治理模式要求的方向改变。[①]

但是，就浦东而言，对大数据对社会治理变革的影响尚缺乏深刻的考虑。浦东对大数据的接受更多是工具性的，如通过人脸识别技术以及加装街头摄像头制止犯罪，通过道路的数据识别来化解交通拥堵问题，通过随手拍或“浦东 e 家园” APP 解决了不少环境卫生等问题。这些举措确实运用了大数据技术，也确实起到了一些效果，但是，大数据既是一种技术手段，也是一种治理理念。大致而言，大数据对浦东现有的管理体制构成了如下的挑战。

1. 从科层制管理向扁平化治理转变的挑战。官僚科层制管理是一种金字塔形的治理结构，其结果是资源配置形成与之相反的倒金字塔形结构，离金字塔塔尖越近的部门获得的公共资源越多。[②] 大数据技术的运用会产生与此截然不同的效果，原因就在于大数据把组织中横向的分工合作与纵向的科层制结构打破，政府内部的数据共享及在此基础上的共同决策将最终瓦解官僚层级对公共资源分配的决定性作用，消除部门之间的公共资源的鸿沟和壁垒。大数据技术的运用大大解决了因公共信息堵塞、滞后、流动性不强、透明性缺乏、接收缓慢且缺乏有效的数据组织运用等原因导致的行政效率相对低下等问题。因而，大数据时代，政府为应对日趋复杂的社会问题，必须形成相对分权的多中心决策和应急机制。浦东曾经为了分权实施功能区改革，结果并不理想。其主要原因就是这个改革进一步强化了科层制，与大数据时代扁平化发展的目标不一致。

2. 从静态化管理向流动性治理转变的挑战。长期以来，由于一项新政策落地可能会带来的种种难以预料的结果及新政策的实施过程需要不断配套

① 孙柏瑛：《当代地方治理——面向 21 世纪的挑战》，中国人民大学出版社，2004，第 35 页。
② 胡键：《大数据与公共管理变革》，《行政论坛》2016 年第 6 期。

完善，国家大多会把社会治理的政策在典型区域进行试点，试点取得一定成效后才在全国范围内推广。这样一种“试点—推广”模式建立在“小数据”的抽样基础上，它发挥重要作用的前提是处于相对稳定和相对简单的工业社会发展前期。在工业社会发展后期阶段，社会流动性和异质性大大增加，社会治理变得高度复杂与高度不确定，以小规模抽样预判整体形势、以历史性经验推测当下状态的决策方式开始失去效力。①

大数据技术正逐渐运用于流动性治理的各个环节中，并且取得了不错的成效。以百度公司的百度地图为例，其相关地点的搜索请求数据和实际到达该地点的人群数量具有非常高的相关性（相关系数大于0.9），利用该特性，百度大数据可提前1～2小时对可能到来的风险进行预判，提前规划交通、安全、餐饮等一系列问题。

3. 从精细化管理向精准化治理转变的挑战。精细化管理在政府管理中体现为管理目标、部门设置、绩效评估等多方面的精细化，包括细化部门职能、厘定职权范围、规定政策执行标准，等等。当代中国正处于从工业社会向后工业社会的转型时期，经济与政治体制改革的不断深化使得原本潜藏的各种社会矛盾和不稳定因素纷纷浮出水面。维护社会和谐，体现执法的权威性，需要政府以更精准的信息对管理的过程进行精准的掌控，所以，政府长期以来使用的精细化管理方式已经不适应时代要求，而互联网和大数据的迅猛发展为社会治理的精准化提供了技术条件。在食品安全监管方面，运用大数据技术和思维在探索智慧监管体系建设、完善食品安全追溯体系、破解网络食品安全监管难题等方面成效显著。只要掌握辖区内食品安全事件的发生规律，就能够科学部署执法力量，有针对性地采取措施，从而有效改善本地区的食品安全状况。在精准扶贫和减贫方面，相关部门通过多维度数据对比分析，自动预警、实时推送异常信息，可以帮助扶贫干部对贫困户进行精准识别，实时掌握贫困户信息，引导各类扶贫资源优化配置，真正实现扶贫到村到户，构建起精准扶贫减贫脱贫的长效机制。

---

① 陈潭：《大数据驱动社会治理的创新转向》，《行政论坛》2016年第6期。

4. 从网格化管理向网络化治理转变的挑战。“网格化”和“网络化”只有一字之差，但二者的目标诉求却截然不同。网格化管理的目标是“维稳”，它可以利用大数据来提升动态监控水平和捕捉居民行动轨迹的能力，而网络化治理的目标是“服务”，其以提高服务质量为导向，政府乐于与企业、非政府组织和公民形成合作之网。[①] 近年来，浦东积极推进网格化管理，加大网格监督员、监控探头等人力物力投入，在一定程度上提升了城市管理的精细化水平。然而，面对广大区域、众多市民，固定探头显得太机械化，监督员数量又相对微不足道，加上监管内容相对固定，很容易出现管理盲点，难以全面发现并解决市民身边的问题。这种管理模式使城市管理工作始终得不到市民的高度认可，成为城市管理的痛点。随着信息来源的多样化、传播速度的提升及分享渠道的扩展，现代人的个人旨趣也越来越趋向差异化和个性化。这种社会治理环境的异质性与不确定性的增大，意味着未来的社会治理将面临更多的可变性而非稳定性、更多的回应性而非统治性、更多的参与性而非命令性，网络化治理恰能体现这种社会治理多元主体的参与特性。浦东“一网通办”取得的成效和社会口碑也得益于网络化治理的运用。

5. 从单向度管理向协同化治理转变的挑战。多年来，我国社会治理的控制模式一直是自上而下的单中心、单向度模式。作为国家治理唯一中心的政府，通过全方位掌控政策的制定和执行而进行着法律与制度的输出。这种“国家本位”与“政府本位”的治理方式一定程度上导致依法治理成为“依据政府的法律、法规对现实的社会、市场与自然等空间进行治理”。[②] 政府尽管也会主动从民间采集民意，诸如举办听证会、开通电子政务等，但因社区组织和社会团体等长期处于依附政府的状态，以及公民参与的高热情和低能力存在一定的落差，且相应的社会参与的支持性法律法规也尚未健全，所以社会治理的其他主体一直无法形成与政府分工合作的模式。大数

① 陈潭：《大数据驱动社会治理的创新转向》，《行政论坛》2016 年第 6 期。

② 陈潭：《大数据驱动社会治理的创新转向》，《行政论坛》2016 年第 6 期。

据的迅速崛起改变了政府“一家独大”的治理格局，政府的权力正被悄然地部分“移交”于企业、非政府组织和社区手中。现代社会，无论是政府，还是公民社会组织，都没有能力拥有单独行动所需的足够的信息和知识，每个治理主体在其熟悉的特定领域都具有比较优势，可以发挥最佳的治理能力，公共事物的良好治理就是许许多多单个治理主体各尽所能的结果。但要实现这些组织自治、社会共治与政府治理的多方协同，仍然面临严重的挑战。

协同治理还包括政府部门之间的数据共享和行政协同。良好的治理需要开放数据的支撑和支持，从部门数据到公共数据，打造合作治理的大平台。当前我国数据的采集和使用尚未走出部门化、碎片化和管控导向的局限，难以适应现代公共治理的需要。应打破政府数据的部门壁垒，减少数据重复建设，推动数据标准化，建立融合、共享、服务导向的公共数据平台。

四　优化大数据下的社会治理，需要浦东政府配套改革

党的十九大提出打造共建共治共享的社会治理新格局，将加强和创新社会管理修改为加强和社会创新治理。这个修改的主要目的是改革我国社会治理体制，提升社会系统现代化改造的能力，使其能够为化解新的社会主要矛盾提供广泛的社会支持和共识基础。这将是浦东推动政府体制改革以适应大数据时代，完善社会治理的重要指导思想。

大数据治理离不开政府配套改革，特别是对于面临后工业化、信息化和全球化挑战的浦东来说，改革的迫切性更大。大数据对传统行政管理方式是一种颠覆革命。大数据支持政府决策在本质上不是技术问题，而是对执政方式进行顶层设计的问题，所以，大数据在某种程度上将成为倒逼政府改革的力量。传统的政府管理理念和体制已经难以适应大数据时代的社会需要，在某种程度上需要“颠覆性创新”，使政府职能转型和组织重组更符合现代化，使政府与社会、政府与市场的关系更加紧密化和人性化，使公共决策和公共服务供给更加科学化和现代化。

1. 从大数据的工具化到制度化，推动政府和社区的共治。当前的社会治理思路，是运用大数据手段来弥补捉襟见肘的政府管理体制，实际上有工具化的意味，暗含了当前政府管理的体制是完全没有问题的。改革的方向是从转变政府职能入手，通过制度确立大数据在政府和社区共治中的重要作用。政府和社会各个利益群体，可以平等、充分地享有大数据，对社会问题可以充分发表意见，形成社会共治。即政府的大量信息通过大数据传递到社会民众那里，社会民众里的大数据传递到政府那里，在信息双向对等的情况下，共同探讨优化社会治理的路径，为浦东探索出一条新的社会治理之路。

2. 从权力导向到责任导向，打造合作治理的新规则。大数据为打造新型的政府和企业关系创造了条件，浦东新区政府需要进一步加大改革力度，从制度角度进一步厘清政府和社会的责任分工，充分利用大数据的反馈机制，对行为者进行监督和对制度进行优化，如扶贫分工与责任、社会稳定问题等，从而形成新的政社合作新规则。在此过程中，政府职能转换，发挥基层自主自治功能，引导和推动社会力量参与社会治理非常重要。要通过新时代的制度建设，不断提高社会治理社会化、法治化、智能化、专业化水平。

3. 从经验决策到数据决策，推动治理决策变革。科层制时代，政府决策更多地依赖于经验，这种治理的手段较为原始，效果也不大好。政府需在准确把握社区客观现实的基础上，出台符合对方需求和政府目的的公共政策。然而传统决策机制很难让决策者对实施结果负责，因为决策者受支持数据、时间以及个人能力的限制，无法做到完全理性。大数据时代，海量的数据加上非常快速的处理手段，可以在相当大程度上成为决策的辅助手段①，在很大程度上避免一言堂现象的出现。

4. 从目标评估到全景评估，推动治理绩效评估变革。传统的治理绩效评估目标是相对独立的，是可预先设定并可控制的，能否在相关领域推广并不在其考虑范围内。这既有数据不完全的原因，也有政府体制转型不到位的原因。治理绩效的复杂性决定了这种单一的评估模式很难全面客观地衡量出

① 刘力锐：《大数据推动政府治理变革》，《学习时报》2015 年 9 月 14 日。

真实的绩效，全景评估的广度和深度远远超过传统的目标评估。基于大数据的技术特征和社会属性，通过数据整合和信息加总，可以记录政府治理的轨迹和全景，交互印证不同数据，“全景评估”完全可能实现。[①] 实现全景式评估，仍然依赖政府职能的进一步转型。

参考文献

吴湛微、禹卫华：《大数据如何改善社会治理：国外“大数据社会福祉”运动的案例分析和借鉴》，《中国行政管理》2016 年第 1 期。

李振、鲍宗豪：《“云治理”：大数据时代社会治理的新模式》，《天津社会科学》2015 年第 3 期。

张海波：《大数据驱动社会治理》，《经济社会体制比较》2017 年第 5 期。

浦东新区经济和信息化委员会：《对浦东大数据发展模式的思考和对策建议》，《新区政研动态》2014 年 7 月 21 日。

《关于持续深化浦东社会治理方式网格化创新的调研与建议》，《浦东情况专报》2017 年 7 月。

谢群慧：《“浦东 e 家园”：创新社会管理的大智慧》，《浦东开发》2016 第 11 期。

浦东新区环保局：《运用“互联网 +”思维创新城市管理社会共治的浦东实践与思考》，《新区政研动态》2016 年 8 月 22 日。

① 刘力锐：《大数据推动政府治理变革》，《学习时报》2015 年 9 月 14 日。

B.8

浦东区域化党建引领社区共治体系建设的进展及优化

丁　倩*

摘　要： 在创新社会治理、加强基层建设的背景下，区域化党建以开放的姿态吸引各类性质的组织加入基层治理，是促进社区共治的一条有效途径。近年来浦东新区在区域化党建引领社区共治体系建设方面进行了一系列探索：构筑了多级联动、上下协同的区域化党建引领社区共治的平台体系，形成了多元主体有机衔接、良性互动的区域化党建引领社区共治的工作机制，探索了专业化、社会化的区域化党建引领社区共治的运行模式，区域化党建引领社区共治的体系建设已初见雏形。但与此同时，浦东区域化党建引领社区共治在多元主体参与的内生动力方面、平台体系的顶层设计方面以及运行机制的良性运转方面还存在一定问题，因此应从构建共同价值、增强内生动力，加强顶层设计、明确功能权责以及完善运行机制、增强合力效应三个方面对浦东区域化党建引领社区共治的体系建设进行改进和优化。

关键词： 社会治理　区域化党建　社区共治

* 丁倩，硕士，中共上海市浦东新区委员会党校党史党建讲师，研究方向为基层党建与社会治理。

近年来，随着开发开放的不断深入、经济社会的转型发展，浦东呈现出利益结构高度分化，社会流动普遍加快，外来人口急剧增长，民主意识逐渐增强的趋势。这样一个高度分化、快速流动、自主性萌发的社会，给城市基层治理面带来前所未有的压力，基层社会治理迫切需要改革创新。2014 年上海市委推出“一号课题”，指出要发挥区域化党建在社会治理中的作用，以区域化党建引领社区共治是上海当前街道体制改革的重要内容，也是浦东基层治理创新的亮点所在。

一　区域化党建——党建引领社区共治的有效途径

一般认为，德国社会学家滕尼斯最先将“社区”这个概念引入社会学领域。他指出“社区”是一种以熟悉、同情、信任、相互依赖为特征的社会共同体组织①。20 世纪 30 年代，“社区”的概念被费孝通引入国内。费孝通从较为简单的模式对社区的含义进行一定的阐释，指出社区即为若干个社会群体或者社会组织聚集在某一地域里形成的一个在生活上相互关联的大集体②。2000 年，社区被民政部定义为“居住在一定地域范围内人们社会生活的共同体”③。这些定义有一个共同的特点，即都相对注重社区的共同性和集聚性。然而，在当代中国，社区除了是“区域共同体”之外，还成为各种冲突和矛盾的聚集下沉区域，其政治功能和社会功能日益凸显。此外，当代社区的一个重要特点还在于主体的多元性，即除了居民之外，政府职能机构、各类企业、志愿组织以及社会组织等都是社区主体的重要组成部分，因此调动多元主体的积极性使其共同参与社区建设，形成社区共治的格局，就成为社区治理要解决的一个重要问题。

---

① 〔德〕费迪南·滕尼斯：《共同体与社会》，林荣远译，商务印书馆，1999，第 146 ~ 150 页。

② 曹琼：《社区治理视域下的区域化党建问题研究》，硕士学位论文，中共上海市委党校，2016，第 10 页。

③ 中共中央办公厅、国务院办公厅转发《民政部关于在全国推进城市社区建设的意见》（中办发〔2000〕23 号文），《人民日报》2000 年 12 月 13 日。

从内涵上来看，社区共治是指在特定的区域范围内“包括政府、市场和社会组织、公民和公民各种形式的自组织在内的各类主体，在一个法治和一定程度自治的相互融合、复杂开放的系统里，基于平等和自愿的价值理念，通过对话、竞争、妥协、合作、集体行动等机制来解决公共问题或者提供公共服务。”[①] 其基本特征可以归纳为三个方面：一，社区共治是平等主体之间的共同参与；二，社区共治是互惠基础上的合作；三，社区共治是分散化的公共权力与民主化的公民权利的结合。如何使多元主体在互惠基础上合理使用权力与积极使用权利，共同参与社区治理呢？区域化党建是一条有效途径。

区域化党建以开放的姿态吸引各类性质的单位组织加入基层党建格局，其价值取向在于集各种社会力量、社会要素于一体促进社会整合，以区域化党建的社会整合力量推进社会治理方式的优化与治理绩效的最大化，加强执政党的社会基础，促进多元主体的合作共建，推动基层党建格局与社会治理结构的协同共建。[②] 因此，如何整合社会多元利益、实现公共利益的最大化既是社会治理的首要目标，也是区域化党建的行动逻辑所在。区域化党建之所以是引领社区共治的一种有效途径，主要是因为“区域化党建对社会的‘有机整合’，是党的领导与社会活力相得益彰的状态。这一方面体现为多元的社会在执政党的社会参与下逐渐凝聚成为一个有机的社会共同体，而执政党则充当整个社会的‘良心’和社会互动的枢纽，这有利于在新的历史时期夯实党的执政基础，实现党对多元社会的领导；另一方面体现为执政党不再通过强制性的方式实现社会组织化，而更多地体现为与社会之间自由、平等的沟通协商与互动合作，以释放社会活力，建构出一种充满生机和活力的社会秩序。”[③]

① 王春婷：《社会共治：一个突破多元主体治理合法性窘境的新模式》，《中国行政管理》2017 年第 6 期。

② 赵祯：《区域化党建研究——以上海 M 区为个案的案例考察》，硕士学位论文，华东师范大学，2017，第 18 页。

③ 唐文玉：《区域化党建与执政党对社会的有机整合》，《中共中央党校学报》2012 年第 1 期。

二 浦东区域化党建引领社区共治的现状

城市社会治理的重点在社区，社区治理的重点在于如何整合社会多元力量在社区层面实现合作治理。在此方面，浦东新区的社区共治经验具有一定的借鉴意义。浦东新区按照区域化整合、扁平化管理、信息化建设、专业化参与的要求，构建了区域化党建引领社区共治的新格局。

（一）构筑了多级联动、上下协同的区域化党建引领社区共治的平台体系

1. 坚持“条块结合、以块为主”的原则，健全区域化党建引领社区共治的组织体系

在区级层面，成立浦东区域化党建促进会，实现区域化党建向上拓展。区域化党建促进会按照契约化共建、项目化推进、社会化运行、制度化保障的运行方式，通过与区级层面具有典型性、代表性的重点驻区单位进行互联共建，实现共商区域发展、共抓基层党建、共育先进文化、共促人才成长、共建文明城区、共同服务群众的共治目标。

在片区层面，由张江、陆家嘴、金桥、外高桥、世博、临港、国际旅游度假区等七个开发区管委会党组牵头，设置了 7 个片区委员会，对所在开发区和周边街镇的社会资源进行整合，形成党建引领区域发展的新格局。

在街镇层面，浦东在对原有的区域化党建联盟和党建联席会议进行整合的基础上，参照新区促进会的模式进行统一规范，将街镇和开发区区域范围内的重点驻区单位全部纳入区域化党建工作中，构建了 40 个促进会的分会，充分发挥街镇党（工）委在区域化党建工作中的领导核心作用。

在居村层面，通过多项区域化党建工作机制和模式的推行，实现区域化党建向下延伸。首先，进一步完善居村、楼宇、园区党建联席会制度，构建基层社会多元主体的协商共治平台。其次，推动居村“家门口”服务体系

建设，立足把握群众需求和改进服务供给的有机统一，形成用好行政资源、撬动社会资源、整合群众资源的共建共享平台。

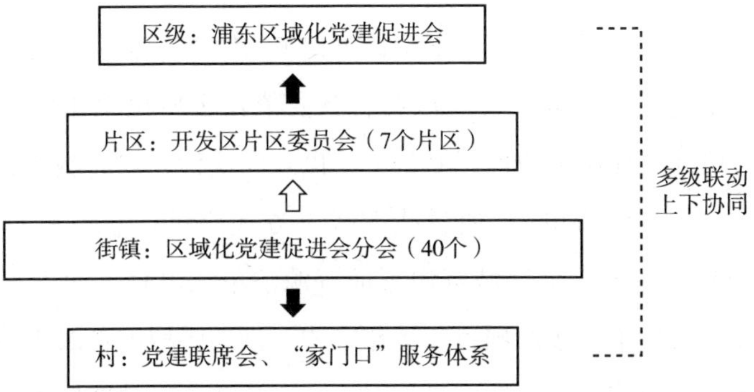

图1　浦东新区区域化党建引领社区共治的组织体系

2. 运用“互联网+”党建的运行模式，构建区域化党建引领社区共治的网络平台

为了进一步创新社会治理加强基层建设，2015年沪东街道在社区治理中融入“互联网+”元素，打造了沪东“微心愿”公益平台，实现了四大升级：从线性思维到网络思维的思维理念升级，从物理空间到网络空间的组织形态升级，从在职党员到“社区达人”的队伍力量升级，从区属资源到区域化条块融合的资源整合升级。沪东“微心愿”公益平台的运行，不但实现了信息的有效整合，而且便于协调和配置各种资源，实现了多元治理主体的良性互动。因此从2016年起浦东区委组织部在全区范围内推广“微心愿”公益活动，主要依托“浦东i党建”线上平台，发挥浦东“微心愿”品牌影响力，在全区范围内进行“微心愿”的发布和认领。截至目前，已有13000余位社区群众许下的“微心愿”被认领，其中驻区单位党组织及其党员认领心愿总数的40.23%，全区各类企业和社会各界爱心人士认领心愿总数的17.8%。“互联网+党建”网络平台的运用，克服了传统治理观念和手段的局限，构建了“线上线下”融合一体的治理机制，搭建了平等互动的协商沟通平台，形成了多元主体合作共治的格局。

（二）形成了多元主体有机衔接、良性互动的区域化党建引领社区共治的工作机制

1. 推出“双向认领”机制，实现需求与资源的供需对接

各个街镇党（工）委、开发区综合党委依托区域化党建促进会分会进行基层民主协商，在民主协商的基础上，以双向认领、双向服务、双向共享为目标，推出“三张清单”：通过线上线下方式广泛征求意见形成需求清单，以“众筹”方式整合区域资源形成资源清单，以自下而上方式分类提取需求形成项目清单。按照项目化运作方式，推动区域内各级党组织和党员主动认领项目、回应需求，实现供需对接、资源整合、精准服务。如：陆家嘴金融贸易区综合党委以金领驿站为载体，通过“三张清单”收集汇总了6大类共计500多项需求，既解决了党员、白领的个性问题（如推出白领午餐项目），也解决了金融城营商环境的共性难点问题，比如近三年内开通6条短驳线路，受益白领近400万人次，解决了金融城白领“最后一公里”交通问题。

2. 深化“双报到”机制，发挥党组织和党员参与社区治理的能动作用

浦东新区自2010年4月全面推行“双报到”工作以来，目前全区已经有3581个单位党组织到所在地党委报道，报到率为98.65%；87880名党员到居住地党组织报到，报到率为90.54%。目前，浦东新区主要把“双报到”和“双向认领”机制有机结合在一起，坚持需求导向、问题导向，同时优化线上报到平台，建立报到信息公开制度，落实“亮身份、亮承诺”。如：东明路街道建立了“在职党员电子名片”，一人一档，完善“三清（涵盖在职党员12项个人资料的基本情况清、职业特长清、联系方式清）”电子信息库，在电子信息库的基础上建立在职党员人才库，依据在职党员个人特长，以教育科技、环境保护、文化艺术、矛盾调解、社区服务等划分主题成立7个在职党员工作室，通过大数据建设以及线上线下相结合的方式完善在职党员参与社区治理的管理体系。

3. 推行居民区“大（总）支部制”，增强居民区党组织统筹社区资源能力

近年来浦东新区积极探索了居民区“大（总）支部制”，通过公推直选的方式增设居民区兼职委员，目的就是为了增强居民区党组织的工作成效和服务能级。首先，通过条线资源下沉，强化居民区党组织的资源整合能力。新区公安分局党委与区委组织部联合推进党员社区民警兼任居民区党组织副书记或委员参与社区治理工作，提升了居民区破解难题的能力，完善了社区治安工作格局。其次，建立共商共议机制，理顺居民区党组织与兼职委员及其所在单位之间的关系。如：洋泾街道整合居委会、业委会、物业、城管、安监、房办和派出所等力量，构建了“七位一体”工作机制，形成了共商共议一个平台运作、多个力量推进的工作局面，通过发挥党组织的引领、统筹、协调功能，真正达到了各职能主体在社区治理方面“用一个声音说话，按一个思路行动，向一个目标努力”的效果。

（三）探索了专业化、社会化的区域化党建引领社区共治的运行模式

1. 运用项目化运行模式，提升区域化党建引领社区共治的精细化、规范化水平

目前，浦东新区的区域化党建工作多以项目制进行，之所以选择以“项目”的方式进行区域化党建工作，主要是希望通过这一组织形式实现专项项目目标明确、权责分配合理、预算结构清晰、管理过程合理等目标。[①] 项目的形式更加规范化和精细化，可以在一定程度上解决基层党建工作长期存在的针对性不强、规范性欠缺以及效率不高等问题。在浦东区域化党建工作中，逐渐显露出一些知名度高、效果显著的品牌项目，如陆家嘴街道的“金色纽带”区域化党建项目，惠南镇的“惠民四盟”项目（惠民医盟、惠民学盟、惠民艺盟、惠民商盟），潍坊街道的“楼宇党员嘉年华”项目，张江镇的“共建美丽‘张江里’项目”等。这些项目在运作中体现出的规范

① 曹龙虎：《作为国家治理机制的“项目制”：一个文献评述》，《探索》2016 年第 1 期。

化流程、全周期管理以及绩效评估等理念和方法大大提升了基层社会治理的精细化和专业化水平。

2. 引导社会力量参与共商共治，提升区域化党建引领社区共治的社会化、专业化水平

一是加大社区社会组织培育发展力度，促进政社良性互动。浦东新区重点培育提供社区生活服务、推动社区互助救助、满足文体教育需求、促进基层治理和社区参与等的社区社会组织，进一步发挥社会组织满足民生需求、畅通民意、协调利益、调处矛盾的作用。截至 2017 年 5 月，浦东新区发展社区社会组织 567 家，其中生活服务类 94 家、公益慈善类 370 家、文体活动类 46 家、专业调处类 57 家，强化了社会组织参与社区共治的功能①。二是探索成立社区发展基金会，拓展社会资源参与社区治理的渠道。社区基金会立足社区，灵活快速地回应社区需求，已经成为社区服务创新的引擎。截至 2018 年 2 月，浦东新区已经有 12 个街镇成立了社区基金会，通过筹措资金和改变运作方式，使社会参与更充分、资源配置更有效、资金使用更透明。

三　浦东区域化党建引领社区共治存在的问题

浦东新区区域化党建工作经过多年的发展取得了一定的成效，在推进社区共治、整合社会资源、服务基层群众等方面发挥了重要作用。但是，通过调研发现，浦东新区在区域化党建引领社区共治方面还存在以下问题。

（一）多元主体的主体意识参差不齐，参与社区共治的内生动力不足

浦东新区的区域化党建工作以街镇党（工）委为核心，通过整合区域范围的各类资源来构建多元主体共同参与基层治理。区域化党建的参与主体

① 任姝玮：《社会治理的“浦东攻略”》，《浦东开发》2017 年第 4 期。

包括街镇党（工）委、驻区单位、居民三类。这三类主体参与社区共治的主体意识参差不齐。

首先，街镇党（工）委作为区域化党建的引领者，主体意识较强，能够积极参与和推动社区共治，但是由于街镇党（工）委自身行政级别较低，在整合高级别驻区单位资源时存在“小马拉大车”的问题。而且区域化党建很多活动是公益性的，缺乏利益驱动，因此难以得到驻区单位的响应。

其次，驻区单位可以分为机关单位、事业单位、国企和“两新”组织。其中机关和事业单位习惯接受自上而下的组织安排，出于对组织决定的执行能够参与社区共治工作，但并未真正认识到参与社区共治是其作为治理主体的职责所在，主体意识模糊。企业尤其是外企和私企往往把实现经济效益和自身发展放在首位，认为参与社区治理不能带来相应的经济效益甚至把它当成一种负担，进而对社区共治参与不够积极。

最后，社区中的居民处于“原子化”的状态，居民的松散性导致了居民区党组织的组织化程度低。无论是党员居民还是普通居民，都是个体化程度很高的个人，再加上参与社区治理的渠道不畅，居民缺乏主体意识和参与意识，对与自身利益相关性较低的区域化党建工作漠不关心。

总之，社区共治参与主体基本都只关心组织利益或个人利益，没有形成公共意识和共同价值，这是区域化党建引领社区共治在参与主体方面存在的最大问题。

（二）区域化党建引领社区共治平台的功能权责有待明确，体系架构的顶层设计不足

浦东新区区域化党建引领社区共治工作的重点在街镇。在街镇层面，目前的区域化党建引领社区共治的平台至少有区域化党建促进会分会、党建服务中心两个平台，少数街镇还有自己的区域化党建联席会、共建会等，区域化党建推进社区共治的体制架构存在叠床架屋、缺乏梳理现象，这些平台在功能区分、合作机制上关联性不大、区分度不高，通常处于各行其是的状态。

另外，浦东区域化党建体系的一个特点在于，在区级和街镇这一层级中间划分了7个功能片区，包括张江、陆家嘴、金桥、外高桥、世博、临港和国际旅游度假区。每个片区中既有开发区，也有开发区周边的街镇，比如陆家嘴片区，既包括陆家嘴金融贸易区，也包括陆家嘴街道、潍坊街道等。开发区的区域化党建工作由开发区综合党委主导，街镇由党（工）委主导，在片区层面应该由谁占据主导权这个问题没有界定清楚，导致同一片区中开发区和街镇的区域化党建工作没有形成互通互动和共建共享的局面。

（三）区域化党建引领社区共治的运行机制尚未良性运转，多元主体参与社区共治成效不足

在区域化党建工作中，街镇层面的大多数共治议题都是在党（工）委领导、政府主导的权力结构下运行的，自上而下推动的多、自下而上形成的少；村居层面的共治议题靠领导重视、人情维系的多，靠机制运转、制度约束的少。在共治体系中，党委和政府对共治的支持容易转变为对共治的干预，在开展具体活动时，社区共治的平等协商方式容易被行政命令方式所替代。

具体而言，在双向认领机制中，“三张清单”中“需求清单”和“资源清单”能否实现精准对接，关键在“项目清单”运行的成效。但在项目的运行过程中，存在以下两个问题。一是影响力比较大、形成品牌的项目，其发起人大多是街镇党（工）委，更多依靠自上而下的行政手段推动，其他基层治理主体参与项目的积极性没有被充分调动起来。二是在村居层面形成的项目，由于缺乏统筹性，项目交叉、重叠的现象时有发生，不少项目内容相近、相似，一定程度上造成了资源的浪费，同时很多项目都以“活动”形式进行，无法形成持久性的影响。

在“双报到”机制中，在职党员和驻区单位能否在基层治理中发挥积极性和主动性，关键在于两个问题：一是是否有共同利益作为纽带，二是激励机制是否健全。笔者在调研中发现，这两个方面都存在一定的问题：首先，“双报到”制度在落实过程中，在职党员、驻区单位与基层党组织之间

的利益纽带并没有被充分发掘出来，以致双方的需求不能契合。其次，对于在职党员和驻区单位“双报到”后发挥作用的情况，没有严格的考核指标，同时缺乏健全的激励机制，降低了“双报到”制度的执行效力。

四 浦东区域化党建引领社区共治的展望

基于浦东区域化党建引领社区共治存在的多元主体参与社区共治内生动力不足、平台体系顶层设计不足以及运行机制尚未良性运转等问题，本报告提出进一步完善区域化党建，引领社区共治格局的思考。

（一）构建共同价值，激发多元主体参与社区治理的内在动力

共同价值来源于认同。从个体层面讲，认同“是指个人对自我的社会角色或身份的理性确认，它是个人社会行为的持久动力。在社会层面上，认同则是指社会共同体成员对一定信仰和情感的共有和分享，它是维系社会共同体的内在凝聚力。”[①] 共同价值是推动社区共治顺利进行的深层动力，从认同层面讲，共同价值包含价值认同、情感认同和利益认同，正是基于价值、情感和利益的认同，各驻区单位和居民才会参与到社区共治当中。

在三个认同当中，利益认同是价值和情感认同的基础，共同治理的实质是在互惠基础上的合作体系的建立，“只有各主体之间的行为是互惠的行为，并且各主体对其活动共同承担责任，才真正有利于一种基于互惠基础上合作伙伴关系的确立，才能形成社区发展的多主体参与，推动社区共治的形成。”[②] 因此，在区域化党建工作中，要善于找到多元主体的利益联结点，在共同利益的基础上，以互利共赢为出发点来寻求合作共治。

情感认同是利益认同的动力保障，只有在情感上对各种利益主体进行肯定和赞同，情感认同才会转化为实际行动。情感认同的关键在于构建一种平

---

① 周宏：《论加强社会主义核心价值观认同机制建设》，《理论导刊》2014 年第 4 期。

② 翟桂萍：《社区共治——合作主义视野下的社区治理》，《上海行政学院学报》2008 年第 2 期。

等协商的新型合作关系，虽然在一定时期内，党（工）委仍然处于区域化党建引领社区共治的核心地位，但绝不意味着党（工）委在社区共治中处于强势主导地位，党（工）委的功能在于对社会进行“有机整合”，“有机整合”不是通过党对社会的强制性管控而是通过对社会的广泛参与实现的，也就说党应该成为服务社区、关怀社会、代表社会的主体。因此，党（工）委在区域化党建工作中应该“站高一点、退后一点”，党（工）委是“搭台者”而非“唱戏者”，是“引领”而非“指挥”，只有这样才有助于多元主体实现情感认同。

多元主体在利益、情感认同之后，才会寻求价值内涵，挖掘价值吸引力和凝聚力，实现价值认同，三者形成合力，才能最终形成共同价值。只有构建起共同价值，才能使多元主体对区域化党建工作从心理上产生认同，形成内聚力，从而更加自觉地参与社区治理。

（二）明确功能权责，加强区域化党建引领社区共治平台体系的顶层设计

在街镇层面，要对现有的区域化党建平台体系进行功能区分和职责界定。在区域化党建工作中，区域化党建促进会分会与党建服务中心应该是“后台”决策与“前台”运行的关系。区域化党建促进会分会主要发挥“民主协商和共商共议”的作用，成员单位享有协商议事权、建议权和监督权等，其职责主要是围绕区域发展和中心工作开展调研，在调研基础上提出建议，然后对各类建议进行探讨和协商，最后达成共识、提出共治议题。党建服务中心的职责是在提出共治议题的基础上对议题进行具体运行，因此应该把党建服务中心打造成一个开放、集约、共享的区域化党建枢纽平台：既是党员教育和管理的阵地，也是区域范围内各类资源的汇集地和项目的产生地，还是志愿者和社会组织的孵化地，实现党建对社会资源的整合。另外，还要加强社区党建服务中心同社区事务受理中心、社区文化活动中心以及社区卫生服务中心等服务机构的资源整合和共享，实现党建对行政资源的整合。

在片区层面，要做实片区委员会，充分发挥片区委员会统揽全局的作用，强化片区委员会各成员单位的共建责任，建立条块结合的片区共建责任体系，把各成员单位参与区域化党建工作的情况纳入年度绩效考核范畴。同时，将契约精神运用于区域化党建，按照谈约、签约、亮约、履约、评约等共建流程，实现合约化共建①，推动开发区与街镇之间的资源整合与优势互补。

（三）完善运行机制，增强多元主体参与社区共治的合力效应

在参与机制方面，要变自上而下的行政管理模式为自下而上的互动治理模式，其重点是完善自下而上的议题和项目形成机制。而完善自下而上的议题和项目形成机制关键在于要充分发挥区域化党建促进（分）会的作用。一方面，要深入挖掘各会员单位的利益需求和资源优势，以互利共赢为出发点，在利用会员单位资源优势解决社区治理难题的同时，要充分考虑和满足会员单位的利益需求，形成双向服务的良性循环，最大限度调动会员单位参与社区治理的积极性。另一方面，要形成基层调研制度，促使会员单位深入基层，了解群众需求，确保形成的共治议题能够真正反映民意、解决民需。

在“双向认领”机制方面，要提高项目的质量和精细化程度。首先，应充分发挥社会组织的专业优势，积极引入社会组织力量参与项目的设计、管理、运行和评估，增强项目的科学化和有效性；其次，在街镇层面要优化资源配置，对内容相近、交叉较多的项目加以整合，以减少重复、形成合力；最后，要充分发挥网络平台在“需求”与“资源”对接方面的作用，进一步完善浦东“微心愿”平台，使供需对接突破属地限制，实现全区层面的资源配置与整合。

在“双报到”机制方面，要增强在职党员和驻区单位参与社区治理的内驱力。一方面，在聚焦社区公共利益的同时，增强在职党员和驻区单位参

---

① 孙肖远：《社区复合治理与社区党建领导体制创新——以南京市鼓楼区社区治理实践为例》，《理论导刊》2012 年第 6 期。

与社区治理的利益相关性，实现在职党员特长、驻区单位优势与社区治理需求的精准对接。另一方面，建立社区积分制，完善在职党员和驻区单位参与社区治理的激励机制。可推广周浦镇周源社区“社区小积分、党建大融合”项目，构建以组织活动积分、价值引领积分、共商共治积分为主要内容的社区积分体系，同时完善积分兑换机制，将社区积分与街镇文化活动资源、社区服务中心项目等进行对接，优先向积分较高者开放申请，或者把积分高低与服务清单的点单内容及优先等级相挂钩，增强在职党员和驻区党委参与基层治理的主动性和积极性。

参考文献

〔德〕费迪南 · 滕尼斯：《共同体与社会》，林荣远译，商务印书馆，1999。

林尚立：《社区党建：中国政治发展的新生长点》，《上海党史与党建》2001 年第 3 期。

谢方意：《从单位制党建向区域化党建的转变》，《理论视野》2011 年第 7 期。

唐文玉：《区域化党建与执政党对社会的有机整合》，《中共中央党校学报》2012 年第 1 期。

翟桂萍：《社区共治——合作主义视野下的社区治理》，《上海行政学院学报》2008 年第 2 期。.

王春婷：《社会共治：一个突破多元主体治理合法性窘境的新模式》，《中国行政管理》2017 年第 6 期。

B.9

浦东居民区党组织书记队伍建设现状与思考

谭雅雪*

摘　要： 居民区党组织是党在城市社区执政的基础与主体，居民区党组织书记是基层社会治理人才队伍的重要力量。近年来，浦东新区十分重视居民区党组织书记队伍建设，从增强职业认可、加强教育培训、重视后备培养等三方面入手，夯实了基层社会治理的人才基础。随着浦东社会的进一步发展，居民区书记队伍也面临着活力不够、能力不足、关怀欠缺的现实问题，需要从个性化培养、专业化培训、人文化关怀等方面入手，进一步加强居民区党组织书记队伍的建设，从而为创新基层社会治理提供有力的支撑。

关键词： 社区治理　党组织书记　队伍建设

党的十九大报告强调："党的基层组织是确保党的路线方针政策和决策部署贯彻落实的基础"。居民区党组织是党的最大活力所在，也是为人民服务的主体。居民区党组织书记是加强党建引领基层治理的核心力量，也是居民区党组织发挥战斗堡垒作用的关键。近年来，浦东新区针对居民区党组织书记队伍建设进行了卓有成效的探索，为基层建设持续发力起到了很好的支撑作用。

---

* 谭雅雪，硕士，中共上海市浦东新区委员会党校党建研究中心讲师，主要研究方向为中共党史、基层党建。

一 浦东新区居民区党组织书记队伍基本情况[①]

截至2018年5月底，浦东新区共有居民区党组织书记932名，其中街道所属402名，镇所属530人；女性595人，约占63.8%；男性337人，约占36.2%。总体上呈现出三个特点。

一是年轻化。目前，932名居民区党组织书记的平均年龄为44岁，较五年前降低了4岁。“70后”“80后”书记分别为434人、243人，总占比为72.6%，成为居民区党组织书记的绝对主力；书记中年龄最大的60岁，比五年前降低6岁；此外，还有5名“90后”书记。总体上形成了老-中-青的有序梯队。

二是高学历。经过换届选举，浦东居民区党组织书记队伍整体素质提升明显。932名居民区党组织书记中，有855人是大专以上学历，占比为91.7%，较5年前提高18.8个百分点。其中，大学本科及以上有490人，占比为52.6%，比五年前提高29.4个百分点。值得一提的是，浦东新区居民区党组织书记队伍中有15人是硕士学历，1人为博士学历。

三是新任多。从整体上看，任职超过三届的有105人，仅占11.3%。任职不满一届的书记有347人，占比为37.2%，其中，任职不足半年的有146人，占整体的15.7%。这也说明，近年来浦东新区居民区党组织书记队伍处在逐渐更新换代的状态。

二 浦东新区居民区党组织书记队伍建设的现状

（一）推进“进编享编”，增强职业荣誉感

2014年以前，各街镇居民区党组织书记收入差距较大是浦东新区居民

① 本部分数据由上海市浦东新区区委组织部组织二处提供。

区党组织书记队伍建设面临的重大问题。2013 年底，全区居民区书记最高年收入为 109000 元（税后、缴金前，下同），最低年收入为 33000 元，平均年收入约为 64940 元。其中，镇属居民区党组织书记平均年收入约为 74344 元，街道所属居民区党组织书记的平均年收入约为 55226 元，略低于 2012 年上海市职工年平均工资 56300 元。2014 年的市委一号课题形成了“1 +6”文件成果，明确提出就业年龄段居民区党组织书记实行事业岗位、事业待遇政策，连续任职满两届、表现优秀、群众拥护的，经规定程序可使用事业编制，在岗退休的享受事业编制退休待遇。① 这是与改进基层党组织领导方式和活动方式、充分发挥居民区党组织领导核心作用、推动基层治理创新密切相关的重要举措。为贯彻“1 +6”文件精神，浦东新区形成“1 +24”文件成果，并在全市率先开展居民区党组织书记“进编享编”工作。

1. 加强顶层设计，系统谋划

2015 年浦东新区在充分调研、认真分析的基础上，制定出台了《关于强化保障　提高活力　加强居民区党组织书记队伍的实施意见（试行）》，从顶层设计层面对“进编享编”工作进行了系统谋划，同时研究制定了《关于开展居民区党组织书记享编工作的通知》《关于居民区党组织书记享编有关补充操作口径》等措施，规定凡符合一定条件的居民区党组织书记在岗期间可视作事业同类人员管理，经过各街镇党工委审核、区委组织部审批、区人保局办理手续、签订劳动合同等程序，享受相当于事业单位九级、八级、七级职员的收入待遇，特别优秀的甚至能享受六级职员待遇（相当于副处级）。比如，连续三年考核称职及以上，所在居民区党组织在其任内被核定为一级党组织，所在居民区在其任期内创建成为区级及以上“文明小区”的居民区党组织书记，可以享受与事业单位人员相当的疗养休养、年度体检等福利待遇。②

2. 坚持实事求是，稳步推进

浦东新区坚持实事求是的基本原则，采取分类操作、分步实施的方式，

① 时光辉：《创新社会治理　加强基层建设》，《中国民政》2016 年第 2 期。

② 张晓鸣：《就业年龄段书记收入涨 30%》，《文汇报》2015 年 5 月 7 日。

积极稳妥推进居民区党组织书记“享编”和后续“进编”工作。到2016年底，全区共有“进编”居民区党组织书记90人，其中享受相当于事业单位七级职员待遇的77人，占85.6%，享受相当于事业单位八级职员待遇的13人，占14.4%。“享编”待遇的居民区党组织书记624人，其中享受相当于事业单位七级职员待遇的66人，占10.6%；享受相当于八级职员待遇的208人，占33.3%；享受相当于九级职员待遇的350人，占56.1%；104名退休返聘的书记落实同工同酬政策。居民区书记的收入在原有基础上提升了30%左右，形成了与居民区党组织书记年功、业绩、群众满意度相匹配的薪酬待遇体系。

本质上，编制不仅意味着收入的提高，更意味着与之相对应的政治待遇、社会地位的提升。居民区党组织书记实行“事业岗位、事业待遇”，解决了居民区党组织书记薪酬待遇不高的问题，也提升了居民区党组织书记的社会地位，增强了岗位吸引力。一位居民区书记坦言：“‘进编享编’之后，收入增加了，职业发展有了保障；同时‘事业’身份也增强了居民区党组织书记这一职务的权威性，社会地位提高了，群众对自己更加认可，自己也增强了干事的动力。”

（二）强化教育培训，提升综合能力素质

加强教育培训是提升居民区党组织书记队伍素质的重要手段。自2004年制定《关于组织实施“班长工程”教育培训工作的意见》开始，浦东新区已经连续十多年开展“班长工程”培训工作，逐步形成了分层分类、开放联动的教育培训体系。

1. 采用上下联动的“常态化”培训机制

浦东新区以区委党校为依托，将“班长工程”纳入区委党校主体班类别，定期开展居民区党组织书记轮训班、新任书记培训班、优秀居民区书记班等班次。2015年起，浦东新区居民区党组织书记培训由三年轮训1次改为每年轮训1次，近三年共培训2451人次。与此同时，各街镇不断通过集中培训、定期轮训、挂职锻炼等方式，加强居民区书记队伍的培养，形成了上下

联动的培训机制，使针对居民区党组织书记的培训更加系统化、规范化。

2. 运用双向互通的“多元化”培训模式

在课程设计上采取“专家解读 + 实务辅导 + 典型引领 + 互动交流”的形式，从提高居民区书记理论素养与专业能力的角度完善培训内容。根据浦东面积大、区域广、各居民区差异大的特点，有针对性地开展分层分类培训，开设优秀居民区书记经验分享、“三副眼镜看基层”学员论坛、突发事件处理情景模拟等形式生动又贴近基层实际的课程，提高培训的有效性。各街镇也积极探索形式丰富多元的培训模式，如沪东新村街道运用“互联网 +”手段，利用社区党校平台，引进高校和科研机构的优秀教师资源，针对居民区书记队伍现状和培养需求，采用集中授课、现场学习、跨界考察、分组讨论等多样化方式，开展分类教育培训，开创了现场教学、环境教学、理念教学的教育培训新格局。花木街道在常规培训模式下，组建“居民区年轻书记讲师团”，通过开放式讨论、案例分析等方法，形成平等式、探究式、互动式的教学模式。此举更契合居民区党组织书记队伍年轻化的特征，提高了年轻居民区书记的综合能力。

3. 拓展系统深入的“专题化”培训路径

根据实际工作需要，浦东新区有步骤、有计划地开展了各类专题培训。2017 年 11 月组织“十九大精神学习培训暨基层党组织书记集中轮训示范班”，及时向基层传达党的十九大会议精神。为更好地推进“家门口”服务体系建设工作，各街镇及时组织“全岗通”全员培训。如 2017 年 6 月至 9 月，浦兴街道前后开展了 8 场“全岗通”增能培训，通过带教督导、增能培训、阶段测试、知识竞答等方式，确保居民区书记队伍及全体社工实现“一专多能，全岗都通”。2018 年初，为确保换届工作顺利进行，浦东新区在民主推荐前专门举办居民区党组织骨干队伍培训班，分 4 批次对全区居民区党组织干部骨干进行培训，并进行专项考试，提升居民区书记的履职能力。

（三）重视后备培养，完善“备—用”机制

加强后备干部培养是确保居民区党组织书记队伍健康、稳定、可持续发

展的重要措施。近年来，浦东新区着眼于建设高素质的居民区带头人队伍，从“选、蓄、训、考、用”五个环节，加强居民区后备干部队伍建设，努力形成“选得出、育得好、留得住、用得上”的局面。

1. 加强全局规划，提高选蓄质量

为进一步落实市委“1+6”文件精神，浦东新区实行“三个一”举措，即每年完善一个信息数据库、举办一次示范培训班、召开一场座谈交流会。同时，实施“183 计划”，即村居党组织一届任期内（一般为 3 年）储备 1000 名、培训 800 名、使用 300 名后备干部。各街镇也逐步按照 1∶1 的比例形成后备干部信息数据库，如在居民区党组织书记队伍平均年龄只有 42 岁左右的花木街道，书记、主任的后备力量占到了 40%；东明路街道要求各居民区每年推荐 1～2 名后备干部。在选人标准上，突出群众公认标准，把改革创新意识强、宗旨意识强、服务本领强、群众评价好作为基本要求。同时，拓宽选人用人视野，丰富居民区后备干部来源，一方面依托大学生进社区和社区工作站、招聘专职党群工作者、选聘复退军人等形式，把优秀的人才纳入居民区后备干部培养体系；另一方面也加强从机关、企事业单位、窗口单位、居民区等多元主体选拔优秀人员到居民区挂职。如 2017 年浦东新区就向中国宝武定向招录居民区党组织书记 18 人，居民区党务社区工作者、其他条线社区工作者 115 人，拓宽了居民区书记的来源。

2. 加大培训力度，完善培训机制

在培训机制上，浦东新区坚持以“1+1”模式对居民区党组织后备干部进行培训，每年举办一期培训示范班，采取集中培训 1 周、基层交叉锻炼 1 个月的方式，确保所有居民区后备干部每三年至少能参加一次区级层面的示范班或轮训班，近三年共培训村居后备干部超过 1000 人次。同时各街镇也综合采取集训、内派、外挂等形式，普遍开展后备干部的培训，确保居民区后备干部每年至少参加一次街镇层面的培训班，实现培训全覆盖。在培训方式上，探索社会化的培训方法，不断拓展培训资源，加强与高校、其他专业培训机构的合作，充分发挥阳光驿站、先锋服务社等党建类社会组织的作用。推广带教制度，在后备培训挂职锻炼环节，为每一位居民区后备干部安排一名优秀居民区书记作为带教老师，带教老师在带教期间，不仅需要对学员进行相应的指导，还要对学员的表现做出中肯评价与后续培养建议，从而发挥了优秀书记在居民区后备干部培养培训中的传帮带作用。

3. 强化考察管理，畅通“备”“用”渠道

在管理形式上，浦东新区坚持“一人一档、一街（镇）一册、一区一库”，形成自上而下的后备干部信息管理系统。区级层面建立了全区性的居民区后备干部信息数据库，街镇党（工）委建立了信息完备的居民区后备干部名册，居民区党组织建立了涵盖民主推荐、年度考核、教育培训等情况的后备干部个人档案。同时实行定期维护、动态管理机制，各居民区党组织根据培养培训情况，每半年对后备干部信息进行收集、更新，逐级上报、联动维护。在考核评价上，构建以“德、能、勤、绩、廉”为主要内容的考核指标体系，采取定性与定量相结合、组织评价与群众评议相结合、年度考核与日常考核相结合的方式，广泛运用个别谈话、座谈会、民主测评、民意调查等方法，提高考核的客观性与准确度。在用人导向上，以考核结果为依据，优先提拔使用在培养期间表现优秀、考核评价好的后备干部，各街镇也采取“加椅子”“腾位子”“给位子”等办法，选拔提任优秀后备干部担任书记。

三　浦东新区居民区党组织书记队伍建设的主要问题

近年来，浦东新区在居民区党组织书记队伍建设上进行了大量探索与创新，取得了一定的成效。但从社区治理越来越专业化、精细化、智能化的发展趋势来看，居民区党组织书记队伍的建设还存在许多与时代发展不相适应的方面，需要引起高度的重视。

（一）“进编享编”政策的双刃剑效应初步显现

作为加强基层治理的重要政策，针对居民区党组织书记队伍的“进编享编”政策在很大程度上解决了原来居民区书记薪酬待遇不高、配套保障

不到位、职业发展空间不足、岗位吸引力不强等问题。[①] 但与此同时，一些新的问题也初现端倪。

1. 居民区书记队伍存在“超稳定状态”

“进编享编”政策使居民区书记队伍保持了相对的稳定性，但队伍也存在活力消减现象，部分居民区书记的创新意识有所下降。在一些居民区书记看来，“进编享编”相当于拥有了铁饭碗，自己只要能够完成常规工作，维持现有状态不出大问题即可，因此主动创新甚至从更高层次思考居民区工作未来发展方向的主观动力并不强。

2. 居民区党组织队伍内部存在职业天花板

从社区治理人才队伍这一角度来看，除了居民区书记队伍，还存在不享编的社工队伍，尽管“1 + 6”文件明确了社工职业发展的“三等十八级”薪酬体系，为社工的职业发展提供了合理的上升空间，但是总体上社工的职业发展仍然存在瓶颈。一些社工认为，居民区书记“进编享编”意味着书记与自己的身份有较大差别，书记理所应当承担更多的责任与义务，因此在一些工作的推行过程中，工作态度比较消极。此外，社工队伍流动性大的现实情况，也进一步加大了居民区书记安排工作的难度。有居民区书记表示，自 2014 年至今约 4 年时间里，自己所在的居民区已经换了三批社工，自己手底下基本上都是“小白”[②] 社工，基本上需要手把手带教，好不容易将其培养成熟练社工，一遇到合适的机会就跳槽了，自己又需要重新招录、培养社工。

3. 村、居书记之间缺少互动交流通道

由于“进编享编”政策主要针对的是居民区书记，村、居书记之间形成了完全不同的管理机制，二者难以进行有效的岗位交流。这种情况主要出现在镇这一层面。从村居干部人才的综合培养与选拔来看，在村书记与居民区书记收入相近的镇，二者的双向流动有利于提高其各自的综合能力。尤其是

---

① 张晓鸣：《就业年龄段书记收入涨 30%》，《文汇报》2015 年 5 月 7 日。

② “小白”社工是指新招录的、对居民区工作还不了解的新任社工。

在快速城市化区域，一些村即将转型成为居民区，这样的岗位互通实际上能够有效地提高村书记的履职能力，对地区的发展与稳定有很好的作用。但居民区书记“进编享编”实际上使这种形式的岗位交流变得并不可行。

（二）居民区党组织书记队伍面临能力与角色的调适

1.“全岗通”的职业发展趋势，要求居民区党组织书记提高处理社区事务的专业能力

为进一步推动浦东新区社会治理的重心下沉到村居，2017 年 6 月起，浦东新区以各村居党建服务站为基础，打造村居“家门口”服务站，构建覆盖全区的“家门口”服务体系，实现“管理进网格、服务进社区”。“家门口”服务体系在构建过程中，根据问题导向与需要导向，实行“全岗通”服务制度，要求社工岗位职能由“专一职能”向“一岗多能”转变，工作方式由“条线为主”向“以块为主、条块结合”转变，服务方式由“等上门”向“走上门”转变。“全岗通”的基本要求是打造“全科社工”队伍，其带来的直接结果是“书记减能、社工增能”，对社工的综合素质提出了更高的要求。与此同时，居民区党组织书记也能够从一些琐碎的事务中抽离出来，从更高的层次、更全面的角度来思考居民区党组织的角色定位、功能发挥、党建引领路径等问题。但是，由于存在知识结构、专业背景、学历情况、个人能力等差异，许多居民区党组织书记只是凭着个人经验处理社区事务，并没有真正从专业的角度来思考问题，创新意识、法治意识、民主意识、服务意识等仍然有待加强。

2. 社区治理过程中疑难问题、突发问题频出，要求居民区党组织书记突破“小毛巾”①思维

从社区矛盾性质来看，随着浦东开发开放的不断推进，无论是在老旧小区还是在商品房小区、国际化社区，居民区党组织书记面临的不再是简单的

① “小毛巾”思维是指居民区在开展活动中，以毛巾、香皂、牙膏等小物品作为奖品吸引居民参与活动的传统居民区工作方法。

邻里纠纷问题，而是老人赡养、物业管理、文化需求、物权纠纷等新问题。居民区党组织书记不仅要做好传统的自治、共治工作，还要将法治、德治融入自治、共治当中。从社区治理角度来看，在主体多元、利益多元、诉求多元的情况下，居民的民主意识、利益意识、维权意识越来越强，居民区工作难度越来越大，尤其是在“五违四必”等治理工作推进过程中，一些突发事件时有发生，居民区书记不仅要直面群众，很多时候还要独立面对媒体的采访等。这些新情况、新问题要求居民区党组织书记改变过去行政化、简单化的工作方式，运用现代社区治理的理念与方法，适应时代的发展。

3. “互联网 +”强势融入基层治理，要求居民区党组织书记提高“互联网 +”背景下开展群众工作的能力

从近年来的实践发展可以看出，大数据、云计算等技术的运用，已经从原来的经济领域，逐步扩展到了社会、文化、政治等领域，将“互联网 +”融入社区治理是未来社区治理的必然趋势。在社区治理层面，浦东较早地运用了“互联网 +”手段，各街镇也进行了卓有成效的探索，如沪东街道在楼组党建基础上探索的“互联网 + 党建”、洋泾街道的“党员教育积分管理”等。这些探索既顺应了时代的发展，又对居民区党组织书记提出了新的课题——在“互联网 +”时代，居民区党组织如何实现政治功能、服务功能、引领功能、整合功能等的融合？在“互联网 +”背景下，居民区党组织书记如何做好“指尖上”的群众工作，实现党组织与群众在线上与线下同步互动？

（三）“高强度、高压力”的工作状态呼唤制度化的人文关怀

从整体上看，居民区党组织书记处在各项工作的第一线，其工作特性表现为苦、累、烦、难，对居民区党组织书记群体加强人文关怀显得更加重要。

1. 高强度高难度催生高压力

居民区党组织书记统揽居民区方方面面的工作，工作压力不断加大。一是工作时间长。“白 + 黑”“5 + 2”“365 天全年无休”成为工作常态，尤其

是在“家门口”服务体系建设实行“错时制”的情况下，居民区党组织书记不仅要做好自己的本职工作，还要时刻充当条线社工的后备力量，在其他社工走访、开会甚至离职的时间段，完成社工的工作内容。二是工作任务多。除了日常的居民区事务，还要面对大量自上而下安排的行政性事务工作。构建“家门口”服务体系时为了破解服务群众“最后一公里”难题，将党群服务、政务服务、生活服务、法律服务、健康服务、文化服务、社区管理服务等七大类服务都放在“家门口”服务站，这些工作任务对居民区党组书记而言并不轻松。三是工作难度增大。随着社会的不断发展与转型，居民区的需求也发生了很大的变化，整体上呈现出新旧矛盾交织的复杂局面，居民区党组织面临的“责任越来越大但党组织自身无行政性权力”的困境更加明显。“家门口”服务体系建设要求不增加人员、不增加编制，这样的导向无疑要求居民区党组织书记不断提高自身的能力与素养。种种难题的叠加，加大了居民区党组织书记的工作压力。

2. 高要求高标准加大群体性焦虑

一是台账任务重。尽管2014年上海市一号课题形成的“1+6”文件强调为居民区减负，浦东“1+24”文件也有相应的措施，但在实际操作中，不少居民区表示台账减少有限，有的还增加了电子台账的任务，居民区仍在不断“增能”。二是考核内容多。从激发居民区党组织书记工作动力的角度而言，考核无可厚非，但目前针对居民区党组织书记的考核除了仍然高度依赖台账之外，还存在个别条线将某些考评指标强加于基层的情况。居民区党组织书记在基层党建、社区安全、精神文明等各项工作上都是第一责任人，在一些工作中还面临着“一票否决”的问责。与此相对应的是，各街镇在居民区党组织书记队伍建设方面，普遍存在重工作部署、少谈心谈话，重严格要求、少关爱关怀等情况。

四　加强浦东新区居民区党组织书记队伍建设的思考

党的十九大报告强调要加强基层党组织带头人队伍建设。居民区党组织是党的执政体系的基层细胞，居民区党组织书记队伍建设的成效直接关系到基层党组织的发展、党的形象展示和社会稳定。因此，居民区党组织书记队伍建设是一个长期发展的过程，既要有系统性全局性的谋划，也要有针对性的深入思考。目前浦东新区居民区党组织书记队伍存在一些问题，需要从多方面、多角度进行破解。

（一）加强专业化培养，提高居民区党组织书记队伍的综合素质

专业化是未来社区治理的发展方向之一，也是居民区党组织书记核心能力的重要内涵。目前，浦东新区居民区党组织书记队伍总体素质不断提高，但是专业人才偏少，尤其是具有管理学、社会学、心理学等专业知识背景的人才相对匮乏。加强专业化培养，首先要补齐居民区党组织书记队伍的知识性短板，提升其专业社会工作的知识、技能。在全区层面建立一支理论基础扎实、熟悉社区工作、关心基层实践的专家学者队伍，对各居民区党组书记开展专业性的理论指导，对居民区出现的新问题、疑难问题进行实时跟踪研究。其次要完善职业能力提升课程体系，围绕居民区党组织书记必备的政治素养与社区事务管理、法律政策应用等多方面的能力，设计专业化的学习课程，提升居民区党组织书记队伍的核心能力。最后应前置社区工作人才队伍的培养节点，重视与高校的合作，吸引更多的社会工作相关专业大学生到浦东的居民区实习、调研、工作，从而拓宽居民区党组织书记的后备人才渠道。

（二）加强个性化培训，提升居民区党组织书记队伍的整体教育培训效能

目前，应在浦东新区居民区党组织书记队伍培训全覆盖的基础上，进一步增强培训的针对性与有效性。一是分层分类培训。浦东居民区党组织书记队伍庞大，任职年限、所在小区类别不尽相同，需要有针对性的分层分类培训。而目前区委党校“班长工程”的培训班几乎都是100人以上的大班，且经常村居合并上课，因此探索专题化、小班化的集中培训，帮助居民区党组织书记提高社区治理能力很有必要。二是探索进阶式的培训模式。可以根

据居民区党组织书记任职的不同阶段，开设不同的培训班次，使培训更契合其职业发展的需要。三是要拓宽横向学习路径。不仅要提供“请进来”的专题讲解，还要增加“走出去”的学习机会，学习其他区、其他省市在社区治理方面的先进做法。四是增加体验式、互动式的教学比重。在各类培训中，提高案例教学、角色扮演、情景模拟、经验分享、实践锻炼、换岗轮岗等教学形式的比重，增加媒体沟通、突发事件应对与处理等贴近时代发展的课程，从而提高培训的有效性。

（三）完善人文化关怀机制，提高居民区党组织书记队伍职业发展的情感认同

人文关怀在居民区党组织队伍建设过程中的重要性日益凸显，现实案例印证了这样趋势：有居民区党组织书记坦诚，在自己10余年的居民区工作生涯中，曾两次萌生离职的想法，但是两次都是上级党组织及时关怀自己，使自己打消了离职的念头，安心地工作下去。加强对居民区党组织书记队伍的人文关怀，首先要建立制度化的关心关爱机制，健全上级领导干部对居民区党组织书记的联系走访、定期谈心谈话、关心工作生活机制，及时关注居民区党组织书记的精神状态，强化政治引领与情感凝聚。其次要加强专业的心理疏导。邀请专家有针对性地为书记们讲授心理调适的基础知识，及时疏导书记们的心理郁结，缓解心理压力，促进身心健康。再次要探索多元化的关怀路径。探索引入专业化的社会组织，对居民区党组织书记的心理健康进行常态化、动态化的关心，强化人文关怀。最后要加强职业感情培育。通过“最美居民区党组织书记”“优秀居民区党组织书记”“先进社区工作者”评先和“居民区党组织书记风采节”等活动，提升居民区党组织书记的职业荣誉感。

参考文献

余秋杰、刘倩茹、颜飞、杨婷、邵微：《改革进程中的喜和忧——浦东新区“1＋6”

体制改革情况调研报告》，《浦东开发》2016 年第 3 期。

王志彦、舒抒：《浦东实现居民区书记“享编”全覆盖》，《解放日报》2015 年 5 月 7 日。

王海燕、茅冠隽：《抓住基层治理的核心：人》，《解放日报》2014 年 12 月 30 日。

申利侠、章再彬：《上海居民区党组织书记队伍职业化建设的思考》，《上海党史党建》2014 年第 9 期。

祝丞华：《社区工作人才队伍建设问题探析》，《管理观察》2014 年第 6 期。

B.10

浦东新区居村委自治的成效、问题与对策

张恺城　戴泽琳　韩精艺*

摘　要： 伴随着快速的城镇化推进，浦东城市管理面临众多压力和挑战。发展基层民主，完善基层群众自治制度，是社会主义民主政治建设的基础和重要组成部分。党的十八大以来，浦东新区在城市治理中，以基层居委会为载体，从四个维度探索了居民自治和居委会自治的经验及存在的问题，重点对存在的问题和原因进行了深入剖析研究。在此基础上，提出了未来浦东新区社会治理应进一步加强村居委自治的对策和建议，此举有助于在浦东新区形成超大型城区社会治理共建共治共享的新格局。

关键词： 村居委自治　分析研究　对策与建议

2014年初，中共中央、国务院发布《关于全面深化农村改革加快推进农业现代化的若干意见》，提出“改善乡村治理机制”，“探索不同情况下村民自治的有效实现形式”。在当前不断深化的城市社区治理改革中，居民自治和居委会自治也同样需要探索不同情况下的有效实现形式。本报告试图对

* 张恺城，黄浦区党校原副校长，上海华夏社会发展研究院兼职研究员；戴泽琳，金融硕士，中国工商银行上海市虹口支行客户经理，研究方向为金融管理；韩精艺，金融硕士，中国工商银行上海浦东博山路支行客户经理，研究方向为金融管理。

浦东新区城市治理特别是村居委推进自治过程的成效、问题与对策，做一些初步的探讨，以寻求村居委居民自治发展的新路径，从而更有效地融入社会治理共建共治共享的新格局。

居民自治是社区居民在社区内实行民主选举、民主决策、民主管理、民主监督，实现社区居民自我组织、自我管理、自我教育、自我服务。按照社区居民“自己管理自己的事情”，“大家的事情大家办”的原则，通过民主协商的方式，共同解决社区内公共事务和公益事业方面的问题，共同创造美好幸福生活。① 近年来，浦东新区区委和区政府一直把深化社会治理创新、加强村居自治作为一项重要工作来抓，广大村居委认真落实区委、区府要求，并结合村居社区的实际，积极探索自治规则和自治方法，不断尝试新的自治形式，着力拓展、丰富社区自治载体和项目，有序引导居民全程参与自治事务，注重自治促进社区建设、凝聚社区群众的有效性，涌现出了许多优秀的自治团队，形成了一系列自治品牌，取得了明显的自治实效。

一　浦东新区居村委自治的四个维度

浦东新区区域面积1210平方公里，截至2017年12月，拥有常住人口552.84万人，户籍人口298.96万人，现辖12个街道、24个镇，有910个居民委员会和365个村民委员会。伴随着浦东开发和城镇化的快速发展，实施有效的城市治理日益紧迫。其中，居民自治因其内在的社会价值而在城市治理中居于重要地位。开发前，浦东除了沿黄浦江岸线的区域外，其他大部分地区是农村，1992年成立浦东新区以来，城市建设加速。面对日益复杂的社会基层治理中的各种矛盾，建立起行之有效的村居民自治方式，已成为一个重要课题摆在区和街镇两级领导面前。《浦东新区国民经济和社会发展第十三个五年规划纲要》明确提出，“积极探索自治规则和自治方法，拓展丰富社区自治载体和项目，有序引导居民全程参与自治事务。”近年来，浦

① 徐勇、贺磊：《培育自治：居民自治有效实现形式探索》，《东南学术》2014年第5期。

东新区各街镇以有利于促进社区建设、增强凝聚社区群众的有效性为目标，多方探索开展居村、社区自治团队建设和自治实践活动，使这一“细胞工程”激活了居民自治的能量。居村、社区自治的绩效激发了居民参与自治的热情，提高了浦东新区城市治理治理的水平。

（一）自治组织多元化、品牌化

基层社会建设的主体是村居委居民，动员起更多的村居委居民参与自治是创新社会治理，加强基层建设的关键所在。近年来，在基层党组织的引领下，浦东新区基层社区群众的自治力量不断迸发，群众的自治智慧不断闪现，鲜活的民主自治实践不断推进，自治组织朝多元化、品牌化发展。

自治组织的多元化。活跃在居村委的各类人士按照专长和特点组建自治组织。以塘桥街道为例，街道离退休干部理事会下设23个居民区离退休干部理事会分会，理事中既有年事已高的抗战老兵，也有相对年轻的红军后代；既有新中国第一代女飞行员，也有不少已退休的高级记者、资深法官和律师等。从充分发挥理事会成员的专业优势和经验优势着眼，理事会下设有专业团队、特色品牌两类工作组。专业团队主要开展党的政策宣传、社区文化倡导、教育辅导后代、邻里矛盾调处等工作，如“抓斗大王包起帆”团队、益民自治工作室等，其宗旨是关心社区公益活动、促进社区和谐。

自治组织的品牌化。不少自治组织在社区治理中自治功效显著，逐渐形成了品牌效应。如，东明路街道樱桃苑居民区的“党员议事会”以党员为主体，专议社区“百家事”，及时反映小区需要解决的问题，既拓宽了党支部的信息渠道，也提高了居民区矛盾的化解效率；书院镇新舒苑居委在实践中探索形成居民区“听众会”机制，营造了社区问题“大家谈、大家管”的自治氛围。每月第一周的周五邀请居民来居委会“发声音”，居委干部则当听众，静心认真地倾听并记录居民提出的问题和建议。“听众会”为居委会和居民搭建了一座沟通的桥梁，不仅化解了居民的心结，还强化了居民的主人翁意识。

（二）自治助力“家门口”服务全覆盖

近年来，浦东新区通过居村委居民自治，构建了“街镇中心 + 村居服务站 + 综合服务园 + 延伸服务点”的“家门口”服务体系，现已列入浦东新区社会治理“十三五”规划。这一服务体系把分散的服务资源集中起来，居民在自家门口就能一站式享受党群、政务、生活、法律、健康、文化、社区管理七类基本服务。浦东现已明确把“家门口”服务体系建设纳入加快构建大民生格局的框架，实现了“家门口”服务全覆盖。

居村委在推进“家门口”服务的实践中，都把“家门口”服务建设看作推进村居自治的一个重要契机和平台，引领自治团队自觉融入，助推“家门口”服务的内容向广泛化、亲民化方向延伸。北蔡镇艾南居委在“家门口”服务建设中积极打造居民共同参与、互动共赢的“生活点点通”自治平台，其团队组成人员中有两委班子、党小组长和楼组长等。通过“生活点点通”自治平台，艾南居委解决了长期困扰新浦路多个小区的停车难问题，实现了小区内新增停车位 225 个，并在二次供水改造施工中做到了水表外移施工完成率 100%，让居民切实感受到了“家门口”服务给小区带来的实质性改变。航头镇瑞和苑创立的“睦邻小屋”将“家门口”服务延伸到楼组，建设“家门口”楼组服务点，目前挂牌“家门口”服务的服务点已增加至 14 个，为居民提供量血压、缝补、磨刀、理发、出借轮椅和拐杖等“微服务”。它不仅是“家门口”服务体系的延伸，也真正成为居民发挥自治力量的平台。

（三）自治金项目实现由民做主

居委自治金作为浦东新区居村委会推进居民自治而设立的专项资金，其最大的特点就是采取项目化运作，专项资助社区自治推进中的自我服务和自我管理的项目，用途由居民自主议定、运作由居民参与其中、做成的项目由居民分享。居委自治金项目自 2011 年试点推广以来，已在浦东新区 36 个街镇全面实行。虽然自治金项目较小，资金额度也不大，但由于链接民生的难题和居民的诉求，在实施中发挥出了服务居民、团结居民、凝聚社区的大作用。

在自治金项目的激励下，居民的自治热情空前高涨。陆家嘴街道每年年初划拨一定的资金专项资助社区自我管理和自我服务项目，针对一些小区独居老人和纯老户相对较多的特点，有针对性地实施了“爱心铃工作室”“特色楼组创建”“平安志愿者队伍”等多个自治金项目。这些项目由居民提出，项目经费专款专用、公开透明，这种让居民自主管理的方式，有效调动了居民群众的参与热情，受到了居民广泛的欢迎和好评，推动了社区治理由居民被动参与逐渐转化为居民自觉有序参与，已经成为一种制度安排。金桥镇共有 13 个居委会，2017 年共有 24 个自治金项目，通过项目化运作，有效解决了停车难、车库违法出租、楼道脏乱差等社区治理难题。同时，居民区党组织把党建工作的触角延伸到自治金项目中，积极发挥党员的模范作用，进一步提升了自治金项目的品质，提高了居民的获得感和满意度。

（四）自治建设推动“美丽庭院”创建

以“美丽庭院”建设为抓手推进美丽乡村建设，是推动浦东落实“一张蓝图、两个抓手、五大领域”总体部署的重要举措，目前已覆盖全区 109 个村。浦东新区 24 个镇，以“美丽庭院”试点建设为抓手，以居民自治为全面深化和细化美丽乡村建设的重要举措，力求在 2020 年实现全覆盖。

在居民自治推动“美丽庭院”创建过程中，形成了许多创新的经验和做法。周浦镇界浜村的居民自发组成了美丽庭院“萌芽”行动小组，发动志愿者组成润雨组、太阳组、雷霆组等 6 个小组，分别负责设施维护、河道管理、绿化养护、文明宣传等工作，形成“美丽庭院”建设的长效管理机制。祝桥镇邓三村是张闻天故居所在地，该村在“美丽庭院”建设中激活村民自治管理，让村民从过去的被动参与转变为主动参与，充分发挥村民的主观能动性。书院镇外灶村村委会将“美丽庭院”建设写入村民自治章程中，并结合村民个人的道德建设和公德教育，进一步深化“美丽庭院”建设的内涵，落实长效管理机制。

二　浦东新区村居委自治中存在的问题和分析

总体上看，浦东新区的居村自治发育还不充分，行政化色彩还较浓厚，各村居委居民自治工作发展不平衡、不充分的矛盾还不同程度地存在，村居委居民自治的成效与新区社会治理的工作要求还有一定的差距。而从未来超大型城市治理的发展趋势来看，要推进居民自治，需要遵循利益相关、地域相近、文化相连、规模适度和便于自治的原则，还要积极探索多层次多样式多类型的居民自治实现形式。这样的自治应当成为城市治理法治框架的重要组成部分，通过协商民主的方式推进居民自治，从而建立起政府治理与居民自治的良性互动。

（一）居村委自治成效不平衡、不充分

中国建立居民自治制度已有60多年，之所以成效不显著，一个重要原因是中国地域广阔、民族众多、文化差异大和经济发展不平衡、不充分。居民自治作为一种制度和行为，需要相应的物质条件作为支撑，进而探索有效的自治实现形式。从课题组对南码头街道和合庆镇的调研情况来看，浦东新区因为面积大，存在城乡二元结构，所以在街道和乡镇的自治存在着明显的不平衡、不充分问题。不平衡、不充分问题的客观存在，加上由国家提供的公共产品在城市和农村的分布不均衡，直接造成居民、村民在利益上的差异，需要通过村居民自治等途径化解有可能存在的利益冲突。

（二）参与居民、村民缺乏城市归属感

居村委自治是个人和群体的一种自我治理行为，具有直接参与性，而居村委自治需要在一定地域空间范围内进行才会有效。城市居民区是居民生活的共同体，地域相近的人们在生活方面的交往和利益方面的联结更为紧密，

更有利于培育自治，形成对共同体的认同感和归属感。[①] 浦东新区开发开放28年来，生活在1200多平方公里土地上的500多万市民中，超过半数来自全国各地（包括海外人士在内），他们在浦东这片热土上安居乐业，被誉为“新上海人”。有一部分新上海人由于故乡情结，难以融入本地生活，存在一定的“水土不服”现象，对浦东新区缺乏“根”的归属感，导致居民自治单位与新上海人的居住空间不能相互适应。

（三）参与居民、村民缺乏上海文化认同感

文化是共同体的精神基础，也是共同体内自治行为的基础。[②] 数百万陌生而又成长于不同地域文化背景下的居民要在浦东新区联结起来，需要较长时间的融合和磨炼。许多居村民因为语言不通、道路不熟，难以走进社区参与自治和活动。“家门口”服务在为居民提供各种服务的同时，也为居民之间提供交流的桥梁，让居住在小区的陌生人通过村居委自治，增强文化的认同感。

（四）居村委自治治理模式过于单一

浦东新区的行政体制不同于上海其他16个区。作为副省级行政区域，浦东新区具有地域面积大、人口数量多、村委会居委会分布广的特点，还具有居委会治理模式过于单一的问题。就村居委会的人口数量来说，据课题组调研，在全区36个街镇中，有许多街镇的社区（居委会、村委会）规模差异较大，大的社区有数千户，上万人；小的社区不到百户，人数不超过500人。而这些社区都采用统一的自治模式、要求和规范，形成了近乎千篇一律的模式。

另外，很多社区都是新建立的，城市公共设施不配套，居民出行“最后一公里”问题没有得到很好的解决，致使村居民自治活动很难组织起来，

---

① 徐勇、贺磊：《培育自治：居民自治有效实现形式探索》，《东南学术》2014年第5期。

② 徐勇等：《中国居民自治的改革逻辑》，《东方早报》2014年11月21日。

居民参与自治的积极性难以调动起来。基层社区的社会治理应该更加精细化，反映在村居委会治理模式上，就是要因地制宜，从便于居民自治的角度考虑，允许居民横向联系和居民与政府互动，探索多种模式的居村委自治，不断提高村居委会自治的水平。

三 创新浦东新区居村委居民自治的建议和对策

浦东新区探索和实践居村委居民自治工作是卓有成效的，许多经验和做法被复制和推广向全市和全国，但受历史上长期形成的城乡治理格局不平衡的影响，居村委居民自治发展也存在不平衡、不充分的问题，因而特别需要培育村居民各类自治组织，推进村居委自治。按照《浦东新区国民经济和社会发展第十三个五年规划纲要》的目标要求，浦东新区要实现政府治理与居民自治的良性互动，完善党委领导、政府负责、社会协同、公众参与、法治保障的社会治理体系，就必须大力培育居村委自治组织，充分发动群众和自治组织在社会治理中的能动作用，在法治的框架内，通过协商民主的方式有序推进村居民自治。

（一）发挥居村委党组织战斗堡垒作用，不断完善自治工作机制

社区党组织是党在社区全部工作和战斗力的基础，是社区各类组织和各项工作的领导核心。基层党组织的正确引领是居民区自治工作有效推进的关键。中共上海市委要求进一步完善区、街镇和居村三级联动体系，发挥好区委“一线指挥部”、街镇党（工）委“龙头”和居村党组织“战斗堡垒”的作用。党建引领，就是要提升基层党组织服务社区百姓的意识和能力，坚持以服务为切入点，把对社区居民的动员、组织、宣传和教育渗透在切实为居民办实事中，使社区居民困有所助，难有所帮，需有所应，在倾心服务群众中不断增强基层党组织的感召力和凝聚力。

要根据居村委的实际情况把党建的要求融入各类组织的培育之中，发挥

好文化的凝聚作用，为居村委居民的自主参与、自主管理和自主发展创造良好的条件，不断增强居民群众的获得感。在引领居民开展自治的过程中，要着力完善开展自治的工作机制。除了业主大会决策机制、小区楼组规范约束机制、党员带头示范机制等较为成熟的工作机制之外，还需要不断完善和夯实的是“三会”机制，即运用听证会、协调会和评议会来组织群众自主决定小区建设等重大事项。要不断完善机制、不断实践，形成民主决策的氛围，创造基层民主的自治优势，真正实现项目选择让群众说了算，实施让群众全过程参与，最终成效让群众评判。

（二）居村委自治要抓好“两进入”“两做实”

共建共治共享的新格局是十九大提出的社会治理新要求。结合浦东新区的实际，要持续推进基层群众的自治，重点抓两条。一是抓好“两进入”，就是区域化党建、“两新”党建、行业党建进街镇党建服务中心，社区党建进居村“家门口”服务站。这是实现浦东新区大党建格局与社会治理紧密联系的关键所在。第一个“进”重在做强枢纽平台，通过搭建合作共享的开放式空间，进一步推动党建带群建促自治。第二个“进”重在加强管理引导，对“家门口”服务站进行动态管理，不断提升服务水平，推动居民广泛参与，更好满足群众需求。

二是抓好“两做实”，就是把街镇“1+2”党建工作领导体制中的行政组织党组和社区党委做实。这是市委“1+6”文件的明确要求。行政组织党组和社区党委是引领社区共治和居民自治的重要平台，但在实际运作上还失之于空、失之于虚。今后在街镇党工委领导下，行政组织党组要切实加强对职能部门派出机构的综合协调，社区党委、社区党员代表会议要切实加强对社区委员会、社区代表会议等自治共治平台的引领统筹，更好发挥党建的引领作用。

在居村委的自治中，可以借鉴静安区南京西路街道精细化设置社区代表会议环节的经验和做法，不断提高街镇党组织引领群众自治的工作水平，不断调动社会组织参与治理的积极性。要通过居村自治和大力培育各类社区自治组织形成广泛的社区参与和村居互动，进而实现人人参与、人人尽力、人人共享的社区治理格局。

（三）着力激发村居民参与自治的动能

要激发居民参与自治的动力，就要按照《浦东城乡发展一体化2020行动计划》，打造高水平城乡一体化，实现“五新”，即空间布局新格局、环境治理新突破、基础设施建设新水准、基本公共服务均等化新台阶、郊区产业转型升级新路径。要通过推进城乡一体化，使村居民的生活进一步得到改善，真正实现小康目标，从而激发村居民参与自治的动力。

要提高社区自治的居民参与度，关键是要让居民走出家门真正融入社区，主动关心社区事务，热心参与社区治理。调研发现，在一些居民自治开展得比较成功有效的基层社区，居民的社区认同意识往往较高。很多基层社区的治理实践也都表明，只有在对社区广泛认同的基础上，居民才有可能焕发出自觉参与社区治理和服务、承担社区责任、为社区奉献的积极性和主动性。也只有在这种社区认同的前提下，才能期望社区居民真正以主人翁的姿态积极行使自治权利又主动承担自治义务。当前，以“缤纷社区”为抓手的美丽家园建设，以“美丽庭院”为切入点的美丽乡村建设，都是提升老百姓获得感和幸福感的民生举措，都是旨在培育村居民社区认同意识的民生实事，因而能够获得居村群众极大的认同。只要整合各方资源力量，自治共治并进，广大群众参与的积极性就一定能被充分调动起来，从而实现花小钱办大事，以小见大，由点及面，真正践行实事惠民，造福于民。

（四）改变村居委会组织形式，培育村居自治组织

近些年，许多省市纷纷探索小区自治、楼栋自治等多种居民自治的实现形式，在村居民自治方面也积累了许多很好的经验和做法。其中值得借鉴的一点就是，这种自治实现的基础往往是社区规模相对较小，便于居民直接融入和参与。

本报告提出以下三点建议。一是适度改变村居委会组织形式和管辖范

围，以300～500户为宜。二是引导和鼓励村居民成立自主自理的组织。在组织的培育和建设上，既要注重党建引领，也要注重组织的自主和自治。目前，基层社区较多的是服务类和文娱类组织，基层两委班子应注重培育议事类和决策类组织，依托这些自治组织，积极开展自我管理、自我服务和自我教育。三是加强以小区、楼栋为自治单位的自治组织的培育和建设。以楼组为载体的居民自治，处理的是与居民生活息息相关的事务，居民的参与性会更高。实践证明，以地域相近、生活相关、文化相融为原则，100户以内的居住规模也更有利于自治的有效实现。培育社区居民自治组织的关键是人，因此要注重社区自治组织中的核心人物发掘工作，要把熟悉社区各楼组党员和居民情况的干部或党员骨干组织起来，将他们作为凝聚起群众自治的骨干力量，通过集训和培养，让他们在社区治理能力提升上发挥关键作用。

创新社会治理和加强居村委自治，对于加强基层社会治理，实现社会长治久安具有举足轻重意义。要把打造高素质专业化、敢担当、善作为的村居干部队伍摆在重要位置，进一步提升浦东新区居村委治理水平，全面构建井然有序又充满活力的社会治理新格局。

参考文献

杨雪：《城市社区居民自治组织发展问题及对策建议》，《湖南行政学院学报》2018年第3期。

曹社建：《“小资金”为居民自治注入大活力》，《东方城乡报》2018年5月8日。

孙鹏：《作业社区创建居民自治新模式》，《盘锦日报》2018年4月13日。

周望：《城市社区有效治理的机制及其完善研究——以上海康城社区为例》，《山东科技大学学报（社会科学版）》2018年第2期。

陶希东：《社会治理体系创新：全球经验与中国道路》，《南京社会科学》2017年第1期。

陈新光、章再彬：《加强区域化党建工作的路径和方法》，《上海党史与党建》2014年第3期。

B.11

浦东老旧小区停车难问题、成因及缓解对策

俞晓波*

摘　要： 随着我国经济发展水平的提高和小汽车家庭化进程的加快，城市的停车难问题已日益显现，此问题在车位配建不足的老旧小区尤为严重，成为困扰城市管理者的社会问题，也是市民群众反映最为强烈、亟待解决的民生问题之一。本报告从浦东新区的案例入手，对当前老旧小区停车难问题进行了研究分析，以实际调查结果为基础，从鼓励公共交通、适度提高停车位配建标准、推动社会资本参与停车场建设、提高停车位的供给和利用率以及完善小区停车管理规章制度等方面有针对性地提出了相关建议和策略。

关键词： 停车难　老旧小区　缓解对策

一　引言

随着经济社会的快速发展，家用汽车在大城市已较为普及。据公安部交管局数据，至2017年6月底，上海市注册机动车保有量为341万辆，较上年增长近8%（见图1）。

* 俞晓波，管理学博士，中共上海市浦东新区委员会党校副教授，主要研究方向为公共治理、当代中国政府与行政。

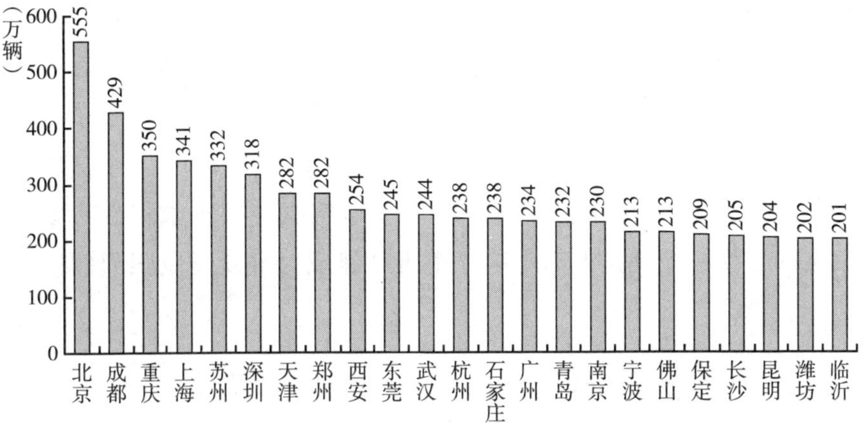

图1　2017年汽车保有量统计排名

资料来源：中商情报网 http：//top. askci. com/news/2018 0125/103433116843. shtml，2018－01－25。

汽车的普及在带来出行便利的同时，也带来了交通拥堵、尾气排放加剧污染等诸多“城市病”，汽车的快速增长与住宅小区停车位建设不同步更造成了小区停车难，尤其是老旧小区车位紧张的问题。对此，笔者先后实地走访川沙新镇、祝桥镇、惠南镇，并参与相关街道、居民区、物业公司的座谈交流，在此基础上形成调研报告，就浦东老旧小区停车难问题进行梳理分析并提出解决对策，希望对缓解老旧小区停车难问题有所裨益。

二　浦东老旧小区停车难问题现状

由于浦东开发建设由内向外逐步推进以及早期动迁安置需要等历史原因，在金杨、洋泾、潍坊、南码头、周家渡、上钢、东明等中心城区可以见到一些集中成片的老旧小区；在川沙、惠南等各街镇也可见大量的本地动迁房基地。再加上经济适用房、共有产权保障房、廉租房的建设，浦东还规划建设了面向全市解决困难居住需求的三林懿德、惠南民乐大居、曹路大基地等成规模的集中社区。截至2018年3月底，全区共有住宅小区2745个，住宅建筑面积1.66亿平方米。其中，售后房（3081.6万平方米）、早期动迁商品房（599万平方米）等享受补贴政策的房屋面积为3680.6万平方米，共1253个小区。据统计，浦东居住配建车位总量为47.8万个，居住停车夜间需求总量为74.3万个，居住夜间停车缺口为26.5万个，缺口比达36%。解决停车需求将是一项长期和艰巨的工作，尤其是老旧小区停车难已经成为群众反映强烈的民生问题。

（一）停车位供需缺口大

浦东的老旧小区位于中心城区，入住率高、人口密度高，居民素质高、收入高、购置车辆多，但由于早期小区建设中没有考虑到家庭用车的快速发展，大多小区都没有配备地下停车库，仅仅是见缝插针，在小区一角安排了一些停车位，远远满足不了现在的需求。在实际调研中，不少市民反映，每天下班回家停车犹如一场“竞赛”，大家“争先恐后”依然“一位难求”。还有一些区域潜在的停车需求不断增长，如惠南镇现有人口30万，已经出现交通拥堵、停车困难的情况，如果加上民乐大居20万新增人口，五角世贸商城2万个摊位、城中村改造10万新增人口，未来将产生70万人左右的停车需求。

面对这些问题，小区不断挖潜停车资源。一是将小区道路一侧用于停车。这种方式虽然缓解了一部分停车难问题，但挤占了一定的道路面积，也造成了小区道路车辆单向行驶，降低了小区行人的通行舒适度。这种人车混行的格局还容易造成交通事故，近期经常见诸报端的人车事故即是案例。二是将小区的一些绿化用地、小广场用地调整为路面停车用地。这种方式缩减了绿化和居民休憩的地方，是不得已而为之的办法，而且要争取小区居民的同意后才能实施，难度较高。三是在街镇有关部门以及居委会等的协调下，利用小区周边道路或者附近公用设施的停车位解决夜间停车需求，但此种方式又挤占了城市公共交通资源，给道路安全管理带来新的问题，对附近公用设施的日间停车也造成一定的影响。

（二）车位紧缺和车位闲置并存

据国家发改委统计，全国超过90%的城市车位使用率在50%以下，京沪穗等主要城市的车位使用率也在40%～50%。从空间上来说，浦东城市中心地带车满为患，但市区外围、新建城区、封闭大院中闲置了许多车位，车位使用率仍然有较大的提升空间。从时间上来说，车位紧缺和闲置并存，浦东老旧小区夜间停车一位难求，但是日间居民上班后，停车位则相对宽松。而且，老旧小区大多位于中心城区，周边有很多商场、办公设施，它们也拥有一部分停车位，这些公用设施的停车需求与小区停车需求时间是错开的，小区停车是夜间紧张、日间宽松，而公用设施的停车则是日间紧张、夜间宽松，如果从全区域和全时段来考虑，就可以互相借用。日间，周边商场和办公场所的停车需求可以考虑使用小区的停车位；夜间，小区的车辆可以考虑停在商场和办公设施内。

（三）小区停车资源缺乏统筹管理

老旧小区的管理制度不完备，加剧了本已紧张的停车问题。一是缺乏针对新增车辆的管理举措。现在很多家庭已经不再满足于拥有一辆车，而开始添置第二辆甚至第三辆新车，这对本已紧张的停车位造成了更大的压力，如何管理此种新增车辆，目前并无很好的办法。二是“过夜车”管理松散。老旧小区多位于中心城区，“过夜车”较多，这种不属于本小区的临时停车挤占了早已紧张的停车资源，对小区居民的正常停车造成压力。三是“僵尸车”缺乏管理细则。小区内很多“僵尸车”为多年前借住人员使用的，他们搬离时因多种原因将车遗弃。这种车破烂不堪、落满灰尘、无人认领，长期趴窝占位、不交停车费、无牌无照，让原本短缺的停车资源雪上加霜，但目前对于“僵尸车”的认定和处置还缺乏细则。四是某些停车设施利用率不高，甚至被挪作他用。在调研中发现某些小区以前规划建设的机械式立体停车位，因为维护成本高昂，已弃之不用，有些楼道门前的停车位被其他楼道的居民占用，有些居民甚至设置障碍物阻碍其他楼道的居民停车。

（四）小区停车改造隐患多

老旧小区多利用地面道路改造停车泊位，使本已不宽的小区道路更加狭窄，部分建设较早的小区内不设专门的人行道，使得人车混杂，互相影响。道路停满的机动车又干扰人行和车行视线，严重影响了居民的安全，特别是在中小学校、幼儿园门前的路段，更是给儿童的户外活动安全造成隐患。在改造停车位时，不注意行车流线、行车视角、停车引导信息化等专业问题，就很容易造成因小区居民就近停车导致的道路不畅，形成小区内的“肠梗阻”，路面停车改造还使小区道路变窄，行车宽度达不到消防通道规定的宽度要求，给小区应急救灾带来隐患。甚至有些车辆还占用回车场地，挤占配电、供水、垃圾房等公用设施建筑前的空地，给小区日常管理和应急带来不便。小区停车位紧张还常常给周边城市道路带来压力，部分住户将家庭用车停在小区周边的市政道路上或者出入口附近，占用车行道甚至人行道，不仅直接影响小区周边区域正常的交通，还影响了公共环境。

三　老旧小区停车难问题的原因分析

老旧小区“停车难”问题的根本原因是机动车增速过快，而且每年在不断地动态增加，但是小区停车位一经建好，则很难增加。虽然当地政府、居委、交通、公安、城管等多部门联手，采取了很多措施，但“停车难”问题一直没有得到根本性解决。主要原因有以下六点。

（一）居住区配置停车位标准偏低

根据《上海城市居住区和居住区公共服务设施设置标准》（DGJ08－55－2006）等有关规定，新建商品房小区车位配建标准按内中外环区域区分。以停车最紧张的内环内小区为例，单套大于150平方米的一类商品房配建车位最低值为80%，单套小于100平方米的三类商品房配建车位最低值为30%（见表1）。

表 1　居住区小汽车停车率标准

单位：%

类别	内环线以内	内外环线之间	外环线以外
一类住宅	≧80	≧100	≧110
二类住宅	≧50	≧60	≧70
三类住宅	≧30	≧40	≧50

注：以上停车率标准仅为普通商品住宅的停车位配建标准，对于高标准住宅和经济适用房等低标准住宅，其停车率标准调整须报城市规划主管部门审批。地面停车率不宜超过 10%。一类住宅平均每户建筑面积 >150 平方米，二类住宅平均每户建筑面积 100 ~ 150 平方米，三类住宅平均每户建筑面积 <100 平方米。

这种按套面积分配权重而不是按户平均分配权重计算的停车位标准与现实需求不一致，导致总停车配建标准无法满足需求。老旧小区由于建设年代较早，停车率标准更是远远小于新建商品房，基本没有建设地下停车位，仅仅在地面设置了零星停车泊位，停车供给先天不足，停车泊位缺口较大。以 20 世纪八九十年代建设的南码头街道为例，其辖区共有住户 4.3 万户，据不完全统计，现有私家车约 1 万辆，停车位约 6800 个，泊位缺口 3200 个，占 32%。

（二）停车设施建设规划难以落地

从小区改建的视角来看，立法进度的滞后、相关政策的缺位，导致相关实施主体在挖掘存量停车资源上遇到瓶颈。建成较久的小区，其建设时配比低，改扩建难点较多，普遍停车难问题突出，而相关部门挖掘停车资源的举措，因现有法规限制，往往存在违法违规的可能。如在绿化指标、消防通道、机械式停车库建设等方面极易产生信访投诉，很难得到小区居民的一致认同。从区域布局的视角来说，利用城市“边角料”为周边居民区提供公共停车场是一个不错的方案，但由于土地供应、建设主体不明确，建设资金来源等原因，浦东新区相关公共停车场（库）规划难以落地。近年来，区域停车泊位新增量主要来源于居住及商业项目，独立规划建设的公共停车场几成空白。从城市整体规划的视角来说，公共交通系统规划中的静态交通对小区停车也是一个有益的补充，但建设进度依然滞后。“十二五”期间，上海市在轨道交通7条线路、10个站点附近规划建设并运营了10处公共换乘（P+R）停车场（库），共计拥有约3700个停车换乘(P+R)泊位。而作为全市轨道线路与站点最多的区，浦东新区目前没有已建成的公共换乘（P+R）停车场（库）。在区域规划编制中，缺乏规划公共停车场的刚性配置下限要求，在当前用地条件极为紧张、各方用地需求难以满足的条件下，如果没有法定刚性配置标准，公共停车场规划很难落实。

（三）停车管理法规政策滞后

在停车行业面临各种新情况新问题的大背景下，与停车行业发展相配套的法规以及行业政策却相对滞后。目前，上海市涉及停车行业管理的法规文件有《上海市道路交通管理条例》《上海市停车场（库）管理办法》等少数几部法规规章，其他主管部门发布的规范性文件或发布较早未做及时的修订完善而与实际行业现状脱节，或因缺乏细化操作细则及硬性要求而难以实施。如2015年上海市发改委发布的《关于进一步规范本市公共停车场（库）机动车停放收费通知》，对公共停车场实行政府指导价，价格标准基本沿用1995年文件标准，其中根据地段核价以及外资超国民待遇等条款，已严重与市场发展不符。收费制度不明晰带来实际问题。有些小区地上停车收费和地下停车收费差距不大，致使很多居民将用车停在地面上，地下车库则空空荡荡；有些小区对住户新购的第二辆车、第三辆车的停车泊位仍然按照第一辆车的标准收费，导致其他住户不满，甚至存在有些住户的第二辆车挤占其他住户的首辆车停车需求，导致矛盾激化的情况。

（四）停车日常管理难度大

面对过夜车、“僵尸车”、乱停车等新情况，缺乏管理手段。比如，在对待“僵尸车”的认定和处理上，没有相关制度。小区物业无权认定“僵户车”，更无权擅自处置，需要当地政府、居委、业委、公安等部门互相配合，梳理出一套切实可行的办法和长效解决机制。对待小区乱停车的行为，物业缺乏手段，只能采取教育说服，收效甚微，为小区正常停车埋下隐患。

利用周边道路、闲置用地或者公共空间如高架下、绿地下设置临时停车场的审核、收费、运营维护、日常监管等制度都不明确，致使新增车位难、收费难、停车管理难。比如道路停车场因其便利性、临时性和开放式的特征，常常出现违法停车场。另外，对道路停车场协管员的管理难度大，有时甚至无从监管，以至于协管员在收费过程中票据使用、收费标准以及服务上不够规范，居民对道路停车场信任度降低、投诉增加。同时，部分车主对于道路停车收费相关法规政策了解片面，缴费意识不强，车主拒付费、拒补费现象较多，收费难度较大。管理部门缺乏相应的执法保障与处罚手段，影响了道路停车场的正常收费，造成财政收入的流失，增加了协管员的工作负担与压力。在推进既有存量道路停车场的规范化管理工作中存在着较大阻力，如老旧居民小区、菜市场以及沿街个体业主小商铺集中区域，道路停车场收费时车主普遍抵触情绪大，甚至出现辱骂殴打协管人员事件。根据相关规定，执法部门可以对拒缴停车费的车主实施行政处罚，但实际中操作性不强，执法局也并无操作成例。目前，上海尚未实施类似深圳的欠费罚款以及将逃费纳入征信系统等规制措施。

（五）停车信息化水平不高

停车信息化在服务公众和行业监管两方面的功能尚未有效发挥。目前，大部分小区或者公用设施均启用了智能停车系统，但还处在初级水平，仅限于信息的初步采集，为进出车辆的识别系统，与有效管理停车场泊车资源的引导系统、增加进出效率的自动缴费系统等相比都还存在差距或者还有空白点，在大数据的准确度以及综合运用方面仍存在短板。一方面，停车资源掌控者各自为政现象突出。传统停车场大部分采用封闭式管理，信息孤岛现象严重，特别是道闸门禁普及后，数量庞大的停车位散布在各个停车场内部，停车场之间的系统不统一，数据标准不一致，整合利用极为不易，且路线不清、标识模糊，无法向有需要的车主提供有效服务，造成了车位资源浪费和管理困难。另一方面，平台数据覆盖范围窄，综合开发利用水平低。如小陆家嘴区域建设了停车诱导系统，建成后对于优化交通流量，提升停车泊位利用率起到了积极作用，但因建设时各公共停车场库未采用统一标准的智能设备，导致诱导系统的源数据采集困难，存在差错率较高、数据采集不连续等问题，严重影响了其功能的正常发挥。塘桥街道积极推进小区与公用设施之间的“潮汐式”停车，取得了一定成效，但受价格较高、时间匹配不佳和数据更新不及时的影响，难以有效推广。

（六）停车场建设的市场化水平不高

政府和社会资本合作（PPP）模式建设停车场，有利于推进投资—建设—经营的一体化，促进投融资模式的改革，提高停车场供给和运营效率。但是停车场建设土地成本高、投入资金大、回报期限长，在各项经营成本尤其是人力成本不断上升的背景下，经营性停车场无法享有自主市场定价权，在无相关配套政策支持的前提下，社会资本建设公共停车场的积极性不高，停车行业的市场化水平偏低。

四　缓解老旧小区停车难问题的对策建议

老旧小区停车难是“人民日益增长的美好生活需要和不平衡不充分的发展之间的矛盾”，也是迫切需要解决的民生问题。缓解老旧小区停车难，应该从出行理念、专项规划、管理制度、先进技术等多方面施策，整合各方力量，形成长效综合效应。

（一）鼓励公共交通，优化交通专项规划

停车难，难在停车位供需失衡。停车位需求远远大于供给，空间资源有限，仅仅单向扩大停车位供给是不现实的。树立绿色出行理念，鼓励公共交通是减少用车需求的一个治本方法。随着轨道交通网络的逐步完善，公交巴

士乘用舒适度大幅度提升，新能源汽车、租赁共享汽车和自行车等体现绿色、共享理念的新型交通出行方式的大规模应用，快速公交、汽车合乘、停车换乘等新模式的不断推广，公交优先、慢行系统、集约共享的交通出行理念逐渐为更多人所接受。政府部门一方面要运用各种方式倡导绿色出行，鼓励市民采用公交出行、拼车合乘、共享单车等形式，减少私家车使用，降低城市道路车辆通行和中心城区停车压力；呼吁从立法层面对市民购买私家车进行必要调节，倡导自备车位、理性购车、合理用车、有序用车的车辆拥有和使用理念。另一方面要切实落实公交优先战略，做好静态交通专项规划研究，构建以轨道交通为骨干、地面常规公交为主体、其他方式为补充的高效、人性化的公共交通系统。加强财力保障，推进规划落地，解决公交停车保养场缺乏等困扰公交行业发展的突出问题。要完善考核机制，突出社会责任，调动公交企业不断改进服务水平的积极性。公交企业要及时掌握百姓的需求，加强与轨交的衔接，增加郊区早晚高峰公交班次，完善公交线网，方便居民出行。针对人民群众反映强烈的“最后一公里”交通问题，按照线路短、站点密、走向合理的要求，加大穿梭巴士的布局力度，串联社区、学校、医院、超市、农贸市场等场所，方便群众生活。

（二）适度提高停车位配建标准，强化停车设施规划落地

目前居住区停车配建标准按照《上海城市居住区和居住区公共服务设施设置标准》（DGJ08－55－2006）执行，但随着私家车越来越普及，原来的配建标准已不大适应现实要求，建议规划部门加强调研，按照实际情况出台新的规范，适度提高居住区停车位配建标准。另外，按照分区停车设施规划导则，根据“十三五”分区停车设施建设任务指标，结合国家和本市有关停车规划建设管理的新要求，及时编制新版浦东新区停车设施专项规划，进一步调整明确规划目标，完善规划内容，制定分步实施计划，明确各职能部门分工职责，确保逐步落地实施。对于涉及轨道交通站点周边停车场建设，可以配建一定比例的商业开发面积以资鼓励，对于提供公益性停车服务的，适当提升商业开发配比面积。浦东新区中心城区功能搬迁、拆违等工作

腾出的土地应规划一定比例用于建设停车设施，商业、办公等公共设施也应规划一定比例用于建设公共使用的停车场。

（三）推动社会资本参与停车场建设

吸引社会资本、推进停车产业化是解决城市停车难问题的重要途径。相关部门要发挥发挥市场和政策导向作用，利用价格杠杆，尽快修订完善公共停车收费管理规定，逐步缩小政府定价管理范围，优化停车收费机制，逐步形成以市场为主导的停车收费价格管理格局。特别是在常发性、高频性拥堵区域，亟须通过差别化的停车管理政策来发挥静态交通对动态交通的制衡作用。应出台相关政策吸引社会资本进入小区停车场建设，探索公共交通用地综合开发机制，对于新建公共交通设施用地的地上、地下空间，按照市场化原则实施土地综合开发，支持原土地使用者在符合规划且不改变用途的前提下进行立体开发。鼓励多元投资主体以 PPP 模式推进利用公共资源建设停车设施，并在土地供应、综合开发等方面予以政策倾斜。同时，鼓励专业型、连锁型大型停车企业统筹实施停车设施投资、建设和运营管理工作。

（四）多策并举提高停车资源的供给和利用率

新增供给一批。对于停车矛盾特别突出的居民集中居住区，鼓励利用周边地块，通过新建、改扩建等形式建设临时性停车场、机械式立体停车设施，增加定向供给住宅小区停车位。运用“P + B”模式，在小区、地铁站等区域设置必要的非机动车停放场所，通过单车接驳机动车停车场和地铁站、公交站，让绿色出行占据主导优势。

挖潜拓展一批。相关部门应充分抓住城市更新、“美丽家园”和“缤纷社区”建设、环境综合整治、公共空间开发和公共设施建设等城市建设综合开发契机，实现城市建设用地复合利用，重点针对比较突出的既有住宅小区存量停车供给缺口，利用零星用地、拆违用地等适度增建、补建一定量的公共停车设施或专用停车设施。合理利用道路资源，设置保障刚性停车需求的临时道路停车泊位，并建立道路停车泊位动态调整机制。特别是针对住宅小区夜间停车需求，有效发挥时段性道路停车作用。制定政策鼓励停车矛盾集中的小区充分挖潜增建，如采用立体绿化建设机械式停车库，增加停车设施供给。

共享开放一批。政府机关和事业单位带头，在保证安全的前提下，开放部分停车资源供应。鼓励商业、办公、道路等各类停车资源与周边住宅小区错时开放共享。

（五）提升停车管理信息化水平，加强停车管理精细化

浦东要积极适应城市管理体制变革、信息技术应用深化的新形势，运用“互联网+”、物联网、大数据分析等最新技术，给停车管理装上智慧大脑，促进停车管理信息化，提升停车管理精细化。将面上的停车管理和保障居民基本停车需要的停车收费标准等纳入浦东新区统一的停车管理规章制度；将居民新增车辆收费、管理以及具有个性化的小区停车改造、维护和管理等事项交由小区业委会自主决定，发挥居民自治积极性。加快建设、完善区级公共停车信息平台，实时掌握辖区内公共停车场的动静态数据，将现有停车信息平台逐步拓展为统一的城市智慧停车管理平台，扩大平台数据覆盖范围，逐步加入住宅小区停车场信息，开展数据增值开发工作，拓展车位线上预约、在线支付、线上泊位共享等功能，加快推进道路收费智能化建设，试点推进基于地磁感应的停放计时方式，开放多种缴费手段，为市民提供个性化、精准化的停车服务。

五　结语

交通出行是关系民生、关乎市民百姓获得感与幸福感的重要领域，政府应当高度重视。尤其是对于老旧小区的停车管理工作，需要建立健全统一综合协调管理的管理机制，加快规划与建设工作，进一步健全法律法规，细化行业管理的规章与文件，提升行业的发展水平与资本吸引力，从法规制度、

综合监管、经济手段着手，促进浦东开发建设与民生治理的同步发展，为新区经济发展与社会进步服务，建设一个美好宜居、交通便捷的美丽浦东。

参考文献

康正宁、周振华：《试论“互联网+停车”模式》，《上海经济研究》2017年第3期。

李嘉宁：《一个统筹的考虑：走出老旧小区“停车难”之困境》，《行政与法》2013年第3期。

丁国杰：《上海建设现代化国际大都市“短板”问题研究》，《科学发展》2017年第5期。

李志豪、刘思弘：《浦东“多张牌”缓解停车难》，《浦东开发》2018年第5期。

张利：《面向宜居环境建设的智慧停车产业发展研究》，《人民论坛·学术前沿》2018年第5期。

公共安全篇

Public Security

B.12 浦东城市运行综合管理中心的探索与进一步完善对策

姜　朋*

摘　要： 浦东城市运行综合管理中心是浦东新区为推动城市精细化管理而做出的创新尝试，力求通过城市网格化综合管理与社会治理的深度融合，在精准维系秩序、精准保障权利和精准改善民生方面发挥巨大作用。由于运行时间较短，浦东城运中心体制机制还需完善、多元主体参与不足、处置疑难问题能力有待提升。未来，城运中心将本着精、细、全、严的原则，继续探索城市管理的新温度、新精度、新广度和新高度。

关键词： 城运中心　精细化管理　社会治理

* 姜朋，中共上海市浦东新区委员会党校副教授，主要研究方向为中国政治。

根据习近平总书记“上海要走出一条符合超大城市特点和规律的社会治理新路子”的要求，按照市委、市政府《关于进一步创新社会治理加强基层建设的意见》（沪委发〔2014〕14 号）等文件精神，浦东新区多年来致力于探索一条与浦东特大城区相适应的社会治理新路。构建浦东新区城市运行综合管理体系，就是浦东新区区委、区政府为推进精细化治理而做出的一项重大战略决策。城市运行综合管理中心和分中心（以下简称“城运中心”和“城运分中心”）将实现城市运行综合管理全行业、全区域、全时段覆盖，将实现城市管理资源高度整合、监控信息系统高度集成、部门联勤联动高度协同以及上下贯通指挥的高度统一，从而最终实现城市网格化综合管理与社会治理的深度融合。

一 浦东城运中心现状及在推进精细化治理中的实践探索

城运中心是浦东为实现创新社会治理、推动城市精细化管理、打造提升政府治理能力先行区做出的创新尝试。从 2017 年开始，浦东新区在网格化管理实践探索的基础上开始酝酿推进城运中心建设，并于 2017 年 9 月 4 日启动试运行，它是以网格化综合管理为基础的社会治理的一次升级，意味着浦东正在重塑城市管理新体系，在推进精细化治理中不断进行新的实践探索。

（一）精细化治理的含义

2015 年 10 月，党的十八届五中全会首次提出“要加强和创新社会治理，推进社会治理精细化”，这标志着我国社会治理理念发生了变化，其必然产生社会治理内涵和方式的转变。对于社会治理精细化的内涵，学界尚未形成共识，但是，不论是在理论层面还是在实践层面，社会治理精细化至少包括政府施政过程的“精细化”以及社会治理结果的“精准化”，具体指五个方面内容：制度设计的精细化、政策执行的精细化、协同机制的精准化、服务对象的精准化以及结果测量的精准化。①

浦东城运中心的建立有助于将政府施政过程的精细化落在实处。城运中心的智能化治理手段为社会治理精细化提供了物质前提。通过城运中心平台，可实现城市管理和社会治理领域各类数据信息的一体化集成、全方位共享。如，为更好发挥城运平台的综合保障作用，开发了应急管理和防台防汛专题模块。应急管理模块可以做到应急物资、应急装备、应急人力等应急资源的可视化，强化了对灾害天气、重大活动、重要节假日的保障；防汛防台模块可进一步加强汛期对气象、水位各类信息资源的整合利用，切实提升浦东新区在汛期时的综合指挥能力。

浦东城运中心的建立进一步推进了社会治理结果的精准化。社会治理工作千头万绪，必须找出重点工作加以突破才能保证结果精准。城运中心通过将管理、执法与技术手段的集成化运用、智能化融合、精细化实施，先行探索推出了一批管理顽症的社会治理标准化模式。如，渣土管理方面，升级渣土运输智能监管系统，完善管执联动机制，强化实景实兵演练，做到源头把控、过程监控、标本兼治；群租整治方面，集成水电、电信、房屋、人口等数据，运用大数据分析破解群租的隐蔽性问题；“五违四必”长效管理方面，加快对接基础数据、点位地图，开发智能预警模块，划定区域监管“红线”，细化平台责任分工，建立“视频巡查报警 + 执法联动处置”工作模式。目前，浦东正努力将城市管理和社会治理重点难点问题逐步纳入平台，发挥平台一体管理、精细治理的作用。

（二）浦东城运中心体系建设的具体做法和经验

浦东城运中心从 2017 年 9 月运行至 2018 年 5 月，已经形成了较完善的体系框架，也探索出一批好的经验和做法。

1. 不断优化顶层设计，构建科学有效的管理体系

城运中心在纵向设置上，通过城市运行综合管理中心和分中心两级平台

---

① 胡颖廉、李楠：《社会治理精细化：背景、内涵和路径》，http：//theory. people. com. cn/n1/2016/0310/c40531 – 28187163. html，2016 – 03 – 10。

建设，构建了“1+39+X+Y”的城市运行综合管理新体系（见图1）。其中，“1”为1个区城市运行综合管理一级平台（浦东城运中心）；“39”为39个街镇和特定区域城市运行综合管理二级平台（其中，“36”为36个街镇分中心，“3”为保税区、国际旅游度假区、世博开发区3个特定区域分中心）；“X”为若干个街区（镇区）联勤联动站和特定区域联勤联动站；“Y”为若干个村居工作站。

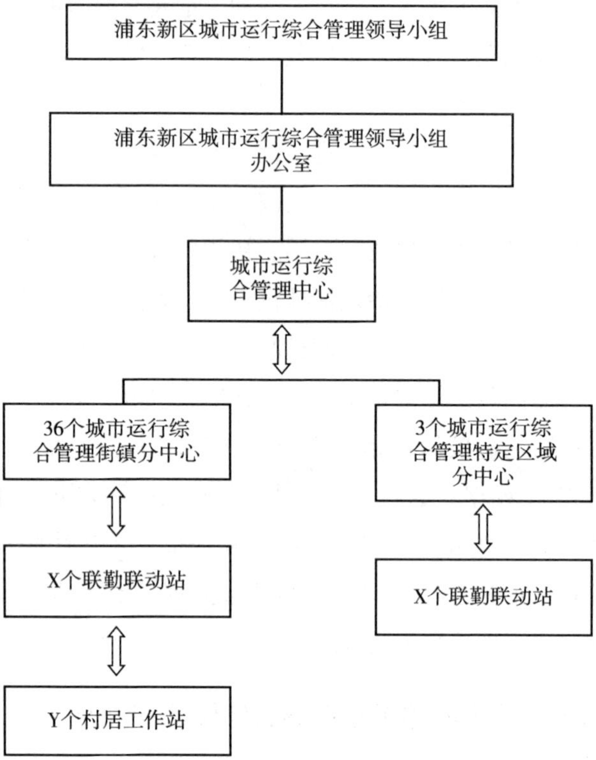

图1　浦东新区城市运行综合管理体系架构

浦东城运中心在横向设置上，把区相关委办局、开发区管委会、相关企业列为承办单位。从而实现纵向到底、横向到边、全覆盖、无盲区的管理。

2. 全面梳理权责清单，明晰两级平台职责划分

城运中心按照“一体化”要求和“职责明确，事权清晰”的原则，在

城运平台全面整合城市管理、市场监管、街面治安、防汛防台、安全生产等各领域管理职能和资源力量，梳理形成区、街镇、工作站不同层级的权责清单，明确入驻、派驻单位的职责分工。一是城市运行综合管理一级平台的职责。在新区层面，整合区网格中心、区总值班室、区应急联动指挥中心、区防汛指挥中心、区 120 急救调度中心、区安全生产监察、区城管执法应急指挥平台等部门的管理和指挥职能，承担全区城市运行综合管理工作的统筹规划、机制建设、统一指挥、综合协调、督办考核等职能。二是城市运行综合管理二级平台的职责。二级平台是辖区内城市运行综合管理事项统筹、协调、处置的牵头责任主体，服从浦东城运中心的工作指令、业务指导和监督考核。联勤联动站是街镇、特定区域分中心指挥处置城市管理、社会治理和突发事件的“桥头堡”和“突击队”，承担城市运行综合管理联勤巡查、联合执法、联动处置和支撑村居自治等职能。村居工作站是城市运行综合管理体系的功能延伸，以联勤联动的形式，加强村居自治，夯实基层治理。

两级平台职责划分明确又各有侧重。一级平台注重实现资源高度整合、信息高度集成、指挥高度统一、条块高度协同。二级平台注重实现实体化、高效化、集成化运作，并将工作延伸到 X 个联勤联动站和 Y 个村居工作站。联勤联动站注重高效响应、快速处置，建在服务对象最多，产生问题最多的区域；村居工作站注重履行发现、自治、报告的职能。

3. 载体建设集成化，实现先进技术的智能应用

浦东城运中心运用互联网、大数据、云计算、GIS、视频融合等信息技术手段，集成共享城市管理领域主要职能部门信息，构建形成共建共享、实时交互、动态更新、综合利用的一体化信息平台，形成“运行状态一个界面、视频监控一张网络、地理信息一张总图、移动应用一个终端、信息共享一个门户”的运行新模式，真正实现了城市管理各类数据信息的一体化集成、全方位共享。运用现代科技手段，能够对浦东 1210 平方公里实现全时空监测，确保城市管理、社会治理突出问题能够被快速发现、快速处置。

4. 建立高效的运行机制，提升综合管理水平

城运中心自启动试运行以来，建立了全领域协同的指挥联动机制，明确了指挥长负责、平急融合、领导轮值、联席指挥、联勤联动等机制。

一是指挥长负责制。城运中心日常运行管理实行指挥长负责制。指挥长从中心班子成员和派驻单位的处级干部中产生。上海市公安局浦东分局派驻干部为副指挥长，对接公安分局110指挥中心，协助指挥长做好日常指挥协调工作。区相关委办局、开发区管委会、相关国有企业均作为区城市运行综合管理一级平台的承办单位，明确分管领导，专门设立对口部门，并落实联络员。

二是平急融合机制。发挥城运中心从常态下网格管理迅速转为非常态下应急管理的综合管理功能。常态下（平时），以网格化综合管理为主；非常态下（紧急），按照《浦东新区城市运行综合管理平急转换工作方案》操作规程，迅速转为非常态应急指挥。

三是领导轮值机制。在一级平台层面，建立区政府领导工作日轮值制度，轮值区领导工作日早晚到浦东城运中心了解全区面上的城市运行综合管理情况，协调督办“急、难、愁”事项。在二级平台层面，建立各街镇、特定区域对应管委会（管理局）班子成员工作日轮值制度。

四是联席指挥机制。在浦东城运中心设置联席单位工位，主要包括公安分局、城管执法局、市场监管局、建交委、环保市容局、卫计委、安监局、规土局、教育局等部门，遇突发事件需多个部门协同配合时，相关部门（单位）的分管（或主要）领导到城运分中心实行联合指挥，提升处置效率。

五是联勤联动机制。建立区、街镇、联勤联动站三级联勤联动工作机制。通过多种工作机制，实行高效指挥，实施联动共管从而实现高效运行。

5. 规范监督管理标准，确保城运体系有序运行

城运体系基本形成后，注重深化研究管理标准的规范，理顺工作流程，提高管理标准，严格操作规范，确保浦东新区城运体系在一个标准下高效高质、有序运行。联合区委、区政府督查部门建立健全主体监管、社会监督、

问题督办、情况通报“四位一体”的督查机制；建立浦东城运中心督查监督队伍，负责浦东城运中心督查督办事项的跟踪监督；对二级平台和一级平台承办单位进行分类考核，对严重影响区绩效、未及时完成市（区）下达任务、连续整改不力、媒体连续曝光和辖区内发生责任性重大事故的单位领导开展约谈；对渎职、失职等违法违纪的，移交纪检等有关部门。

6. 加强城运体系的队伍建设，确保人尽其才

城运中心自运行后，根据管理的实际需求，不断壮大城市运行管理人员、信息员、监督员配备。在区中心一级平台层面，明确对所有人员按一个标准开展考核，体现制度化、规范化。在二级平台层面，建立业务培训、定期例会、区域片会、双向交流、优秀案例考评等制度，着力提升基层干部业务水平和综合能力。

（三）浦东城运中心在推进精细化治理中的实践探索

浦东区域面积大、街镇多、人口多，城乡二元结构特征明显，城市管理难度较大。城运中心在不到一年的时间里，不断推动城市网格化管理与城市管理、社会治理的深度融合，在精准维系秩序、精准保障权利和精准改善民生方面，很好地发挥了社会效用和价值，越来越显示出创新性和生命力。

1. 精准维系秩序

浦东城运中心的优势在于形成了全面覆盖的工作体系，有效地避免了出现城市管理的“空白区”或者盲区。浦东早在2006年前后就开始探索符合超大城区发展规律的网格化社会治理新路径，经过十几年的探索，浦东的网格化管理，依托基础网格和互联网络，使部分城市管理问题得到有效解决，在提高城市管理效能方面发挥了较好作用。在此基础上，城运中心对网格化管理模式进行进一步的资源整合、机制融合、管理综合，实现了全面覆盖的工作体系。在不到一年的时间里，综合运用市级转办、视频巡查、技术甄别、“浦东e家园”APP收集、巡查员发现、市民参与、媒体监督等方式，构建“天上有探头、中间有平台、网格有队伍”的“人防+技防”实时监测和智能预警体系，拓宽影响城市管理运行和社会安全问题的综合发现渠

道，有助于规范公众的社会行为，进一步构建良好的社会关系，精准维持浦东社会结构的稳定。

较之前的网格化管理模式，城运中心的优势还在于通过分类分级处置机制，有效地解决了责任边界模糊不清或者说责任“空白地带”的问题。分类处置是将城市综合管理事项分为服务类、城市管理类、应急类等问题，按“首问、指定、兜底”三个责任制分类处置。分级处置是按照“统一协调、分级包块、责任清晰”的原则，通过区、街镇、联勤联动站三级联勤联动工作机制明确权责，最后将责任落实到人。这些措施都有助力于实现精准维系秩序这一目标。

2. 精准保障权利

社会治理精细化的一个重要目标是精准保障公民权利，即积极拓宽公民参与渠道，提高公民的社会参与意识与能力。浦东城运中心通过构建一系列针对不同群体的权利保障制度，精准保障公民的社会参与权利，初步形成了市民与政府间的良性互动。群众通过拨打 12345 热线、12319 城建服务热线、110 报警热线、58606677 环境热线，使用“浦东 e 家园”APP 或社区监督员反映问题，由城运中心指挥平台将问题分类后交给专业处置部门进行处置，处置过程与结果接受移动督办系统的监督。浦东城运中心把社会管理与社会需求对接起来，逐步提升群众的安全感、幸福感和满意度，形成共同参与、共同管理城市的新格局。

2017 年 1 ~9 月，区平台共立案 913510 件。其中，市民服务热线立案 182169 件，及时解决率 98.77%，市民满意率 74.61%，实际解决率 82.25%；网格化管理立案 520701 件，及时解决率 97%，结案率 87.32%；“浦东 e 家园”立案数 210640 件，及时解决率 79.4%，结案率 91.63%，市民满意率 94.71%。截至 2017 年 9 月，立案数已近 2016 年全年受理量的 1.2 倍，市民热线实际解决率、市民满意率和网格化管理及时解决率都有不同程度的提升。

3. 精准改善民生

城运中心通过精准识别需求、分析和满足需求、考核评价三个步骤实现精准改善民生这一目标。第一步，城运中心收集不同群体的利益诉求，特别是弱势群体的利益诉求，通过大数据进行精准识别。第二步，综合运用大数据，详细分析各类情况和问题的细节，将涉及的相关管理与服务主体、客体经城运中心网络平台一一对应、组织落实，从而实现实时末梢管理。第三步，解决问题并进行考核评价。评价指标包括信息采集、问题受理、处置流程等方面。城运中心有针对性地制定社会服务管理工作标准，力求用更加科学化、人性化的服务与管理，努力实现考核评价标准化。如针对群租这一城市管理难点，在城运分中心智能化平台上有专门的群租管理系统，该系统通过对出租房水、电、煤气用量的数据分析，智能筛选、预警发现的异常情况，再由工作人员上门核实，精确了解出租房屋的信息状况。“老人智慧关爱”系统则让独居、高龄老人及其家人更暖心、放心。如果信息实时显示平台发现异常情况，志愿者或居委干部将及时上门了解情况，防止老人发生意外。

城运中心在以上三个方面作用突出。这三大目标之间是相互联系、相互影响的不可分割的整体，其中精准维系秩序是根本目标，为精准保障权利和精准改善民生提供了秩序上的可能；精准保障权利是精准秩序维系、精准改善民生的重要保障；精准改善民生是精准保障权利、精准维系秩序的直接体现。[①] 三大目标的实现共同推动浦东城市精细化治理进程。

二 当前浦东城运中心存在的问题

通过不到一年的探索，浦东城运体系基本完成构建，各项工作全面推进落实。但对照高标准的工作目标，还有不小的差距。在实际工作中还存在许多亟待解决的难题，阻碍着城运中心总体功效的发挥。

---

① 南锐、康琪：《社会治理精细化的理论逻辑与实践路径》，《广东行政学院学报》2018 年第 1 期。

（一）体制机制还需完善

一是两级平台协调机制不完善。区城运中心平台没有充分发挥疑难事项综合研判、统筹协调的职能，面对需要沟通协调的疑难复杂问题，处理过于简单，把问题推给二级平台兜底；对处理结果有时存在督办缺位、现场督办频率不高，以及与区委、区政府督查部门缺少联动等问题。

二是联动机制不完善。联勤联动的核心是“联”，关键是“动”，目前存在三种现象。第一是有联无动。不少街镇对派驻单位缺乏制度化的协调力和约束力，导致形式上“联”了，问题的解决上“动”不起来，联勤联动机制只在少数街镇落地推行。第二是有联难动。城市管理中存在一些问题交叉、边界模糊、责任不明的顽症，需要多个责任主体联合执法，派驻基层的机构虽有联动机制但依然存在“出工不出力”现象。有的派驻人员即使合署办公还是各自为政，导致联勤联动站空心化运转。第三是无联无动。在村居末端环节，街镇网格中心没有能力协调街镇的相关部门，常常处于无联无动状态，普遍感觉权威性不够。对于小区上报的各类问题，其综合协调、指挥处置能力较弱，遇到疑难推诿案件，只能依靠分管领导牵头协调解决，尚未形成制度性安排，深入一线参与处置少，敷衍应付不作为多。

三是派单处置缺乏双向互通。实际操作中，街镇更多是承接区级下派的案件，“块发现、条处置”渠道还不畅。一些需要区级甚至市级职能部门处置的案件（如供水、供电、通信类等公共部门类案件，区属企业的历史遗留问题等），街镇层面其实难以协调解决，但往往还是被上级退回要求属地兜底。对于群众反映强烈的重复投诉问题，有的街镇网格工作人员甚至只能以市民身份拨打 12345 热线再“投诉”，试图推动区级层面重新派单。

四是绩效考核机制不完善。现阶段，城运中心管理系统绩效考核评价指标还存在一些漏洞，突出表现在两方面。一方面是上对下的考核标准欠科学。目前，区层面对全区街镇网格化考核工作实行一个标准，有的街镇每月立案近 5000 件，有的街镇每月立案仅几百件，工作量和工作难易度相差甚远。另一方面是下对上的考核评价缺“砝码”。街镇对辖区内的所、队、办和区级条线部门工作评价缺乏“话语权”，也没有必要约束条件支撑，这些方面亟待在制度层面加以完善。

（二）多元主体参与不足

一是个别基层参与意识不强。有的处置单位第一责任人并未把网格管理放在主要位置，不重视城运中心的闭环管理、监督指挥，甚至潜意识里存在“城运中心是麻烦制造者和利益分割者”的思维定式。有的街镇没有把分中心定位为监督指挥机构，或者没有深刻理解监督指挥的内涵和外延，将其当作综合作业部门；还有处置单位发生推诿扯皮、我行我素的现象。

二是基层主体参与程度不一。工作站的设置和管理可最大限度推动网格化管理服务向基层末端延伸，但实际情况很不理想。个别街镇工作站尚未实现全面规范化运行；个别工作站功能整合不齐；不少村居工作站就是在村居委外面增挂一块牌子，徒有其表，全区超过 10% 的村居工作站每月主动发现的案件数为零；不少村居干部把工作站视作额外的负担，比如有的村居干部发现问题不习惯通过平台上报，认为辖区内的问题直接与上级沟通处理就可以，走“发现—受理—立案—派单”流程反而麻烦。

三是公众参与度不高。群众参与网格化管理的主动性与积极性不高，大体可分三类：不愿意，无所谓或不知情。其原因主要有：网格化服务内容相对单一，提供的公共服务项目较少，直接面向全体社区成员的服务项目不多，受众及服务对象有限；社区工作参与政府行政工作较多，社区工作者“上门服务”“面对面服务”的时间和项目相对较少；居民与网格监督员有效互动不够，缺少必要交流和沟通；传统的“重政府、轻社会”的政府管理路径依赖依然存在。群众参与还停留在初级和辅助层面，主体作用未能很好发挥。

（三）处置疑难问题能力有待提升

毕竟城运中心运行时间不到一年，一旦面对历史遗留问题、涉及多部门的问题，能力短板就会暴露出来。

1. 难点问题处置不到位。“应发现尽发现，应处置尽处置、快处置”的原则尚未充分发挥；热线案件市民满意度低，如 2016 年 12 月至 2017 年 4 月，市监察局测评新区热线工单满意率为 55.8%，较 2016 年度 55.55% 没有提升；报告性结案兑现差；管理与执法联动不紧密不顺畅，比如物业服务管理、违法建筑、无证设摊、广场舞扰民、“僵尸车”、商业楼宇外设施维护等都是实践中的难点问题。

2. 数据运用不到位。经过十几年的城市网格化综合管理建设和推广应用，城运中心积累了丰富的城市管理问题数据资源，但这些数据只能分享不能得到充分运用。目前，这些数据还主要用于制作统计分析、月报、年报等，并未进行更深层次地分析和挖掘，特别是在系统资源整合以及分析决策等领域，数据的综合利用程度较低。此外，虽然浦东网格化业务数据会定期共享上传至新区政务云共享平台（大数据平台），但这些共享数据也缺乏调研和研究，加之数据完整性低、利用价值不高，数据只能共享不能共用。

3. 指导不到位。浦东城运中心编制的二级平台建设实施意见不够全面、不够细致，对于各分中心、各承办单位存在的个性化问题，缺乏有针对性的指导。

4. 服务不到位。时常发生敷衍处置、草率处置、无力处置的现象，具体表现在：各类案件办理不规范、热线案件回（答）复缺少必要要素、热线案件回（答）复内容不够专业、热线案件电话答复缺亲和力、村居上报工单质量普遍低等。

三 城运中心进一步提升精细化治理效能的对策建议

浦东新区城运中心试运行以来，将城市管理诸多部门间互相推诿扯皮重塑为大平台内互相协作，以建立浦东城市管理活动的规则，有力推动了城市精细管理与社会治理创新的深度融合，有效解决了一批城市管理和社会治理难点问题，有序提升了城区运行综合管理水平。但是，提升精细化治理效能，绝不是一蹴而就的事，未来几年，浦东城运中心的建设仍然任重而道远。

（一）未来城运中心建设目标

浦东城运中心根据《浦东新区加强城市管理精细化工作三年行动计划（2018～2020年）》的要求，以“精、细、全、严”为根本原则，以“绣”出城市管理的新温度、新精度、新广度和新高度为追求目标，全力推进“城市大脑”建设。

1. “精”为理念，“绣”出城市管理的新温度

“精”是精益求精，指社会治理理念从过去的“粗放式”治理思维转变为“精细化”思维。而网络的普及以及大数据的应用使精细化理念能够落在实处。事实上，许多发达国家的超大城市都建立了运用大数据的城市精细化管理模式。比如，澳大利亚政府通过制定数据开放政策和公共服务完善政策，为城市管理提供更好的法治保障。纽约在城市管理中，通过明确政府职责，运用互联网和大数据引导市民参与城市治理，大大提高了火灾的巡查预测准确度，巡查人员的工作效率也提升了好几倍。浦东城运中心在今后的运行中要进一步转变理念，理念的转变是推进社会治理精细化的首要前提。

2. 细致服务，“绣”出城市管理的新精度

“细”是指细节、小事。细致服务就是强调服务要注重小事、注重细节，细节决定成败。这是社会治理精细化的必然要求。未来，城运中心将按照《浦东新区加强城市管理精细化工作三年行动计划（2018～2020年）》的任务分工，立足于发挥城运中心平台抓手作用，细化明确目标任务，着力完善平台综合功能、优化平台工作机制、提升平台运行效能、健全新区城运管理体系。下一步的任务是对承担加强城市网格化管理体系建设、优化城市网格化管理工作机制、优化升级城市网格化系统平台、构建城市综合管理信息平台这4项推进“城市大脑”建设的实施内容进行梳理，共形成21项目标任务和41项具体工作举措，确保在未来三年紧抓推进落实。

3. 全面覆盖，“绣”出城市管理的新广度

“全”是指全面覆盖的工作体系。依靠网络平台，充分利用大数据，可以将不同部门、不同领域、不同工作都整合到社会治理信息平台。浦东城运

中心将全面接入电子政务资源中心数据，导入物业、环保、绿化养护、垃圾分类、河道整治、安全生产等各相关管理系统，发现情况及时派单到有关部门，并要求其在一定时限内处理并反馈结果，真正让大数据实现共享共用。一体化的信息平台使浦东城市管理工作不断延伸拓展，进一步填补空白点、消除盲点，确保实现城市管理工作的全覆盖。

4. 严格标准，“绣”出城市管理的新精度

“严”指要有严格的标准化的制度。一方面要落实区委工作要求，全力完成绩效硬指标。另一方面强化问题导向、狠抓短板弱项，实现管理绩效水平2018年底进入全市前三。为此主要做好城市运行综合管理标准化建设，完善平台规范化运行管理、提升智能化绩效监控、夯实监督评价体系，狠抓督办问责机制、持续加强精准指导等方面工作。更重要的是，有了智慧化的“火眼金睛”，老百姓也成为严格监督政府等部门工作效率的重要力量。比如，在小区门口设置大屏幕，实时公布小区的水质情况、停车状况、绿化养护情况等，如果有发现异样情况，老百姓可以马上举报反映。

（二）提升城运中心精细化治理效能的对策建议

为进一步提升城运中心在创新社会治理中的效能，针对城运工作特点，浦东新区城市运行综合管理将紧紧围绕体系深度优化、多元主体参与、信息技术突破、队伍精干高效四个方面，加快实现城市精细管理和社会治理深度融合，努力打造体现浦东特色的新时代社会治理新格局。

1. 建立健全运作相关机制，实现体系深度优化

第一，功能架构“升级”。浦东城运中心管理重心在街镇。按照“重点区域管理规律化、社会治理领域标准化、常态管理事项模块化、重大任务突发事件指挥中枢化、区域全覆盖动态化”的“五化”要求，新区36个街镇要进一步将网格化与区域定位、中心工作相结合，充实整合基层各种资源和力量，创新社会治理和服务方式，构建畅通的区—街镇—工作站三级组织架构，将街镇平台作为组织协调、资源调配、指挥处置的核心层级，尽可能下放各类资源、服务、管理，强化街镇协调处置问题的能力。

第二，优化联勤联动机制。各部门要从夯实基层基础、加强综合治理的高度认识联勤联动机制建设的重要性，将联勤联动作为连接网格化综合管理各环节的纽带，作为增强处置能力、提升管理实效的倍增器；明确对接三级联勤联动指挥架构的责任人、执法管理队伍、联系方式等，确保联勤联动有抓手、有队伍、有通道；结合部门职责，细化明确联勤联动项目清单，完善响应机制和联勤联动模式，切实提高联勤联动实效。

第三，健全双向互通机制。打通“街道小循环”和“区级大循环”的流转渠道，一方面将“街道小循环”中无法解决的问题，依照流程转至“区级大循环”，由区级层面进行协调处理。另一方面，“街道小循环”可根据基层网格专业力量请办案件，直接联系、协调，处理问题，但请办案件的数量和比例由区级中心把关。双向互通机制的运行，可使很多问题在进入“区级大循环”之前就能得到及时解决。

第四，强化督办考核机制。优化区和街镇两级城市网格化综合管理绩效考核体系，建立完善提醒—警示—催办—督办—效能监察的督办制度，按照“应发现尽发现、应处置尽处置”的总体要求，加强从发现到处置各环节工作痕迹的留存和工作责任制的落实，确保各责任主体履职到位。①

一要发挥区政府督查部门会同城运中心专项督查的职责，加强对问题的发现和日常督办、专项督查。二要发挥区纪检监察部门、组织部门监督问责的职责，对相关职能部门不作为实行行政效能监督，对相关责任人不作为、不担当进行监督问责。三要发挥人大代表和政协委员的监督作用，建立问询、督促等机制。四要发挥企事业单位、社会组织、市民群众、独立第三方、新闻媒体等社会力量的监督职能，建立事件问题责任倒查机制。只有通过多方督办考核，才能实现“责任制、监督制、追责制”三制联动，确保平台快速反应、高效运作、群众满意。

2. 培育多元主体，落实主体责任

首先，增强主体责任意识。加快整合力量下沉到村居和联勤联动站的步

① 《关于徐汇区城市网格化综合管理中心建设的实施意见》，http：//dj. xh. sh. cn/v1/contents/007_ 08_ 01_ 02/310375. html，2015 -04 -30。

伐，制定首问首办负责的制度，以此逐步增强主体责任感；研究多主体、多环节下城市管理的几类联动模式，促进村居、联勤联动站积极参与联动机制。

其次，规范村居工作站管理，确保主体责任落实到位。充分考虑浦东地域广、街镇多，区域发展不平衡，管理服务对象多元，农村地区网格化工作薄弱等区情，逐步规范工作站管理，实现服务标准化。建议工作站制定和严格执行各项管理制度，同时利用 PDA 上的定位系统，实现对协管人员的考勤和实时监督。

最后，增强公众参与度，强化自治共治。一是积极吸引公众参与。浦东通过扩大宣传教育、升级软件系统等方式，把“两新”组织、社会单位、个体经营等全部纳入网格。二是鼓励和支持公众使用网格。通过网格对接公众需要，开通举报奖励回馈渠道，逐步引导和动员各类组织单位和个人使用网格。如鼓励和支持居民群众使用“浦东 e 家园”APP，该 APP 整合了问题上报、公众监督、信息服务和市民互动四个功能，使爆料从受理、派单、处置再到反馈等过程方便快捷、公开透明。“让市民拥有话语权，不仅有利于政府与市民之间的相互理解，也有利于创新城市管理理念，培养全民管理的新思维，构建政府、社会组织和广大市民共同参与城市管理的新格局。”①

3. 完善信息化技术建设，着力提升解决治理顽症的能力

第一，建立视频资源综合体系。在区和街镇网格中心，进一步加快推进公安、交通、水务、建交、食药、综治等视频信息共享和信息系统共享，真正实现对各类各级信息的综合收集、综合展示、综合应用。同时，建立视频会商监控系统，辅助形成一级监管一级的指挥管理模式。突破高档小区探头空白壁垒，提高老旧小区探头质量，社区管理监控覆盖实现全时段、全方位、可视化。

第二，拓展工作监管功能模块。一是设置形成若干点位和时间节点的

① 谢群慧、刘思弘：《“浦东 e 家园”：创新社会管理的大智慧》，《浦东开发》2016 年第 11 期。

“一键式”应有模块，实现功能模块化。二是新增移动处置功能，在已有固定电脑终端处置功能的基础上建立移动处置功能，通过移动设备即时接收案件信息和反馈案件信息。三是建立网格化综合管理平台微信公众号，将工作绩效情况、超期信息、督办信息和重点案件等信息及时向公众推送，进一步提高处置单位接单和处置回复的流转时效。此外，还要建设开放式的软件系统，为今后功能扩展和升级预留空间。

第三，充分利用大数据辅助决策。利用网格化管理信息系统运行多年累积的数据，与其他业务部门共享信息进行分析和比对，充分挖掘各类问题发生的时间、空间等规律；利用大数据分析可自动实现重大问题预警、专题数据分析等功能，为城市管理突出问题的预警提示、为难点问题的治本解决提供辅助决策。

4. 加强网格队伍建设，提升服务保障能力

一方面，提升网格队伍素质与能力。一是抓好网格人员的业务培训。通过定期定时开展上岗培训、在岗轮训、提任复训等方式，提高网格人员政治思想、工作作风、执法能力等方面素质，促使网格人员熟悉业务。二是建立网格队伍奖惩机制，网格队伍工作强度大，适当的物质和精神激励也是提升网格队伍工作效能的重要举措。

另一方面，逐步提升服务保障能力。要加强经费投入力度，在政府财力许可情况下，安排专项经费保障网格化管理顺利推行。在全覆盖基础上，确保格格有人管，事事有人问，不留死角。同时，根据费随事转原则，进一步保障社区在网格化硬件、软件上的投入，在实现“人防”和“技防”双管齐下的基础上，逐步过渡到重点依靠“技防”，比如 24 小时管理，晚间利用红外线等手段。

参考文献

〔法〕让·雅克·卢梭：《社会契约论》，何兆武译，商务印书馆，1982。

孙荣、薛泽林：《新常态下的社会治理精细化与赋权改革——以F省S市便民服务中心为例》，《福建论坛（人文社会科学版）》2016年第4期。

武小川：《公众参与社会治理的法治化研究》，中国社会科学出版社，2016。

陈荣卓：《城市社区网格化管理区域实践研究》，中国社会科学出版社，2015。

岳金柱：《"网格化+"服务：北京的城市治理创新实践》，《国家治理》2016年第25期。

王晓芸：《街镇网格化管理的困境与路径》，《党政论坛》2016年第4期。

张凤荣：《大数据社会治理研究的理论进展与政策堕距分析》，《学海》2018年第2期。

张伟、高建武、向峰：《北京东城区：网格化模式迈入3.0》，《中国建设信息化》2017年第3期。

杨宗辉、田野：《网格化管理的再思考》，《暨南学报》2017年第12期。

B.13

浦东新区人口调控的成效、问题和对策

陈　淼*

摘　要： 浦东新区需要通过开展人口调控工作控制人口总量，优化人口结构，实现经济社会持续健康发展。2014年以来，浦东新区将人口调控作为重点工作，以控总量、调结构为基本原则，采取了一系列举措并取得了显著的成效，但仍然存在的诸多问题也使得下一步的人口调控工作面临巨大的压力。新的形势变化要求浦东新区转变原有思路，创新工作方法，在对人口调控工作进行宏观思考的基础上制定并实施更具有科学性、合理性和可操作性的相关政策。

关键词： 人口调控　人口总量　人口结构

城市的发展在很大程度上取决于人口的规模性集聚所带来的资源开发、功能发挥和价值创造。但是对于超大城市来说，这种人口的规模性集聚达到一定程度可能产生“双刃剑”效应，出现人口数量膨胀、人口质量下降、人口结构失衡等问题，并引发交通拥堵、住房紧缺、环境恶化、秩序混乱等一系列“城市病”，进而影响城市能级和竞争力的提升。因此超大城市要实

---

* 陈淼，中共上海市浦东新区委员会党校教师，研究方向为政治学理论。

现持续发展，必须对城市人口进行合理有效的调整和控制，达到最优城市规模。①

浦东新区作为上海这一超大城市的核心城区，在28年的开发开放过程中始终面临着人口调控的艰巨任务。浦东新区根据自身人口特点，结合经济发展的内在要求采取了相关政策，取得了显著的成效，但是也存在诸多的问题，需要转变原有思路，推出新的举措。

一　浦东新区人口结构的特点和人口调控的成效

（一）浦东新区人口结构的特点

浦东新区位于经济最发达的东部沿海地区，对于周边地区人口有着很强的吸引力，其人口结构具有以下几个特点。

1. 人口基数大，增长速度快

2017年最新统计数据表明，浦东新区全区常住人口总量为552.84万人，其中户籍人口总数为298.96万人。而2000年统计的常住人口总量为240.23万人，其中户籍人口总数为164.87万人。也就是说在17年的时间里，浦东新区的常住人口增长了312.61万人，平均每年增长18.39万人。

表1　浦东新区历年常住人口、户籍人口情况

单位：万人

	2010年	2011年	2012年	2013年	2014年	2015年	2016年	2017年
常住人口	504.44	517.50	526.39	540.90	545.12	547.49	550.10	552.84
户籍人口	275.80	278.53	281.12	545.12	288.44	291.87	295.77	298.96

资料来源：《上海浦东新区统计年鉴2017》，中国统计出版社，2017，第40页。

① 黄锟：《"瘦身"与"提质"：特大城市人口控制的路径选择》，《思想战线》2017年第6期。

2. 来沪常住人口占比高

浦东新区和其他发达地区一样，有着数量众多的外来人员。这些外来人员为浦东新区的发展做出了突出的贡献，但是大量外省市人员的涌入也给浦东新区的人口调控工作带来了巨大的压力。截至 2017 年，浦东新区外来常住人口为 235.09 万人，比上年增加 0.9 万人，占全区总人口的 42.5%。

3. 人口老龄化程度高

2010 年浦东新区 60 岁及以上老年人口达 60.29 万人，占户籍总人口的 22.2%。而到了 2017 年，浦东新区 60 岁及以上老年人口达 91.39 万人，比上年增加 4.81 万，占户籍人口总数的 30.6%，首次超过了三成。其中 65 岁及以上老年人口为 60.69 万人，占总人口的 20.3%，首次超过两成。可以看出近些年来浦东新区人口老龄化不断加速，步入深度老龄化社会。

（二）浦东新区人口调控的具体措施和成效

《上海市城市总体规划（2017 ~ 2035 年）》明确指出要严格落实中央严控超大城市人口规模的要求，缓解人口快速增长与资源环境紧约束之间的矛盾，2020 年常住人口控制在 2500 万人以内，并以 2500 万人左右的规模作为 2035 年常住人口调控目标。根据这一目标，浦东新区要牢牢守住“常住人口 558 万人”这一底线。因此从 2014 年开始，浦东新区始终把人口调控作为重点工作，以控总量、调结构为基本原则，采取了一系列举措并取得了显著的成效。

1. 通过制度支撑和组织保障实现统筹推进

围绕在今后一段时间把常住人口总量控制在 558 万人这一目标，浦东新区结合自身实际，一是制定了《浦东新区关于全面加强人口服务的实施方案》，在方案中确立了人口调控的主要原则、基本目标、主要任务和措施以及综合保障机制等内容。二是成立全面加强人口调控和管理服务工作领导小组，领导小组下设办公室，采取双主任制。其中综治办具体负责对街镇人口管理和专项整治工作的指导、监测、督导和考核；发改委具体负责调控管理目标制定、公共服务、社会管理等方面的政策对接和协调工作。每年召开相关的领导小组会议和推进大会，加强各个部门的沟通协调以实现总体推进。建立联动机制，不断加强新区人口办与公安人口办、五违办等部门的工作联动以及与教育、科经、市场等职能部门的联系协调，并以工作简报的形式进行信息通报。三是强化责任目标，加强考核评估。自 2014 年以来，浦东新区每年都制定人口调控和管理服务工作要点，明确细化各个街镇人口调控的工作任务。同时对上一年的人口调控和管理服务工作进行总结，对各个街镇进行考核评价，并将考核结果作为评价街镇整体工作的重要指标。

2. 以重点工作重点领域为抓手，推动实现人口调控目标

超大城市人口过度集聚很重要的一个原因在于超大城市普遍存在的“成本洼地”效应，这里的“成本洼地”指的是“因城市管理不精细导致超大城市形成了干预市场调节、价格较低的居留成本，从而对人口产生吸引力。”[①] 因此浦东新区在制定每一年度人口调控具体目标时，应结合新区城乡发展一体化、中小河道整治、环境综合整治等重点工作，开展一系列专项整治工作，在提升社会治理水平、实现城市管理精细化、改善区域生态环境的同时进一步做好人口调控的相关工作。2014 年 8 月人口调控工作全面启动以后，浦东新区每年结合区域实际和重点调控对象，制定工作要点。2014 年确定了“群租、无证照六小行业、田间窝棚、无证废品回收站、无证无序设摊”五项专项整治，以及产业结构调整、代理经租、城中村改造三大重点工作。2015 年为防止来沪人员的无序流动，新增了规范农村私房出租管理专项整治及学前儿童看护点专项整治。2016 年，在前两年基础上，重点推进学前儿童看护点关闭取缔工作、重点行业无证照经营整治工作、农村私房出租规范三大专项整治。2017 年重点抓农村私房规范出租管理专项整治工作，规范新区教育培训机构管理工作以及开展“非改居”专项整治。

通过每年持续聚焦重点调控领域并针对新的问题展开整治，浦东新区人口调控工作落到了实处、见到了实效。以 2016 年为例，共整治“群租”

① 尹德旺：《超大城市人口调控困境再思考》，《中国人口科学》2016 年第 4 期。

9186户，整治或查处黑车（指非法运营的四轮车辆）1309辆，无证无序设摊14623个，黑中介（指非法劳动中介）150家，“黑诊所”211户次，田间窝棚1216个，非法废品回收站152个。这极大地改善了浦东新区的城市面貌，也有助于解决“成本洼地效应”这一问题，避免人口的过度集聚和无序流动。

3. 引进高素质人才，提高人口结构素质

浦东新区将人口调控与提高人口整体素质结合起来，将产业结构调整与吸引优秀人才结合起来，通过建立海外人才局、推出自贸区永久居留推荐直通车、实现留学生自贸区直接就业等政策，持续加大人才扶持财政投入力度，通过政策创新破解阻碍人才引进、发展、成长的制度瓶颈。围绕张江科学城建设并结合人工智能、生物医药等新兴领域，引进全球顶尖科学家、科研骨干和独角兽创业团队。建立各类众创空间134家，总面积达96万平方米，在孵项目超过4000个，形成了从苗圃到孵化器再到加速器的完整众创空间体系。在政务服务方面优化海外人才审批服务体系，试点自贸区外国人证件业务“单一窗口”，推广“一网通办”“一次办成”等新机制。建设国际人才港，把分散在各部门的人才公共服务集成起来，把猎头公司、人才中介等市场人才服务机构集中起来，为人才提供“一站式、一门式、一窗式”服务。从人口总体结构素质上来说，浦东新区已经形成了一支高素质、专业化的人才队伍。截至2017年，浦东新区从业人员约为291万，其中大专及以上学历和中级及以上职称人才资源约为137万，人才率达到47%（人才总数占从业人员总数比例）。张江高科技园区集聚了23万人才资源，包括博士6000多人，硕士4.3万余人，本科12万余人。海外人才方面，在浦东工作、学习、生活的外籍人士有近10万人，其中境外从业人员约3.6万人。顶尖高层次人才方面，浦东新区引进诺贝尔奖获得者5人，与浦东建立工作关系的海内外院士90人，中央“千人计划”专家13批共219人，上海“千人计划”专家6批共231人。

4. 整合公共服务供给能力，提高人口服务质量

人口调控工作不是运用行政力量简单地“减人”“赶人”，而是要在调

控过程中整合相关资源，为本地户籍人口、外来流动人口提供更加均衡优质、就近便捷的公共服务。在浦东新区立足于不同类型人员的实际需求，做了以下三方面工作。一是加强户籍规范管理，做好居住证申办、积分受理等相关工作和政策配套，实现以证管人；规范人口服务和管理，保障来沪人员合法权益。二是完善教育梯度化公共服务供给，以合法稳定就业、合法稳定居住为基本条件，完善权责对等、梯度赋权的随迁子女公共教育服务制度，切实保障符合条件的随迁子女接受教育的权利。三是探索建立新区租赁住房系列政策，抓紧研究制订新区住房租赁制度，大幅增加各类租赁住房建设供应，满足多层次的住房租赁需求；推进网上租赁监控平台规范化运行，加大租赁权益保护力度。

5. 加强数据分析，提高人口管理效能

人口调控的管理服务工作需要借助完善的数据信息，浦东新区加强了对人口数据信息的及时收集和全面分析，从而为提高人口管理效能提供技术保障。通过建立人口信息平台并向街镇和居村开放，不断充实各街镇居村委人口信息员队伍，制定激励政策，发挥信息员队伍在人口调控中的积极作用，强化实有信息采集和复核，确保信息准确、登记及时。通过系统检验清理出80岁以上来沪老人、单间6人以上居住房屋、用电量为0而房屋有人员信息、身份证号码开头为00、同一照片多人使用等5类容易造成差错的数据，确保做到人员“来登去销”。下一步将贯彻最新修订的《上海市实有人口服务和管理若干规定》，全面推广PDA人口采集移动终端，增强人口数据采集的准确性、及时性，特别是加强对大型居住社区人口信息的实时采集和数量监控，为人口调控和管理服务提供可靠的基础数据。

二　浦东新区人口调控工作存在的问题

经过四年的努力，浦东新区人口调控工作取得了显著的成效，实现了人口规模的合理控制、人口结构素质的优化提高，并为推动产业结构的升级、城市精细化管理水平的提升和经济社会的稳定发展提供了有力支撑。但是社会发展处于不断变化之中，再加上人口问题本身具有长期性、复杂性和多变性的特点，这使得人口调控工作仍存在诸多的问题。

（一）人口规模增长的压力仍然存在并持续加大

近两年来，浦东新区常住人口的增量基本得到了控制，从2014年之前动辄每年十几万人降低到目前每年两三万人，但是距离558万的人口底线已经十分接近。一是受二孩政策、大居导入、张江科学城等重点区域加快发展等因素的影响，浦东新区户籍人口保持了刚性增长，并将较长时期内保持这一态势。2017年底，新区实有人口中户籍人口已经达到298.96万人，比2016年底增加了3.18万人。二是从浦东新区的中长期规划来看，张江科学城内规划可居住人口约为70万人，浦东大居规划导入人口是90万人，临港地区远景规划要100万人。这些全市的功能布局势必会使浦东集聚大量人口及人才，也会给常住人口带来刚性增长。三是为了吸引更多高素质人才，浦东新区实施了租赁住房、租售同权等一系列住房政策。这一方面会集聚更多人才，另一方面也有可能带来新的群租问题，给社会治安和人口管理服务工作带来挑战。

（二）人口活力缺乏和人口拥堵效应现象并存

一方面，浦东新区人口老龄化程度日益加重并且出现高龄化趋势，同时还存在大量失能半失能的老人。在空间上，老龄人口更多向中心城区的12个街道集聚，这使得中心城区聚集了大量非经济人口，增加了中心城区在养老服务、社会保障等方面的压力，导致了中心城区人口缺乏足够的活力。

另一方面，浦东新区的来沪人员大量集中在金桥镇、张江镇、曹路镇、唐镇、高桥镇、高东镇、高行镇、三林镇、北蔡镇、康桥镇和周浦镇等11个镇。这11个镇都处于城乡接合部和开发区地带，以不到新区28%的面积，承载了超过50%的外来人口。之所以呈现出这样的人口分布态势，是因为这11个镇距离中心城区较近，交通设施齐全但生活成本相对较低。更重要的是这些地区存在大量的劳动密集型企业，如康桥工业区内的昌硕集团员工规模长期保持在6万~7万人，其中90%以上为从事一线操作的外来务工人员，再加上为之提供服务的相关行业从业人员，共计10万外来人员聚集在康桥镇横沔地区。高桥镇位于外高桥保税区，因此集聚了全市约70%的集卡司机，共有约2万人从事与堆场、集装箱转运有关的运输、装卸、维修等工作。这些地区出现了明显的人口拥堵效应。

（三）人口调控工作缺乏更加多元化的手段

一方面，浦东新区一直采取每年设定专项整治项目的方式推进人口调控工作，先后对群租、无证照经营、无证无序设摊、田间窝棚、学前儿童看护点等进行了整治，取得了显著的成效。但随着时间的推移，各项整治工作基本结束，通过专项整治推进人口调控工作的成效越来越不明显。以“五违四必”整治为例，2017年通过“五违四必”整治任务，全年整治存量违法建筑2327万平方米、整治违法用地7430亩、整治违法群租4526处、违法经营1.46万户，对减少无序流动人口起到了关键性的作用。但2018年“五违四必”整治工作进入全面收尾阶段，很难再对人口调控工作起到明显的作用。

另一方面，虽然区层面建立了相关的人口信息平台并不断强化技术支持和数据支撑，但实际过程中各街镇对于运用信息技术手段进行人口调控还存在思想认识上的不足和操作能力上的缺陷。问题主要是重采集轻应用和信息库的作用有待开发。各街镇对信息库的使用效率差异很大，有的街镇深度挖掘人口信息，对外来人口的来源地、就业形式、居住类型等各种细分特征做结构性分析，制定有针对性的调控措施，但有些街镇则停留在查询、出报表、考核层次，缺少对信息的深层次利用。

三　完善浦东新区人口调控工作的思路与对策

党的十九大明确指出要不断满足人民日益增长的美好生活需要，不断促进社会公平正义，形成有效的社会治理、良好的社会秩序，使人民获得感、幸福感、安全感更加充实、更有保障、更可持续。这为我们制定、执行和评估人口调控政策提供了基本遵循，就是坚持以人民为中心，始终把人放在核心位置。人口调控的关键是处理好人的问题，但又不是只针对单个独立的“人”。由于相关部门制定和执行政策过程中存在理论认识错误和实际操作的困难，近些年来我国超大城市的人口调控工作虽然取得了一定的成绩，但是一些做法也引起了极大的争议。这就需要我们对人口调控问题重新进行深入思考，一方面以推动高质量发展为引领，不断提升经济规模能级，促进产业结构优化升级，完善区域创新体系，为人口调控工作营造良好的环境和打下坚实的基础；另一方面以创造高品质生活为保障，围绕底线民生、基础民生和质量民生构建大民生格局，进一步将创新人口调控工作和推进民生保障精准化精细化相结合，制定并实施更具有科学性、合理性和可操作性的具体举措。

（一）对完善浦东新区人口调控工作的宏观思考

1. 处理好行政手段调控和市场手段调节的关系

人口调控是一项涉及社会发展方向的全局性工作，只有由政府部门来进行牵头和主导，才能够保证工作有力开展和目标顺利实现。但是只依靠政府部门单方面的力量或者采取的手段过于简单粗暴，也会带来极大的负面效应。近两年来一些城市的人口调控工作急于求成，过度依赖行政手段，引发了社会的普遍不满。因此必须借助市场配置资源的作用，将行政手段调控与市场手段调节有效结合起来，由政府调控产业，由市场选择岗位，由个人决定去留，实现寓调控于管理，寓管理于服务。

2. 处理好不同领域从业人员的关系

以往的人口调控习惯于通过产业升级尽可能地淘汰、关闭和限制涉及餐饮、娱乐、服装等产业的场所，以此将这些领域的从业人员“赶”出城市，同时又寄希望于大力引进高端领域的人才来为城市发展注入新的动力。城市的发展离不开金融、贸易、互联网等创造高产值的人才，也离不开为这些人才提供各类服务的“生产性服务业”从业人员。他们实际上构成了一个城市完整的不同人群之间相互依存的“生态链”。这些不同领域从业人员的数量存在一个相对稳定的比例关系，如果产业升级忽视了这样一种比例关系，则会直接影响一个城市的服务功能，进而影响整个城市的创新活力和发展动力。

3. 处理好人口老龄化和人口拥挤化之间的关系

虽然中国还处于现代化的飞速发展阶段，整个社会的发展水平与欧美发达国家仍有着不小的差距，但是人口老龄化的问题已经日益严重，“未富先老”成为突出问题，尤其是浦东新区这样的超大城市核心城区，早已进入了深度老龄化社会。与此同时，区域间发展不平衡，城乡二元管理体制仍然发挥作用，公共服务水平存在差距，都使得超大城市对流动人口有着强烈的吸引力。流动人口大量集中于城乡接合部和郊区，形成了人口拥挤效应。因此人口调控必须从人口结构布局的整体角度出发，既要保持城市进一步发展的充足活力，为老龄人口提供更加优质的养老服务，也要采取措施缓解拥挤效应，实现人口有序流动。

（二）完善浦东新区人口调控工作的具体举措

1. 进一步推动各街镇、各部门之间的统筹协调

人口调控工作具体而复杂，又具有一定的敏感性，容易引发社会矛盾导致群众不满，因此下一步推进人口调控工作必须落实细化到各街镇、各部门。街镇要发挥好属地职责，把工作责任落实到具体区域、具体单位和具体责任人。各部门要承担起行业主管责任，对于农村私房临时门牌号、“非改居”、违法违规经营等重点领域摸清家底，精准施策。街镇和部门、部门和部门之间要形成无缝对接，实现全区上下配合，条块联动。

2. 提高人口调控工作的智能化水平

运用现代化信息手段，利用“互联网+”、大数据等先进技术，建立“互联网+”人口调控管理平台，解决各街镇、各部门之间的信息孤岛问题，提高信息利用率，让大数据在人口调控工作中充分发挥作用，从而对新区人口的基数、结构和变化趋势做出准确研判，进一步提高实有人口登记率，确保实有人口数字准确。全面推广并充分运用PDA人口采集移动终端，

增强人口数据采集的准确性、及时性，做到应采尽采、应销尽销，从而夯实人口管理的基础。

3. 结合国家战略推进产业结构升级，优化城市人口就业结构

位于全球产业链中低端的劳动密集型企业给浦东新区带来了大量外来流动人口，也影响了浦东新区自身城市能级和核心竞争力的提升。一方面，要把人口调控和人口结构的优化同自由贸易区建设、科技创新中心核心功能区建设有机结合起来，聚焦集成电路、生物医药、汽车制造、民用航空、人工智能、大数据等重点领域，发挥张江、临港、金桥等园区的产业优势，实现“产城融合”，推动产业结构升级。根据产业发展规划，限制、淘汰符合产业结构调整政策的劳动密集型企业，分流安置企业从业人员。另一方面，要明确与城市功能定位相符合的人口就业结构，运用市场化手段进行自我调节，发挥价格杠杆和生活成本水平的作用，形成人口调控的内生驱动力；利用劳动力市场对于人力资源的配置作用，使企业对于劳动力的内在需求和政府人口调控的目标有效契合，维持合理的不同领域、不同行业之间的人口比例，形成能够最大程度激发城市发展活力的人口生态链。

4. 提高城市精细化管理水平，为人口调控提供有力支撑

将人口调控工作与提高城市管理的精细化水平有效结合起来，通过进一步巩固“五违四必”整治成效，加大对群租房、设施农用地、农贸市场、“居改非”等领域的整治规范，从而有效减少“两无”（无合法稳定工作、无合法稳定收入）来沪人员数量，避免因无序流动人口集中在城市管理“灰色地带”导致的社会治安、社区管理、生态环境等问题。在位于城市郊区和边缘地带的外来常住人口集中居住的社区建设“家门口”服务站和构建“15 分钟服务圈”，提升社区治理水平和服务能力，引导外来常住人口积极参与社区事务。

5. 重塑城市人口布局，突破人口调控工作瓶颈

人口调控工作不能只在人口数量上做文章，而要从整个城市的人口结构、不同区域的人口布局、公共服务的有效供给等宏观层面着眼。浦东新区人口调控工作要理清全区 36 个街镇的人口分布和流动特点，协调发展不同

区域的公共服务供给能力，实现城市基础设施均衡分布，打造与主城发展速度相匹配的新城，推动中心城区的老龄人口向外围疏散，缓解城乡接合部的人口压力。以临港地区为重点，通过政策引入和配套设施建设，围绕城市定位、产业功能和文化品质打造郊区新城镇，实现城市发展与人口布局相协调。以长三角一体化为契机，与周边省市联动形成区域“都市圈”，打造有层次、多中心、有活力的人口分布格局。

参考文献

蔡昉：《超大城市的人口调控：国际经验与中国挑战》，《浦东开发》2013 年第 12 期。

陆杰华、李月：《特大城市人口规模调控的理论与实践探讨——以北京为例》，《上海行政学院学报》2014 年第 1 期。

潘鸿雁：《从上海市人口调控新政策看社会治理新趋向》，《上海行政学院学报》2015 年第 3 期。

张车伟等：《中国特大城市的人口调控研究》，《中国人口科学》2016 年第 2 期。

熊柴、邓茂、蔡继明：《控总量还是调结构：论特大和超大城市的人口调控——以北京市为例》，《天津社会科学》2016 年第 3 期。

B.14
浦东新区社区矫正分类教育的实践与探索

陈　军*

摘　要： 浦东新区作为上海市司法局指定的试点单位，从2016年开始探索在社区矫正中推行分类教育，以提升社区矫正的针对性与实效性。通过近两年的实践，浦东新区司法局积累了丰富的案例素材，并形成了初步的分类教育制度体系。本文从描述浦东新区社区矫正分类教育的现状入手，尝试梳理分类教育的法学、社会学和心理学的理论依据，进而从理论层面和实践层面，提出改进和提升分类教育的建议。

关键词： 社区矫正　分类教育　服刑人员

上海市浦东新区地广人多、情况复杂，社区服刑人员数量大，每年累计接受社区服刑人员约3500人，在册社区服刑人员超过1500人，约占上海市服刑人员总数的1/5；全区设有4个矫正中心、36个司法所，但教育力量单薄，教育效果较差。

2016年浦东新区司法局成为上海市司法局指定的试点单位，率先在全区范围内展开"三分教育"（分段、分级、分类）体系的探索，以期对全市层面的社区矫正起到示范和引领作用。试点效果显著，浦东新区司法局获得

* 陈军，硕士，中共上海市浦东新区委员会党校理论教研部讲师，研究方向为民法。

了市局的高度肯定，并最终促成上海市司法局发布《关于全面推进“三分教育”体系建设的意见》（沪司矫［2017］14 号），在全市范围内推行“三分教育”体系。本报告聚焦于“三分教育”体系中的分类教育模块，通过思考社区矫正分类教育的理论问题，全面审视分类教育的具体实践，进而提出自己的思考，以期能够助益“三分教育”体系的成熟与完善。

一　分类教育的理论依据

（一）法学理论依据——刑罚个别化理论

19 世纪之后，刑罚个别化理论经过逐步酝酿和发展，最终成为犯罪学和刑事政策学领域的重要理论。

刑罚个别化理论的代表人物是意大利刑法学家、犯罪学家——刑事社会学派的菲利。他反对将犯罪物化成法律符号而忽略每个犯罪人的人格，主张根据犯罪人的个人特质适用刑罚。同时，刑事近代学派也认为，刑罚是社会用以防卫犯罪的手段，刑罚个别化才是刑罚的适用原则。刑事近代学派主张的社会责任论认为：刑事责任的本质是防卫社会，人身危险性才是对人科以刑罚的依据。①

刑罚个别化理论对于分类教育的价值主要有以下两点。首先，刑罚个别化强调特殊预防的刑罚目的，因此，罪犯本身是刑罚体系所有设计的焦点，必须给予更多的关注与重视，重视并保护犯罪人的人权，才可能更好地改造罪犯。体现在实践中，就是社区矫正分类教育需要针对不同对象采取不同的矫正方案，重视矫正对象的个体差异。其次，刑罚个别化理论的核心是人身危险性，在分类教育实践中，必须重视对罪犯人身危险性的评估，因此，分类教育必须发展出科学全面的评价指标体系，以准确评估罪犯的人身危险程度，从而让矫正措施更具针对性和实效性。

① 郑博：《刑事近代学派刑罚论观点综述》，《甘肃警察职业学院学报》2017 年第 4 期。

（二）政治学依据——社会契约理论

社会契约理论的创始人是卢梭。他在举世闻名的著作《社会契约论》中力图阐述一个基本观点：正是人与人之间自愿订立契约，让渡权利，才有国家与社会的产生。而一个好的政府，必然是尊重对方的契约权利，并积极履行契约义务的政府。

社会契约理论主张：个人融入政治社会是一个相互同意的过程。从社会契约理论的观点来看，自由、公正、平等、互助和权利，是该理论的价值追求。正如学者所说，社会契约理论把自由与公正作为人类对于理想社会价值追求的基本目标。①

社会契约理论对于分类教育实践的指导意义在于可以将分类教育看作一个由多重契约构成的制度体系，在推行分类教育的实践中，充分贯彻社会契约理论的价值观，从而达到提高矫正效率的契约目的。

如果将分类教育实践视为一个契约体系，我们必须明确，这个契约体系中既包括实的契约，即实践中具体的矫正程序和制度，也包括隐形的心理契约，即存在于罪犯内心的“良心约定”。② 而心理契约对矫正效果的影响远远大于实的契约。心理契约是罪犯心中的内在激励，决定着罪犯能否做出真正的改变和成长。如果期待达到良好的矫正效果，就必须重视心理契约，重视罪犯的主观能动性。

具体而言，契约理论指导下的分类教育应该呈现以下四点特征。一是分类教育的实践是一个个性化服务契约的履行过程。以政府为主体的矫正机构和以社会机构为主体的其他矫正参与者是分类矫正实践中的服务提供方，而矫正对象——罪犯则是矫正教育的服务对象，即服务的需求方。二是矫正对象的主体地位应该被重视。只有获得了与契约地位相匹配的主体地位，矫正

---

① 梁华：《契约治理——城市公共服务供给新模式》，博士学位论文，东北大学，2006，第21页。

② 连春亮：《罪犯矫正契约化模式的建构路径》，《河南司法警官职业学院学报》2016年第9期。

对象才会从内心认同矫正契约，进而愿意在发挥主观能动性的基础上全面履约。三是矫正方案的充分协商。契约是主体之间通过充分磋商达成的合意。矫正方案作为契约文本，其条款只有经过充分协商，才能在达成合意的基础上被接受被执行。四是多元中心的运作模式。由于社区矫正是一个充满复杂性、动态性和风险性的问题，政府已经无力独立与矫正对象达成契约，必须吸纳更多主体进入矫正契约，为矫正契约的履行获取更多资源。

（三）心理学依据——优势视角理论与社会支持理论

1. 优势视角理论

优势视角理论的创始人是美国堪萨斯大学社会福利学院教授 Dennis Saleebey。在《优势视角：社会工作实践的新模式》一书中，Dennis Saleebey 教授明确提出了关注人的内在力量和优势资源的视角。该理论的核心理念是相信人们天生具有一种能力，即通过利用他们自身的自然资源来改变自身的能力。

优势视角理论对于分类教育的指导意义在于以下四点。首先，必须树立信心，帮助不同类别的矫正对象意识到，他们的人生经历都是独特的教育资源，重新融入社会是经过个人努力完全可以达成的目标。其次，将分类教育视为一个过程进行持续跟踪。因为按照优势视角的理论，矫正的过程就是一个激发案主自身内在功能解决问题或者实现目标的过程。再次，注重矫正对象抗逆力的训练。抗逆力是优势视角理论的重要内容，抗逆力的养成对于矫正对象能否达到矫正效果至关重要。因为矫正对象回归社会的过程必然不会一蹴而就，而是波折重重的。在这样的前提下，抗逆力的强弱就是矫正对象能否承受挫折、持续努力的关键。最后，以系统的观点推行分类教育实践。优势视角则侧重于挖掘矫正对象的各种能力或潜能，这种资源可能来源于案主个人，也可以来自与案主相关的个人或群体。只有从生态的、系统的角度去评估案主及其环境，以系统的思维看待分类教育，挖掘和引入更多的矫正主体和矫正资源进入矫正过程，分类教育的实践才能取得理想效果。

2. 社会支持理论

社会支持的概念早已突破了精神病学领域，成为社会学的一个重要概念。社会支持是指一定社会网络运用一定的物质和精神手段对社会弱势群体进行无偿帮助的行为的总和。依据社会支持理论的观点，一个人所拥有的社会支持网络越强大，就能够越好地应对各种来自环境的挑战。社会支持理论有多种分类方法，对于社区矫正比较有意义的分类是从支持来源及支持维度的角度的分类。例如，从支持来源来看，家庭、朋友和其他主体的支持，都是社会支持的来源；从支持维度来看，则可以分为认知支持、情感支持、行为支持。认知支持指提供各种信息、意见与知识等，情感支持指安慰、倾听、理解及交流等，行为支持指实际的帮助行动。

社会支持理论对于分类教育的指导意义在于分类教育应该以社会支持理论为指导，关注支持分类教育的主体来源和分类教育的方式方法。首先，必须调动一切资源，将更广泛更多样性的主体，纳入社区矫正分类教育的主体范围。由于个体的社会网络对其生存和生活有重大影响，因此，通过积极手段干预矫正对象的社会网络，对于增加矫正对象的社会支撑，拓展矫正对象可以接触和利用的社会资源存在积极意义，对于资源不足和能力不足的矫正对象，其意义更为重大。而对矫正对象社会网络的建设与拓展，要善于突破传统思维，将目光从矫正对象的家庭、朋友，更多转移到公司、社会组织等传统社会网络之外的主体。其次，不断拓展分类教育提供的资源品类，包含从认知、情感、行为等方面提供支持，给矫正对象以信息、意见等帮助，并且通过安慰、倾听等方式，满足矫正对象的情感诉求。

二　浦东新区社区矫正分类教育的实践

（一）确立分类教育的具体类别

分类教育类别的确定主要服从于社区矫正的工作需要，同时综合考虑可依赖的平台条件和资源条件，并根据执行的情况在下一年进行相应调整。2016 年，浦东新区司法局探索开展了女性类、暴力伤害类、未成年人类的分类教育；2017 年根据经济类罪犯迅速增加的实际情况，增加了经济类矫正项目，以教育类的拓展来回应现实需求。

（二）拟定分类教育方案

通过项目申报和项目审批两个环节，最终确定具体的分类教育方案。

在项目申报环节，社会组织的矫正社工起到核心作用。由于这些社工长期参与矫正中心的教育工作，因此对每个矫正中心所属区域的矫正对象有充分的了解。通过数据分析、主体确定、需求调查和课程策划等前期工作，矫正社工草拟分类教育方案。方案初步确定后，社工所属社会组织将与合作的矫正中心开展项目沟通会。在沟通会上，通过头脑风暴、项目论证等方式，优化项目方案。

在项目审批环节，浦东新区司法局矫正处承担指导职责，各矫正中心和合作的社会组织共同提交分类教育方案审批申请，审批主体为浦东新区司法局。如果项目审批通过，则新区司法局同意项目立项，并与社会组织签署委托协议，明确分类教育方案的实施内容和经费保障。

（三）筛选分类教育服务对象

浦东新区范围内的四个矫正中心（川沙社区矫正中心、高科西路社区矫正中心、惠南社区矫正中心、高桥社区矫正中心）在矫正项目开始前，会通过问卷调查、数据筛选、心理测试等不同方式来确定分类教育的服务对象。具体而言，在 2017 年度，川沙社区矫正中心通过心理测评的方式，确立了 20 名社区矫正人员作为经济类分类教育的服务对象；高科西路社区矫正中心通过数据筛选的方式，将集中教育、初入矫和临解矫人员排除，最终确定了 20 名女性社区矫正人员作为女性类分类教育的服务对象；惠南社区矫正中心通过问卷调查，结合社工访谈，最终确定了 20 名社区矫正人员作为暴力类分类教育的服务对象；高桥社区矫正中心会同当地司法所，通过主动筛选的方式，确立了20人作为暴力类分类教育的服务对象。高桥社区矫正中心筛选考虑的因素主要为刑期条件、案由条件和日常表现，其中案由条件将入选的矫正对象的罪名，限制为寻衅滋事、故意伤害和聚众斗殴三者之一。

（四）组织实施分类教育方案

1. 分类教育项目的实施理念

项目实施坚持系统化运作理念。浦东新区社区矫正分类教育项目与社会组织合作，通过项目化形式落实，关注整合服务的系统性和专业性，并非碎片化的教育活动。从前期的计划，到过程中的进度管理与制度管理，以及项目后期的总结与评估，都充分体现了系统化的运作理念。

项目实施过程秉持需求本位理念。项目活动设计从需求出发，开展需求调研，根据调研结果设计服务内容。在项目实施过程中关注服务对象的体验与反馈，并及时做出反应和调整。

项目实施目标设定体现再社会化理念。矫正对象通过参与分类教育的实践，不仅深刻认识到自身的问题，而且通过分类教育的指引，积极挖掘自身优势，从而最终融入社会，实现从罪犯到自由人的转变，最终完成再社会化的过程。以再社会化目标为导向，在分类教育项目中应该积极为服务对象提供融入社会的平台，提升其自我价值感，降低其重新犯罪的可能性。

2. 分类教育项目实施的具体依托

浦东新区司法局社区矫正分类教育项目的具体实施，依赖于紧密的政社合作和社社合作。

政社合作是分类教育项目得以顺利实施的基础。分类教育四个试点街镇以政社合作为基础，从浦东新区司法局到街镇司法所，都与参与分类教育项目的社会组织建立了紧密的合作关系，并且为社会组织负责的分类教育项目提供切实的资源支持，例如，组织司法工作者、民警为矫正对象提供课程教学。

社社合作是分类教育项目得以执行的有力抓手。分类教育项目的实施离不开社会力量的参与，项目组根据所在街镇的优势和资源，整合社会资源，逐步推进项目实施。如承担分类教育项目的社会组织与当地的心理工作室建立合作关系，将分类教育项目中的部分心理工作内容委托给了专业的心理机构，为分类教育项目的顺利实施提供专业保障。

（五）效果评估

分类教育项目的效果评估主要采取两种方式，一种是内部评估，一种是外部评估。从内部评估看，社会组织的社工协助矫正中心通过现场问卷调查、心理测评对比、学习感悟撰写、同伴分享交流等方式，搜集分类教育的实施信息，评估分类教育的实施效果；从外部评估看，委托独立第三方——浦东新区社工协会作为外部机构，对分类教育项目的实施效果进行专业评估。浦东新区社工协会制定了《中和所分类教育项目需求评估表》，并通过资料搜集分析、走访座谈等方式对分类教育项目的开展进行了专业评估，并提交了《2017 年浦东新区社会矫正分类教育项目评估报告》。这份报告全面阐述了项目背景，肯定了项目实施成效，同时指出了项目存在的问题，并提出了切实可行的改进建议。

以 2017 年度高桥社区矫正中心的暴力类分类教育项目的实践为例，我们可以看到浦东新区社区矫正分类教育的基本实践样态。首先，确定分类教育的教育类别。数据统计表明：截至 2017 年 4 月，高桥社区矫正中心在册社区矫正人员 244 人，五年内累计重犯 7 人，其中暴力类矫正人员 55 人，占总数的 22.5%；暴力类重犯 1 人，占重犯总数的 14.3%。由此可见，在高桥地区，暴力类社区矫正人员所占比重较大，重犯风险很大。因此，最终确定在高桥社区矫正中心开展暴力类分类教育项目。其次，筛选项目服务对象。该项筛选工作由高桥社区矫正中心和司法所共同主持完成，综合考虑刑期、案由和日常表现，最终确定了 20 名罪犯作为分类教育项目的服务对象。再次，在项目实施过程中，于准备阶段即成立由民警和社工共同组成的项目组，具体实施的教育方案包括了两个部分：团体集中教育和个案沙盘治疗。团体集中教育包括了集中授课、项目讨论和国学体验等，总计 12 次集中教育。个案沙盘治疗的开展，以服务对象自愿为前提，一个疗程的治疗内容包含10次沙盘游戏体验。复次，项目成效测评。高桥社区暴力类教育项目委托复旦大学对项目实施效果进行前后测评和数据对比。复旦大学项目组设计了《人际关系综合诊断量表》《攻击性问卷量表》《满意度评估问卷》等统计表格，以全面搜集项目实施的效果信息。从信息统计的结果来看，暴力类分类教育在矫正对象的人际关系构建和提升、攻击性控制方面，有显著作用。最后，项目总结。项目总结阶段包含集体形式的回顾总结分享和个体形式的自我总结评估两个部分。

三　反思与改进

（一）中华传统文化与分类教育的理论链接

浦东新区的分类教育实践可谓丰富而扎实，但是对分类教育的理论依据挖掘略显不足。浦东新区从2016年开始“三分教育”试点，新区司法局在分类教育中投入了大量的人力和物力，形成了大量的制度并积累了大量案例，例如《社区矫正分类教育典型个案汇编》《社区矫正分类教育教学课件选编》《社区矫正分类教育总结报告汇编》等。但是，这些总结类材料主要是对实践的描述，缺乏对推行分类教育的理论依据的思考。

笔者在本报告第一部分梳理了与分类教育相关的刑罚个别化理论、社会契约理论、优势视角理论和社会支持理论。这几个理论框架可以为社区矫正分类教育模式提供理论上的解释和支撑。但笔者以为，如果我们能够从中华传统文化的角度进行深度挖掘，不仅可以为分类教育寻找到本土化的理论依据，而且可以为分类教育的实践提供更有针对性的、融合度更好的理论指引。

从中华传统文化中寻找理论依托和创造灵感，为众多国内外学者所关注和实践，瑞士心理分析家多拉·卡尔夫就是一个著名的个案。卡尔夫是沙盘游戏治疗法的创造者。在她那本享誉全球的著作《沙盘游戏》中，卡尔夫创造性地将中国哲学家周敦颐的太极图思想引入心理分析领域，并且坚信：心理分析中的自性发展理论与周敦颐的太极图思想是相互映照的，而沙盘游戏恰恰可以通过游戏的过程，展示出治疗对象自性发展的无意识过程。

笔者认为，我国传统文化中孔孟思想中的人本主义思想，对分类教育有重要的指导意义。孔子重视人格的尊严，认为每一个人的意志都应该被尊重。三军可以夺帅，匹夫不可夺志也。孔子提倡的仁爱思想，要求每一个人都要有博爱精神，爱身边每一个人，达到天无私覆，地无私载，日月无私照这样的程度。人人平等也是孔子以人为本思想的体现。在以人为本这个观点上，孟子提出了性善论。他认为人的本性是善良的，恻隐之心、羞恶之心、辞让之心和是非之心是与生俱来的。[①] 在实践中，可强调矫正对象的人格尊严、平等地位，给矫正对象基于仁爱观念的人文关怀，以及在分类教育中，坚信人性本善，树立针对矫正效果的信心。这些植根于我国传统文化中的人本主义思想，对于帮助分类教育之路走得更远、立得更高，都具有重要的意义。

（二）分类标准的统一性

浦东新区自推行分类教育以来，先后创立了暴力类、女性类、未成年人类、经济类矫正项目。我们发现，从分类标准的角度来看，暴力类和经济类矫正项目，是以罪错案由等社会性特征作为分类标准的，而女性类和未成年人类则是从性别年龄等自然特征来进行分类的，综合上海全市的情况，其他区还存在心理行为类等分类标准。在多个分类标准并行的情况下，必然存在服务对象重合的问题，比如一个未成年人矫正对象可能参与了暴力类犯罪，在这样的情况下，如何筛选服务对象，如何设计有针对性的矫正课程，都会非常考验项目组的智慧和能力。

笔者以为，分类教育的分类标准必须坚持统一性原则，用一个分类标准贯穿分类教育的全过程，覆盖分类教育服务的全部矫正对象。因为只有坚持

---

① 刘景辉：《谈孔孟思想人本主义与中华传统文化》，《语文建设》2016 年第 21 期。

统一性标准，才能确保分类教育在服务对象选择上的科学性和规范性，才能确保分类教育课程主题鲜明、实效显著。2017 年浦东新区分类教育覆盖的服务对象总计只有 80 人（而同期在册社区服刑人员超过 1500 人），一方面，如果能够推行具备明确性、统一性特点的分类标准，则服务对象的筛选工作量可以大大降低，从而节省精力专注于增加服务对象的人数。另一方面，标准明确单一，能够提升分类教育项目的公信力。如此一来，分类教育项目不仅有望成为效果显著的培训课程，更有可能成为一种有效的激励手段。

（三）分类教育项目的专业化问题

分类教育项目的专业化问题涉及两个层面。一是项目运作的专业性问题。从项目的前期筹划到项目审批通过，到分类教育课程的具体确定，到项目的正式启动，无论哪个环节都需要周密安排、未雨绸缪，秉承科学性的原则确保各个环节的衔接，从而获得最优培训效果。从浦东新区目前的实践来看，项目组经常会遇到时间仓促、外界因素变化等特殊情况，容易影响培训效果。因此专业化的第一个要求是项目运作的专业化，要求项目组善于学习和运用专业的项目运营技能和管理技巧来推进分类教育。

二是项目团队的专业性问题。分类教育着眼于矫正活动的科学化、精准化和规范化，因此，需要一支有扎实专业理论知识和丰富实践操作经验的项目团队，或者称为师资队伍。笔者建议，分类教育项目团队成员应以专员人士为主体、以志愿人员为辅助，从而兼顾理论高度与实践深度。专业人士的范围应该涵盖体制内外，涵盖与矫正相关的专业领域，包括受过专业法律训练、有行政执法经验的社区矫正干部，具有心理学、社会学等学科背景和实践经验的社会工作者等。专业人士主体作用的发挥，离不开志愿者队伍的帮助。应该稳步扩大志愿者队伍，以多样性确保其作用的差异性。考虑吸纳社区的学生、回归社区的退休人员，以及对社区建设非常关注的家庭妇女等。总之，只要有一颗善心，愿意为社区、为社会贡献力量，每一位市民都可以成为志愿者，为社区矫正分类教育尽一份自己的力量。

（四）分类教育项目的可复制性

分类教育项目只有具备可复制性，才能更好地发挥社会影响力，服务更多社区矫正对象。目前浦东新区四个矫正中心承载的四个分类教育项目，虽然各具特色、成效显著，但是其可复制性依然受限。例如，服务标准的不统一问题，不同矫正中心采取的需求调研手段、测评工具、服务成效评估工具等各不相同。再如，每个矫正中心在课程设计上，都强调因地制宜，自主性大，因此同样类别的分类教育，课程内容却不尽相同。

笔者以为，可以从以下四个方面着手，形成分类教育项目可复制、可推广的路径。一是全区范围内分类教育资源共享，无论是师资还是教学点，都应该突破区域的概念实现共享；二是梳理课件，形成统一的课程开发系统，为同样类别的分类教育配套同样的课程目录；三是服务流程、统一，只要是同样类别的教育，服务流程、服务机制都应该是同样的；四是服务标准统一，在需求调研、测评工具、服务成效评估等环节实现工具手段统一，从而实现管理规范、服务规范。

（五）评价体系的科学性

浦东新区四个矫正中心采取的测评方式、服务对象成效评价标准各不相同，有的采取前后测试卷对比、满意度评估（高桥社区矫正中心），有的采取房树人测评、满意度反馈表（惠南社区矫正中心）……总之，目前的分类教育效果评估存在各行其是、规范性不足的问题。

笔者以为，为了提升分类教育的矫正效果，必须建立科学规范的教育效果评价体系，该评价体系的确立应该坚持以下三点原则。一是整体性原则。评价指标的采撷应该具有多样性，但是各个评价指标并非片面反映、单兵作战，而是要确保各评价指标之间具有逻辑关系和内在联系，既能从各个侧面反映全局，又彼此联系，能从全局的角度呈现分类教育的得失成败。二是综合性原则。分类教育的评价指标应该具备综合性，能够立体地、全方位地考虑影响分类教育效果的诸多因素，如社会环境因素、个体因素、家庭环境因素、矫正体制与人员因素，以及同伴因素等，并对上述因素进行综合分析和评价。三是动态性原则。分类教育效果是在矫正对象与他人、与社会互动的过程中呈现的，并且需要通过一定时间尺度的指标才能反映出来。因此，评价指标的选择要充分考虑矫正对象动态变化的特点，应搜集有一定时间跨度的数据。笔者以为矫正效果评价的具体因素，至少应该涵盖法律意识、心理素质、道德品质、社会适应能力等因素。

参考文献

方舒、苏苗苗：《社会工作介入社区矫正的理论基础》，《开发研究》2017 年第 21 期。

张洪英：《社会支持网络及其在社会工作（个案）中的应用》，《中华女子学院山东分院学报》2002 年第 3 期。

张绍彦：《社区矫正的现实问题和发展路向》，《政法论丛》2014 年第 1 期。

刘邦慧：《劳动教养人员分类矫治的理论与实践》，中国人民公安大学出版社，2007。

董适：《中国社区矫正社团在预防犯罪中的作用研究》，上海交通大学出版社，2010。

吴宗宪：《社区矫正导论》，中国人民大学出版社，2011。

B.15 浦东未成年人犯罪现状与帮教对策

毛栋英*

摘　要： 未成年人犯罪是一个严重而普遍的问题，各个国家和地区都非常重视。未成年人犯罪不仅与未成年人的健康成长息息相关，而且关系整个社会的和谐稳定。为此，浦东新区相关司法部门在未成年人犯罪问题上，积极探索，构建了普法预防、公正审判、专业干预、全程帮教等一套完善的工作机制，为有效预防未成年人犯罪，帮助未成年犯罪人改过自新、重拾生活希望起到了非常重要的作用，也为浦东继续深化改革发展和推动社会稳定发展奠定了强有力的保障。

关键词： 未成年人犯罪　犯罪预防　帮教

十九大报告指出：人民对美好生活的向往，不仅对物质文化生活提出了更高要求，而且在民主、法治、公平、正义、安全、环境等方面的要求日益增长。① 随着开发开放的深入推进，经济社会的持续发展，大批外来人口持续涌入浦东，产生了不同思想、文化、生活习惯等方面的碰撞。浦东社会治

---

* 毛栋英，中共上海市浦东新区委员会党校党史与党建教研部讲师，主要研究方向为党的建设。

① 习近平：《十九大报告　决胜全面建成小康社会夺取新时代中国特色社会主义伟大胜利—在中国共产党第十九次全国代表大会上的报告》，人民出版社，2017，第11页。

理难度日益增大，尤其是未成年人违法犯罪问题比较突出，已经成为影响社会和谐的重要因素之一。浦东新区未成年人检察处和浦东新区少年法庭等相关部门，结合办案的实际情况，着重把握未成年人犯罪的特点，深入分析其原因，不断创新工作机制，形成了普法预防、公正审判、专业干预、全程帮教等一套比较完善的工作体系。

一　浦东未成年人犯罪现状分析

未成年人犯罪主要是指年满十四周岁未满十八周岁的公民实施的犯罪行为（根据我国《刑法》规定，不满十四周岁是无责任能力年龄阶段，不用承担刑事责任）。不同的国家和地区，未成年人犯罪在犯罪主体特征、犯罪方式和犯罪动机等方面呈现出不同的特点，就浦东新区未成年人犯罪特点而言，主要体现在以下几个方面。

（一）未成年人犯罪主体的身份结构差异

未成年人犯罪主体的身份结构主要包括年龄结构、性别结构以及户籍地状况。根据浦东新区检察院统计的 2017 年未成年人犯罪情况来看，犯罪人身份结构存在差异（见表 1）。从起诉的未成年人年龄结构上来看，14～16 岁犯罪人数为 68 人，占总人数的 42%；16～18 岁犯罪人数为 94 人，占未成年人犯罪总人数的 58%，分布相对均衡，年龄大的犯罪率相应高些。从性别上来看，男性未成年人犯罪人数 151 人，女性未成年人犯罪人数 11 人，男性未成年人犯罪人数占绝大多数，占未成年人犯罪总人数的 93%。从户籍地状况来看，本地未成年人犯罪人数 22 人，而外来未成年人犯罪人数 140 人，占未成年犯罪总人数的 86%。通过与 2016 年的统计数据相对比，可以发现浦东的未成年人犯罪人数基本稳定，两年的数据差异不大，外来男性未成年人占绝大多数，而且他们的文化水平普遍较低，大多数在初中文化水平。

表1　2017年浦东新区未成年犯罪情况

单位：人，%

类别	总数	年龄段		性别		来源地	
		14~16岁	16~18岁	男	女	本地	外地
人数	162	68	94	151	11	22	140
占比	100	42	58	93	7	14	86

（二）未成年人犯罪的犯罪类型复杂

从2017年浦东未成年人犯罪类型的数据来看，未成年人作案类型多样，犯罪罪名共有21项之多（见表2）。但是作案内容相对集中，盗窃、聚众斗殴和寻衅滋事是未成年人主要的犯罪类型，其中寻衅滋事48人，占未成年人犯罪总人数的29.6%；盗窃47人，占未成年人犯罪总人数的29.0%；聚众斗殴27人，约占未成年人犯罪总人数的近16.7%，这三项共占比达到近76%。强奸、故意伤害、故意毁坏财物、非法拘禁和非法侵入住宅分别有3人，而其他诸如抢劫、强迫卖淫和敲诈勒索等13项罪名人数都比较少，都为1至2名左右。与2016年的数据对比发现，盗窃人数由37人增加到47人，聚众斗殴和寻衅滋事都有显著增加，各自增加了10人左右，抢劫则由21人减少到2人，诈骗以及强奸也相应较少，其他作案类型数据基本相同。总体而言，浦东未成年人犯罪实施动机比较纯粹，不是非法占有他人财物，就是与人发生矛盾、逞强斗狠，或为满足自身不正当欲望等。

表2　2017年浦东新区未成年犯罪罪名分布

单位：人，%

罪名类型	盗窃	寻衅滋事	聚众斗殴	强奸	故意伤害	非法拘禁	故意毁坏财物	非法侵入住宅	其他
人数	47	48	27	8	3	3	3	3	20
比例	29.0	29.6	16.7	4.9	1.9	1.9	1.9	1.9	12.3

（三）未成年人犯罪以团伙作案为主

盗窃、聚众斗殴和寻衅滋事这三项基本都是以团伙作案方式进行的。

处在这个特殊的年龄阶段，只要有一个未成年人萌生犯罪想法，其他未成年人往往因心智不成熟，讲究江湖义气，要偷一起偷，要打一起打，义不容辞参与其中，彰显自己有人情味，冲动地实施犯罪行为，因此共同犯罪较多。另外，外来未成年人学习、生活、就业的社交圈比较狭窄，“抱团取暖”比较明显，他们自认为个体势单力薄，团伙作案使彼此在心理上和行动上有了支持，在增加胆量的同时还容易使犯罪得逞，这更加剧了团伙作案的实施。

二　浦东未成年实施犯罪的主要根源

总体来说，影响未成年人犯罪的原因是多方面的、复杂的，有家庭的因素，也有学校、犯罪主体以及社会等综合因素。根据目前调查的情况来看，浦东未成年人实施犯罪主要包括以下三个方面原因。

一是家庭教育缺失。家庭教育是教育人的起点和基点，主要是培养良好的道德品质和养成良好的行为习惯。而从未成年人犯罪的情况来看，其家庭教育往往是缺失的，父母有不可推卸的责任。这些家庭监管不力，有的父母忙于生计，无暇顾及孩子，平时疏于教育，比如近年来的性行为犯罪多发生在家中，而父母未及时察觉；有的父母离异，对孩子放任教育；有的父母自身学历不高，高中以下占绝大多数，不善于管教，教育方式落后，对孩子缺乏尊重，并且不善于沟通，一旦孩子出现学习成绩下滑或者道德失范的问题，往往采取暴力手段教育，如拳打脚踢等方式；有的家庭条件比较艰苦，父母内心有补偿心理，往往对孩子过分宠溺。在这样的家庭环境下，未成年人在叛逆期往往容易走入歧途。

二是主体法律意识淡薄。未成年人虽然在学校里也学到一些基本的纪律和道德规范，但是总体上而言，品德教育课程大多流于形式，又缺乏系统性的法制教育课程，这造成未成年人的法制观念比较淡薄，与法律规范要求相一致的价值观难以形成。随着社会经济的发展，贫富差距也在不断拉大，有的未成年人，特别是来浦东的未成年人，与同龄群体相比难以过上富足优越的生活，沮丧、欲望与满足之间产生的失衡，使得他们在他们对法律知识不了解的情况下，往往不能用法律意识来控制自己的情绪，冲动下实施犯罪行为；有的是因为差距过大，产生对社会的敌视，存在补偿心理和侥幸心理，从而实施盗窃、抢劫等违法犯罪行为。

三是社会不良环境的侵蚀。未成年人作为一个特殊的年龄群，社会阅历不深，思想比较简单，往往认知能力、判断能力和控制能力都比较弱，容易受周围环境的影响。特别是有的未成年人过早辍学，早早地进入了社会，容易沾染社会不良风气，聚众斗殴。有的因为学历低无法找到合适的工作，缺乏社会认同，容易产生被剥夺感，成为社会闲散人员，如果结交社会上的不良朋辈，往往就会随波逐流做违法犯罪的事情。还有的未成年人经常上网，受媒体网络的影响，分辨不出信息的真假，因被蛊惑而走上违法犯罪道路。这些都是犯罪主体周围不良环境侵蚀所致。

三　浦东未成年人犯罪的帮教对策

综观世界各国和各个地区，未成年人犯罪司法制度存在着差异，但是未成年人犯罪司法基本理念却有相似性，比如未成年人犯罪与成年人犯罪的区分，前者重在帮教，后者则重在惩罚。美国著名的法官朱利安·马克指出："如果未成年人走向犯罪并被控告，则不应一味地予以处罚，而应该注重改造；不是让他从此堕落下去，而是叫他振奋起来；不是要把他摧毁，而是要他发展；不是要把他变为罪犯，而是要把他造就成有利益社会的公民。"① 浦东新区司法部门也坚持秉承少年司法理念，尽可能采取更有利于未成年人改造和复归的刑罚方式，形成了预防、审判、干预、帮教等一套完善的工作机制。

① 吴作群、杨柯、陈冬梅：《少年刑事犯罪案件中社会调查员制度的构想与实践》，《人民司法》2003 年第 11 期。

（一）建立多元普法机制，提高防范违法犯罪的意识

浦东新区法院少年庭积极推进多元普法教育机制，全方位、无缝隙对未成年人开展普法活动，增加了法律知识的教育普及，有效提升了未成年人的法制意识。

一是持续推进“春天的蒲公英”项目建设。针对来沪未成年人法律意识比较淡薄、犯罪较多的情况，少年庭在九年前推出了“春天的蒲公英”项目，主要面向来沪民工子弟学校开展特色法制教育活动和关爱帮扶活动。2017 年，少年庭继续加强该项目的维护与发展，依托法院内青年志愿者队伍，坚持每月定期为项目学校开设法制课，截至 2017 年年底，共授课 50 余次，真正让法入童心、传递司法之爱。“春天的蒲公英”项目不仅提升了来沪孩子的法制意识，让他们懂法守法，不逾越法律红线，还提升了他们对浦东的认同感。“春天的蒲公英”项目经过专家评选和公开竞选，被浦东新区青年志愿者协会评选为“十佳浦东青年最美志愿服务项目。”

二是梳理编辑刊物，普及犯罪预防知识。少年庭为了更好地以案论法、寓教于乐，采取让未成年人更容易接受的方式，每季度编辑一本《开心漫漫看》（预防犯罪卷），普及犯罪预防知识，深受未成年人的欢迎。另外，少年庭还对少年审判发展历程进行回顾梳理，精心选取《解放日报》《人民法院报》等主流新闻媒体报道，从工作报道和案例报道两个视角汇编成《足·迹》一书，呈现少年审判工作纪实，激励少年庭继续走好司法呵护成长、创新点亮希望之路，同时也给未成年人以法律警示。

三是整合各方资源，开展特色普法活动。少年庭与浦兴路街道司法所、团工委举办“谁是律政小能人——法律我来辩”法制宣传活动；与浦东各社区配合，深入社区、村开展 20 多场巡回法制讲座，以案论法，开辟未成年人守法“第二课堂”，受益学生 1200 多人；发挥上海市青少年法制教育基地优势，积极组织青少年开放日等活动，让他们体验少年审判圆桌法庭、心理咨询室等特色工作及庭室文化建设。少年庭干警为高东中学、杨园中学以及东辉职校等专题授课，还积极参与法院团委组织的“星星伞”关爱自

闭儿童、“学雷锋，普法小娘舅进社区”等公益普法活动。这些活动有效提升了未成年法制观念和规则意识，使他们学会保护自己，远离违法犯罪。

（二）建立柔性审理机制，确保案件的程序与实体公正

根据少年庭的数据，2017 年少年庭审判质效总体态势良好，部分质效指标优势上升明显。在审判质量指标方面，保持二审改判发回瑕疵率、申诉改判发回率、裁定再审率 3 项零纪录。浦东法院在未成年人犯罪案件审理取得高效与其秉持的理念与慎重量刑是分不开的，与结合社会调查、开展法律援助、注重恢复性司法也密切相关，这些都有效保证了司法的公正与柔性保护有机融合。

一是运用社会调查，提高审判的公正性、客观性。未成年人犯罪后，对未成年人开展社会调查，是刑事判决的重要考虑因素，也是开展法庭教育所需要的重要背景材料。为此，浦东新区法院少年庭创新工作机制，委托辖区内的司法矫正部门或者从事未成年人保护工作的社会团体开展社会调查。调查内容主要包括未成年人的性格特点、家庭环境、成长经历、社会交往犯罪原因、犯罪前后表现情况以及再犯可能性等，并让社会调查员出庭接受质询，为客观公正制定处罚提供决策依据。

二是坚持疑罪从无原则，彰显对未成年人的保护。1996 年修改后的《刑事诉讼法》确立了疑罪从无的原则，这为未成年的刑事犯罪判决提供了法律依据，有效保护了未成年犯罪嫌疑人的合法权益。例如，浦东法院审理的艾某强奸案，证据审查人穷尽一切法律上许可的手段，查阅所有资料，仍无法确信被告人实施了指控犯罪。对此，浦东法院立足教育感化挽救，能不定罪的尽量不定罪，以免使他们一生背负犯罪的烙印，采取了非罪化处理。艾某强奸案，成为 2017 年度中国少年审判十大精品案件，为今后涉少刑事审判恪守证据裁判规则，把握未成年人罪与非罪案件的审理提供了有益的参考。

三是提供法律援助，保障未成年人诉权。浦东检察院未检处建立了未成年人案件司法全程专办的机制，并与公安、司法局签订了《关于进一步推进未成年人刑事案件法律援助工作的协议》。考虑到未成年人被告因年龄较

小，认知能力和表达能力存在不足的状况，法院少年庭为没有聘请律师的未成年人被告提供法律援助。在确保法律援助全覆盖的同时，注重法律援助的效果，开庭前及时提醒律师阅卷并充分交换意见，开庭后向律师收取书面辩护词，避免律师不阅卷、不会面等情况出现，防止法律援助流于形式。

四是注重恢复性司法，实现恢复性正义。这里的恢复性司法是指对于刑事犯罪，通过在未成年人犯罪方和被害方之间建立起对话，在未成年人采取道歉、赔偿等主动承担责任的方式，取得被害方谅解的基础上，深层次化解矛盾，平衡和修复犯罪人与受害方的和谐关系。并在运用自由裁量权时，慎重追究未成年人犯罪的刑事责任，尽可能轻缓处理，增强裁判的可预见性和可接受度，实现恢复性正义。同时，浦东检察院未检处开展“刑事污点限制公开”制度，对不起诉的未成年人，经过一定期限的考察，表现良好的，其《不起诉决定书》不进入人事档案，犯罪记录永久封存在检察机关，减少对其未来生活的负面影响，体现办案法律效果与社会效果的有机统一。

（三）深化心理干预机制，提供专业评估与帮助

未成年人的犯罪特点是犯罪主体心智尚不成熟，易受外界因素影响而实施犯罪行为。这些未成年人内心兼有积极因素和消极因素，为了更好地引导、缓解涉案未成年人的紧张情绪，矫正未成年人的不健康心理，抑制其消极因素，少年庭以专业化为导向，深化推进心理干预机制的建设。

一是建立专业化干预团队。浦东司法部门依托专职咨询师、心理系研究生和具备资质的法官等，组建了专业的干预团队，按照工作流程，借助专业测评软件，规范开展心理疏导，并出具心理评估报告。值得一提的是法院建立的心理咨询室“私语轩”，该心理咨询室借助专业的测评设备，规范开展心理干预工作，[①] 即通过法学与心理学的融合，为制订帮教和达成调解等提供参考依据。特别是对未成年人严重犯罪的，心理咨询师要积极介入。因为按照美国的研究来看，未成年人严重犯罪与精神障碍密切相关，最常见的精

---

① 章磊：《浦东少年庭：为了少年更好的未来》，《浦东开发》2015 年第 12 期。

神障碍是多动症、对立为抗性障碍、行为障碍和焦虑障碍，对此要进行专业性的干预，提升干预效果，从根源上解决重犯问题。

二是及时引入家庭治疗。根据个案的特点，制订个案干预治疗，特别要考虑未成年人犯罪中家庭因素占比比较重的个案，要引入家庭治疗方法，以家庭为单位开展整体心理治疗，一揽子解决家庭成员的心理问题，从而以家庭整体的改变来促进犯罪未成年人的转变，增强他们的参与意愿以及对裁判的接受度。

（四）建立全程帮教机制，有效防止重新犯罪

对于未成年人犯罪，浦东司法部门始终坚持“教育、感化、挽救”的方针，建立了全程帮教机制，开展灵活、多途径的帮教模式，帮助罪错少年改过自新，回归正常生活。

一是依托“小小少年”QQ网络帮教平台，全程护航少年回归。“小小少年”QQ网络帮教平台是浦东的创新之举，其是为判后持续跟踪帮教罪错少年而建立的。这个帮教平台是罪错少年与法官联系的重要纽带，截至目前已经有近130名罪错未成年人加入平台。“小小少年”QQ网络帮教平台主要通过法官及法官助理们与罪错未成年人在线网聊、回访、在线解答法律问题以及心理疏导等方式，及时给他们指导援助，帮助他们解决犯罪记录封存疑虑、升学复学、治病康复和经济援助等问题，有效预防未成年重新犯罪。“小小少年”QQ网络帮教平台被评为浦东新区重点青少年群体服务管理和预防犯罪工作示范项目，在社会上取得了良好的反响。

二是健全社会观护制度，加强社会矫正效果。对于采取非羁押监禁的代替性措施、附条件不起诉以及需要社区矫正的未成年人，浦东检察院未检处积极整合社会力量，如乐群社工、彩虹青少年发展中心以及公司等，组成专门观护组织对他们进行辅导、观察、矫正和管束等，达到改善他们行为和预防他们再犯的目的。浦东各个社区依托团委、学校和专业社工队伍等组织和队伍，建立了近80个社工站作为观护点。这些观护点对涉罪未成年人进行专业性观护，提供合理的评价标准，在全区构建了网格化的社会观护、矫正

体系，提升了社会帮教和矫正的效果，95%的观护对象被处以非刑罚处罚并顺利回归社会，无一重犯。

三是多途径回访帮教，挽救迷途少年。少年庭坚持庭前、庭中、庭后立体式教育挽救，将个案回访与集中考察相结合，采取电话随访、信件交流、实地走访等多种形式落实帮教工作。比如，浦东法院少年庭经常到上海市少管所开展集中考察、座谈交流，由法官和心理咨询师共同对未成年犯进行沟通交流、心理疏导，送给他们一些励志书籍等。通过长期的教育，帮助未成年人犯从思想上、行为上开始转变，防止他们破罐子破摔、重蹈覆辙，有效降低了再犯率。

四　展望

如上所述，浦东新区检察院未检处和浦东新区法院少年庭等相关司法部门，尽可能采用了符合未成年人身心特点的工作方式方法，宽严相济、教育挽救，形成了独特的办案和预防机制，未成年人犯罪率呈现下降趋势，再犯率处在比较低的水平。当然，在取得成效的同时，我们应该看到，未成年人犯罪预防、法律援助专业性以及家庭监护水平等方面的工作水平还需要进一步提高。

一是创新未成年人犯罪预防的教育机制，体现时代性。随着时代的变化，名代人之间存在很大的差异。新生代的未成年人和父辈群体相比，基本没有经历过生活的艰辛和磨难，生活水平有了明显的提高。对个性化要求比较高。对他们的教育预防工作，需要改变以往说教等方式，除了依托学校加强品格教育和法制教育外，还要依托心理学等专业知识的年轻社工，从掌握其心理和动机等方面入手，寓教于乐，创新预防犯罪的教育机制。同时，要通过喜闻乐见的内容、丰富多彩的形式，有效地开展未成年人法律普及和法制教育工作，帮助未成年人学法、懂法、守法和用法。

二是完善未成年人法律援助的工作体系，体现专业性。目前浦东已经为未成年人提供法律援助，比如法官、心理咨询师和志愿者等，但是在针对性、专业化方面仍然需要进一步提升。浦东检察院要对各职能部门落实未成年人犯罪保护相关规定的情况进行法律监督，保证规定落到实处，进一步完善社会调查员制度，发挥社会调查在审判中的作用，并构建起符合浦东情况的未成年人犯罪的法律规范支持系统，消除社会歧视，不论是来沪未成年人还是本地未成年人，都应给予法律援助。特别是程序方面要进一步规范，人员要相对固定，保证未成年人法律援助的专业性和长效性。

三是建立未成年人监护人的帮扶机制，体现普适性。犯罪学研究早就表明，未成年人尚处于人格独立发展和社会化能力的形成时期，因此家庭成为影响未成年人行为选择和价值趋向的核心因素。[①] 家庭教育是预防犯罪的第一道防线。调查发现，未成年人犯罪很大程度上与家庭管教不当有关，未成年人监护人管教子女缺乏理念、方法，导致未成年人逾越法律红线。为此，相关的司法部门可以通过社会购买的方式委托社会组织等，请专业人士对未成年人监护人特别是高危未成年人监护人进行相关的培训，帮助他们学会亲子沟通和构建良性互动，发挥家庭应有的管教作用，增加教育、感化和挽救的针对性和实效性；还可以依托浦东的“家门口”服务体系，为上门求助的家长提供未成年人管教的信息化互助平台，抓好专业队伍对接工作，解决未成年人监护人的急、难、愁问题，有效地把问题控制在萌芽状态。

四是建立未成年重犯干预监督机制，体现针对性。在未成年人轻微犯罪中，我们采取的是“少捕、慎诉、少监禁”，但是对极少数重新犯罪，而且是严重暴力犯罪的这部分未成年人，刑法一味地规避、退让不是解决之道。比如，美国会对比较严重的未成年人进行危险级评估，以此决定公开范围的大小；韩国还设置专门网站，对未成年人性犯罪者进行公布，公民只要输入身份证号码进行验证，就可以看到罪犯的照片等相关信息。我们对严重的暴力犯罪未成年人，除了采取严厉的刑事惩治之外，不能采取封存犯罪记录的方式，而是要在他们回归到社会时对这部分特殊群体进行干预和重点监控，

① 吴宗宪：《西方犯罪学》，法律出版社，2012，第213页。

这是出于社会安全的考虑，有利于保护其他未成年人安全，维护社会安全稳定发展。因此，要建立干预监督机制，建立起未成年重犯信息库，在区域范围内实现严防、管护。

总之，未成年人的健康发展关系到国家的发展和中国梦的实现．预防未成年人犯罪，以及帮教未成年人，不是纯粹的法律问题，而是一个社会问题，不仅需要司法部门积极实施各项举措，更需要全社会的共同参与。家庭教育、学校教育以及社会对未成年人特别是外来未成年人的接纳、包容、关爱以及援助等方面都亟待加强，力求把社会各界关爱、关心、保护未成年人的力量聚拢在一起，建立多元关爱机制、规范的运行机制、传统文化融入机制和全方位的社会支持体系。另外，浦东在未成年人的保护处分制度、特殊审查制度以及社会调查制度方面还需要进一步探索实践，更好地把握保护与惩治两个维度，处理好未成年人刑事犯罪，更好地把司法办案与社会帮教有效融合起来。

参考文献

崔志伟：《保护与惩治之间：未成年人犯罪刑事政策的争议焦点与类型区分》，《青少年犯罪问题》2018 年第 1 期。

肖建国：《预防青少年犯罪的家庭困惑及法律对策》，《上海政法学院学报》（法治论丛）2018 年第 3 期。

罗世龙：《我国未成年人犯罪记录封存制度之反思与完善》，《暨南学报》（哲学社会科学版）2018 年第 2 期。

严远、韩庆：《社会调查员首次浦东出庭》，《浦东时报》2015 年 2 月 13 日。

赵秉志：《未成年人犯罪刑事实体法问题研究》，北京师范大学出版社，2014。

张宇、张强：《未成年人案件刑事检察工作的探索与实践—以上海市浦东新区人民检察院为例》，《上海公安高等专科学校学报》2013 年第 12 期。

案　例　篇

Case Analysis

B.16
洋泾：参与式社区治理新模式

中共浦东新区地区工作委员会

为贯彻党的十九大精神，落实全市和浦东新区关于创新社会治理、加强基层建设的部署要求，按照《浦东新区关于构建党建引领的基层治理新格局的实施意见》，洋泾街道坚持抓政策落地、抓思路转化、抓实践应用、抓工作创新，大力提升基层党组织的组织力，推进社区治理体系和治理能力现代化，在党建引领多元力量参与社区治理模式上进行积极探索实践。

党建引领多元力量参与社区治理，强调的是引领型党建和参与式治理两个方面的结合。所谓党建引领多元力量参与社区治理，就是通过党组织的区域化全覆盖来搭建社区治理平台，引导居民群众、社会组织、驻区单位、“两新”组织等社区治理的相关方多元社会力量，以有序有力有效的方式、建设性地参与到社区治理中来，共同处理社区事务，共同应对社区治理中出现的新情况、新问题，打造共建共治共享的社会治理格局，通过提升居民群众的获得感、幸福感、安全感，夯实党的执政基础，实现党领导一切的执政理念。社区治理的实践表明，居民群众和驻区单位参与社区治理的愿望和潜力是高的，关键是要在不同层面为不同群体的参与搭好平台，并设定便利的制度安排和程序路径，让尽可能多的群体建设性参与。

一　打造多层面的区域化党建平台，吸纳各方力量建设性参与，提升社区治理成效

拓展区域化党建平台，实现党建资源和社区治理资源的有效整合，实现社区公益和企业社会责任的有机结合，实现党建工作和社区治理工作的全面融合，推动社区治理领域重点难点问题取得突破。

（一）在街道层面，以行政党组实体化运作为平台，破解社区公共管理难题

在街道层面，根据“1＋2”的制度安排，行政党组的实体化运作是驻区条线部门参与社区治理的重要平台。街道行政党组定期开会，每次确定一个疑难问题作为专题，统一思想、明确分工、联动处置，搭建实体化、机制化的运作平台。公共管理作为街道的三大主责主业之一，只有条线部门协同配合，才能落实属地责任、实现有效治理。同样，条线部门也只有实现属地和其他条线的协同配合，才能更好地落实监管责任。行政党组的实体化运作为行政力量在街道层面的整合搭建了一个平台，从而能够有效治理社区公共管理中的难点、痛点问题。

食品安全问题，居民高度关注。洋泾作为一个人口密集的居住型社区，餐饮行业业态多元、分布零星，安全监管体量大、难度高。一方面要弥补条线监管部门日常巡查和联合整治力量的不足，另一方面要将街道食品安全的属地责任转化为具体的工作落脚点，形成条块联动的常态化工作机制。街道通过召开行政党组会议，专题研究食品安全工作，将食品安全纳入联勤联动工作站工作范围，对市容环境卫生问题与食品安全问题同步巡查、同步监管、同步整治。同时，综合运用监管部门的行政措施、属地联合整治和第三

方诚信倡导，在灵山路落实小餐饮备案制，在羽山路推行诚信承诺制，取得了较好的成效。洋泾通过行政党组的实体化运作平台，建立了稳固的“双管”单位合作机制，成员单位增强了属地意识；通过共同解决公共管理中的痛点、难点问题，进一步增强了责任意识，构建了共同解决社区管理问题的新机制。

（二）在居民区层面，以“三会”制度和“七位一体”为平台，推动居民群众参与自治共治、共建共享

居住小区是居民共同的家园，小区的事需要大家议、大家管、大家做，但是往往“议”得多、“管”得少、“做”得更少，即使“议”也是评头论足多，建设性意见少。这一方面是由于群众的建设性参与意识不够，另一方面是因为引导群众有序参与的平台没有很好地发挥作用。“三会”制度和“七位一体”为居民和小区有关各方建设性参与提供了正规的渠道、正式的平台。“三会”制度就是政府在小区内做的所有好事、实事，事前要开听证会、事中要开协调会、事后要开评议会，听取居民意见、提取居民需求、接受居民评议，让居民全程参与，改变了以往政府好心做事、居民并不买账的局面。“七位一体”就是将小区内的公共事务，或者从居民中提取的需求，放到这个平台上，由居民区党组织牵头，让居委会、业委会、物业、城管、安监、房办和派出所等七方力量参与，协调解决小区内部的公共事务。

老旧小区多层住宅加装电梯是一个难题。浦东大道1700弄泾华小区6号楼通过居民区党组织牵头的“七位一体”平台，成功实施浦东新区首例老公房加装电梯项目。泾华小区所属的巨野居民区党组织在居民提出意向之初就高度重视，多次牵头召开“七位一体”会议，对加装电梯的安全性、可行性、经济性等方面进行反复论证，多次召开听证会、协调会，倾听居民诉求，协调不同想法，解决遇到的难题，最终达成一致意见。加装电梯工程还涉及规划、监管、消防等多个部门，通过街道层面的支持引导推动、统筹协调，目前该项目已于9月完成建设。这说明，小区内部的很多公共管理难

题，必须由居民为主体主角、担主责来解决，居民区党组织和街道层面要做的就是搭好平台，引导各方有序有效、建设性参与，而不能越俎代庖、“替民做主”。事实证明这个平台是有效的，即使不能解决所有的问题，通过居民参与也更容易得到居民的理解。

（三）在街区层面，探索创新街区党建联盟，搭建企业和辖区单位参与社区治理的有效平台

按照新的城市空间规划理念，街区是非常重要的公共空间。如何营造这个公共空间是一个新的课题，需要城市的管理方、运营方和使用方共同思考、共同打造。要促进街区的相关单位之间有效互动、企业和居民之间有效沟通，真正使城市街区可以漫步、有关各方和谐共处，就需要搭建平台、打通渠道。

洋泾街道融合辖区单位和居民的实际需求，以洋泾港、南洋泾路街区为试点，打造党建服务平台，联合星月投资、天物空间等 5 家企业的党组织和周边 7 个居民区党组织，探索成立了“洋泾港金融文化街区党建联盟”。联盟以五峰书院（星月集团创办的公益图书馆）、江东书院（公益文化机构）等作为活动阵地，通过党建进街区、服务进街区、项目进社区，将街区打造成“家门口”服务站的延伸点。由街区党建联盟策划，街区党建服务站运作，一批开放式、公益性的项目陆续启动，如“白领周末经典课堂”“妈妈咪呀”小剧场演出等；23 项“家门口”服务站服务项目落地，为企业员工在党群服务、政务事务、社区服务等方面提供方便，为周边居民提供公共文化服务，既提升了居民获得感、满意度，也优化了区域营商环境。这说明，街区党建不但可以打通居民区党建、楼宇党建、单位党建之间的横向联系，而且可以促进驻区单位和企业融入社区、融入街区。通过多方资源共享，打造街区层面的党建群建共建阵地，形成企业与社区之间的有机联动、有效互动，激活了党建，丰富了群建，深化了共建，营造了区域发展共谋、党的建设共抓、优质资源共享、社会责任共担的区域共治新局面。

（四）在园区和楼宇层面，深化服务型党建，搭建共建共享共治平台，提升园区管理服务水平

园区和楼宇是企业集聚的地方，是企业党建的重要阵地。以往在面对中小企业和“两新”企业时，党建工作是难点，企业参与园区和楼宇公共管理、公共服务的比较少。洋泾辖区内有898融汇创意园、981航运产业园、891社会组织服务园，还有一些楼宇型园区。这些园区由于建设比较早，配套服务不到位，存在一系列难题。

针对这种情况，洋泾街道融合党建工作要求和企业对服务的需求，以服务型党建为切入点，选取浦东大道、罗山路周边园区为试点。园区内有阳光世界、上安大厦、龙珠大厦等6个楼宇，办公企业超过150家，白领上班族群体近3000人。其中，龙珠大厦建于2000年前后，未提供食堂空间配套，职工一般以网上点餐或自带盒饭的形式用餐，存在用餐难、管理难等诸多问题。龙珠大厦楼宇联合党支部利用区域化党建联席会平台，协调街道总工会、社会组织、物业公司等各方会商解决方案，与物业协商取得大厦地下室五年免费使用权，引入诚信企业精作记小厨运作。2018年1月24日，乐膳职工公益食堂正式建成，破解了楼宇白领“饭盒子”难题。这说明，园区和楼宇作为小微企业的集合点，对社区配套服务需求高，党建引领的关键在于寓管理于服务之中，搭好平台协调各方，整合资源服务小微企业，嫁接社区资源满足白领需求，从而实现党建引领、园区治理、企业管理、白领满意的多方共赢。

二 构建多元主体参与社区治理的新路径，打造多方共治新格局

社会主体的参与度越高，获得感、幸福感就越强。加强党组织的动员力、组织力，调动社会多元力量参与社区治理的主动性、积极性，形成长效机制，关键是找到他们参与社区治理的便利抓手和合适的载体。

（一）居民区党组织牵头，以小区环境美化为载体，吸引居民投身美丽家园和缤纷社区建设

小区环境是居民共同关心的问题，共同点多、分歧点少，容易求同存异，非常适合作为培养居民参与意识、提升自治能力的载体。居民区党组织要做好发现、发掘、发动工作，要发现能人、达人、热心人、带头人，要发掘载体和项目，要发动多数人参与，同时做好配合支持协调工作。

洋泾街道凌多小区是个典型的老旧小区，小区 3 号楼对面的凉亭及周边绿化带一直是脏乱差的卫生死角，但小区中热爱种植、有园艺技术的居民较多，所属阳二居民区党支部在广泛征询居民意见的基础上，决定以凉亭改造为抓手，采取居民自治、物业辅助、街道支持的模式积极开展美丽家园建设。这个过程充分体现了群众的主动性，从拌水泥、砌花坛到搬花箱、选花苗，建设的全过程都由居民骨干主导。在花坛修葺过程中，花坛形状因为被认为“不吉利”而受到相邻居民的强烈反对，居民区党组织通过协调会，引导居民做居民工作，微调花坛外形化解了矛盾，推动项目继续进行。这个过程，也充分体现了群众的创造性。

（二）“两新”党组织牵头，以激发企业社会责任为着力点，将公益行动转化为社会治理成果

企业和驻区单位都是有社会责任的，激发很关键。“两新”党组织成立后要发挥功能，其中很重要的一项是组织企业相互服务、资源共享，同时为居民提供组团服务、公益服务，把自身发展与社区发展相结合、把经营行为和公益行为统筹考虑，努力成为社区发展的“合伙人”。

洋泾辖区内小规模的“两新”企业较多，“两新”组织积极牵头，发挥专业优势和党员的自身特长服务社区，在居民区、商务楼宇、社区单位广泛开展“管家式”“组团式”服务。汇集了上安大厦联合党支部、上海国医馆、华美医疗美容医院党支部等多方资源的“爱心管家”品牌项

目，内容涵盖房地产业务咨询、医疗服务、牙齿保健等系列专业化服务。2017 年度，“爱心管家”以社区公益服务的形式深入居民区 30 次，服务 1500 多人次，得到了居民的广泛赞誉。2018 年，“爱心管家”进入社区，结合“家门口”服务站建设，健全了“管家”服务预约制，不断拓展服务半径和提升服务能级。这说明，企业和社区也是相互依存的，企业履行社会责任要结合企业发展的大框架，关键是找到与企业文化、产品、服务内容紧密关联的公益项目，通过正向引导、精心设计、协调推进，吸引企业参加社区服务和多元共治，从而将企业的公益行为转化为社区治理成果。

（三）社会组织党组织牵头，以盘活对接社会资源为抓手，完善社区治理结构、提升治理能力

社会组织作为社区治理的重要参与方，是建设平台、对接资源、共享服务的重要载体。社会组织联合会作为社会组织的再组织，是连接社会组织的桥梁纽带，在社会组织自我管理、自我服务和社会治理中都发挥着重要作用。

社会组织党建是引领社会组织发展，共同助力社区发展的重要抓手。洋泾社会组织联合会、洋泾社会组织服务中心和洋泾社区公益基金会是街道的三家核心社会组织。其中，社会组织联合会主要实现两个功能，一是加强区域内社会组织党建，实现“两个覆盖”；二是有效提取社区需求，对接、发挥区域内社会组织的优势资源，搭建社会组织参与社区管理、社区服务的平台。社会组织服务中心对区域内社会组织进行规范化管理与评估，培育孵化符合社区治理需求的社会组织。洋泾社区公益基金会是上海市首家由社区发起的公募基金会，通过资金募集和分配，为社区公益项目和社会组织参与社区治理提供有益的资金补充。一是通过外部筹资，发挥社区基金会社会资金蓄水池的功能。例如，2015 年“少年志”项目被评为中国扶贫基金会和民生银行发起的 ME 十大创新项目，获得两年 50 万元专项资金。2018 年，由六家企业联合发起的 60 万元社区文化发展专项基金，

将从文化顶层设计、提升区域文化层次助力文化洋泾建设。二是通过项目定向捐赠，引入专业资源服务社区居民，成为政府资源的有效补充。2016年，由企业捐赠、上海绿洲公益事业发展中心承接的“最美食物包”项目为洋泾5个老小区的61户困难家庭提供每月的食品配送。2018年，持续两年的项目升级为“分享冰箱”，由基金会“一日捐”项目支持、企业捐赠、志愿者维护的三台食物分享冰箱落地洋泾，为社区内困难居民提供服务。

三　启示与思考

首先，浦东基层社会治理创新党建引领的作用和党组织在基层社会治理中的核心地位决定了基层社会治理创新能力和水平同党建息息相关。

洋泾街道之所以在社会治理创新中能够在整个浦东新区36个街镇中名列前茅，获得2017年浦东新区社会治理创新指数贡献第一名和2018年浦东新区社会治理创新贡献第二名的成绩，主要是因为洋泾街道党工委认真抓好区域化党建工作，形成了街道层面、居民区层面、街区层面以及楼宇和园区层面的立体化党建体系，增强了驻区党组织和“两新”党组织服务社区的能力，推动了整体上社会治理创新能力的增强。沪上首家社区公募基金会——洋泾社区公益基金会就是在洋泾街道党工委积极推动下成立的社会组织和社会治理创新品牌。洋泾街道居村层面的“管家式”“组团式”服务品牌就是“两新”党组织服务社区的成效。

其次，政府在基层社会治理中是责任主体，应不断推进项目化和平台化建设，吸引多元主体积极参与，从而真正实现社会治理多元参与的目标。

党建引领下的基层社会治理，政府是主要负责者。政府搭建各种平台和推进各项政策落地，不断推进社会治理创新发展。一方面是以项目化的方式，构建系统的社区治理体系，培育和吸引多元主体参与，真正形成多元化社区治理主体；另一方面是搭建多种社区治理平台，引导和鼓励他们立足社区深挖需求，服务社区参与治理，不断开拓社会资源，使之成为激活社区治理的重要支点。洋泾街道在居村委层面形成的“三会”制度让居民全程参与，改变了以往政府好心做事、居民并不买账的局面，“七位一体”让居委会、业委会、物业、城管、安监、房办和派出所等七方力量参与，协调解决小区内部的公共事务。

再次，社会治理最本真的意义就是多元参与，要不断激发社会组织活力和居民参与社区事务的热情，推进社会治理多元化。

一方面是激发社会组织活力，推动社会组织积极参与社会治理、社区服务。洋泾街道将社会组织联合会、社会组织服务中心和社区公益基金会三者的职能有机整合、协同运作，对进一步扩大社会组织参与社区治理、社区服务，助力社区发展产生了积极作用。公民参与社会组织也是一种社会参与，可有效提取社区需求，对接、发挥区域内社会组织的优势资源，搭建社会组织参与社区管理、社区服务的平台。另一方面需要不断推进信息化手段的利用，扩充多元化社会参与渠道，吸引广大居民积极参与社区事务、化解社区矛盾，不断塑造现代社区和谐的关系。

最后，社会治理创新最重要的是创新多元治理主体，解决社区事务，提供社区服务，让人民群众获得感、幸福感不断增强，形成和谐的社区关系和有效的现代社会秩序。

社会治理创新的根本目的是不断满足人民对美好生活的需要，构建和谐的社区关系，形成有效的社会秩序。这就决定了社会治理必须解决社区事务和社区矛盾，提供更加便捷的社区服务，增强人民获得感、幸福感。“家门口”服务体系建设是一个典型。近年来，洋泾街道“两新”组织积极牵头，发挥专业优势和党员的自身特长服务社区，在居民区、商务楼宇、社区单位广泛开展“管家式”“组团式”服务；通过居民区党组织牵头的“七位一体”平台，成功实施浦东新区首例老公房加装电梯项目等都是这方面好的范例。

B.17

惠南：共绘区域党建“同心圆”

中共浦东新区地区工作委员会

上海市浦东新区惠南镇作为原南汇区的政治、经济、文化中心，公共服务配套、基础设施齐全。辖区内学校、文体、商业机构等各类主体众多，功能多样，为惠南的经济社会发展做出了巨大的贡献，但由于缺少共商共治的平台，因而在服务群众上难以凝聚广泛共识，形成强大合力。随着镇域经济发展加快，尤其是“家门口”服务体系的深入推进，惠南及其周边百姓对高质量、高水平公共服务的需求愈加迫切。

一　惠南镇党建联建的具体实践探索

针对这一情况，惠南镇党委主动跨前，高举区域化党建旗帜，通过党建联席会议平台，充分整合各类主体优势资源，相继创建了“惠民医盟”“惠民学盟”“惠民商盟”“惠民艺盟”特色区域化党建品牌，为惠南百姓提供了各类实用、精准的公共服务。2018 年，惠南镇召开年度区域化党建联席会议，探索形成了惠南镇区域化党建“四盟”工作规范化运作的有效机制，进一步推进惠南社会治理精细化，最大限度提升群众的满足感、获得感、幸福感。

（一）打造“惠民医盟”，打通医疗进社区的“最后一公里”

在浦东新区党委、区卫生党工委的大力支持下，惠南镇与区域内 14 家医疗卫生服务单位共建形成“惠民医盟”区域特色党建项目。“惠民医盟”区域化党建项目以“党委搭平台”为路径、以“条线聚资源”为手段、以

"群众得实惠"为目标，为居民群众提供覆盖广、针对性强的志愿医疗服务。该党建项目建立至今，已组建600余人的医护志愿者队伍，积极举办各类大型医疗卫生志愿服务活动，送医进工地、进企业、进学校、进社区、进农村，服务惠南及其周边群众近万人次。

惠南镇民乐社区是一个大型居住区。随着大居人口不断增多，居民对医疗资源的需求日益增大，"惠民医盟"——"医社联动"项目在大居健康基础设施支撑保障还没有完全落地之际，满足了居民对医疗资源的需求。惠南镇人民政府和光明中医医院达成了共建惠南"家门口"健康医疗服务体系的合作意向，孵化生成了健康宣教项目、智慧养生项目、咨询义诊项目、健康干预项目、医疗结合项目等各类健康项目，深入对接惠南百姓对健康生活的普遍需求。

通过"惠民医盟"系列活动，构建了"医社合作"党建新模式，为下阶段拓展医疗惠民新路径，深化组织共建，实现资源共享、服务百姓、共促提高奠定了扎实的基础。

（二）凝聚"惠民学盟"，让优质教育资源惠及更多百姓

教育是民生建设最为基础的方面，也是市场经济体制改革以来问题较多的领域之一。惠南镇维持组建了"惠民学盟"特色区域化党建项目。由南汇一中、听潮艺术幼儿园、南汇中学等惠南镇区域范围内热心公益事业的学校、教育单位、培训机构及其他志愿者团队等32家单位组成的地区性、联合性、行业性、公益性的教育服务联盟组织"惠民学盟"，旨在通过整合教育资源，致力于教育惠民，助推教育发展，建设幸福惠南。

上海电力学院是位于惠南镇的一所上海市属大学。由于地理位置靠近惠南镇西门居委，双方开展了多项共建活动，这些共建活动突出了"文化、科普、关爱"主题。共建活动形式多样，有端午节活动、暑期班活动、上门慰问、喜迎十九大活动、党史知识竞赛等多个活动。共建活动主体多元，不仅有居委和电力学院，还有西门社区内的党员、群众和学生等群体，惠及

1000余人次。端午节活动以“端午粽香飘中外　文化交融邻里情”为主题，洋学生们学习包粽子，不仅感受着中国传统文化习俗，还感受着社区浓浓的邻里之情。暑期班活动营造了“爱科学、讲科学、学科学、用科学”的良好学习氛围，大学生志愿者教授的电力知识，提高了青少年的科学文化素养。喜迎十九大活动以“党员喜迎十九大，不忘初心跟党走”为主题，当党员同志们将四块板面进行展示，并且拼接在一起组成一张完美画面的时候，激动的心情无以言表……

“惠民学盟”现已推出5大特色项目和20多个教育帮扶项目，利用社区党委与教育机构结对党建联建的模式，有效助力双方党组织优势互补、共建共享，促进双方党建工作联动开展。

（三）共建“惠民商盟”，让老百姓共享经济发展的成果

市场经济体制下，如何成为真正有竞争力的市场主体是当前普通老百姓需要面对的一个严峻的问题。为此，建设银行南汇支行、农商银行南汇支行、江苏银行南汇支行等12家银行单位组成了“惠民商盟”非营利性公益组织，目的是通过与村居结对，为百姓提供有针对性的金融领域志愿服务。

把公民培养成市场经济的真正参与者，需要这些经济、金融部门起到应有的作用。建设银行浦东分行与陆路村结对开展了“整洁村”“农家书屋”“金融知识下乡”等一系列活动，一方面加强了与惠南镇政府的合作交流，在产业开发、安商稳商、技术引进等方面为陆路村提供帮助；另一方面也为经济薄弱村形成创收增收机制提供帮助，实现由“输血”向“造血”的转变。经过“惠民商盟”的努力，一方面陆路村面貌焕然一新，已修建了8条马路，并拥有了自己的活动室和图书室，村民生活变得更加丰富多样；结对帮扶的贫困学生，也在建行基层党组织的帮助下，积极向上、茁壮成长。

“惠民商盟”服务百姓生活，也没有忘记老党员和贫困党员。例如，南汇乐购超市党支部在国庆中秋双节之际，为社区3名80多岁的

老党员丁金妹、王桂宝、计春官点亮“微心愿”，携手老党员参加“不忘初心、牢记使命”红色主题党日活动。大家在党建服务中心一起唱国际歌、重温入党誓词、观看优秀党员视频短片。“惠民商盟”为居民提供了许多贴心实在的服务，赢得了广大群众的赞誉，收到了良好的社会效益。

（四）厚植“惠民艺盟”，让社区文化之花得以尽情绽放

“惠民艺盟”由惠南镇区域内文化中心、图书馆等多家文化单位组成，除提供特定的送文化下乡、送文化进社区等服务外，在共建过程中还结合单位实际开展浦东派琵琶传承等具有创新性的特色项目，使惠南文化异彩纷呈。

为孩子们准备的“惠南分中心暑期公益文艺培训”深受孩子和家长们的关注和喜爱，培训人数近万人次，活动丰富了青少年的暑期文化生活，提升了孩子们的艺术修养。“东海岸艺术空间展览”邀请了各大书法家、美术家来展示其个人精品力作，展出作品均别具风采、各显千秋，传达了艺术家们不同的人生况味和艺术主张，该活动每年举办30多场艺术展览，参观人数达6万多人次，进一步提升了市民的书画鉴赏能力和文化艺术素养，扩大了惠南文化阵地的辐射力和影响力。承接各类大型演出的“群星剧院”文艺演出活动同样受到了观众们的热烈喝彩和一致好评，全年服务总人数达30多万人次。

“惠民艺盟”的发展壮大，使得文化活动更加丰富多彩、居民精神风貌更加昂扬向上，共商共治更加协调有序，生活氛围更加和谐健康。

区域化党建工作正如“同心圆”，党的组织和广大党员就是“圆心”，搭建了平台，聚集了资源，激发了社区多元共治的新活力。在此过程中，有效整合辖区内优质资源，激励驻区单位可持续参与，提升为百姓提供公共服务的精准度和实用性，是区域化党建工作的重点难点所在。

二　惠南镇党建“同心圆”激发社区共治活力的经验

惠南镇在区域化党建工作的探索实践中形成了三点经验。

第一，体系完备是资源整合的组织保障。惠南镇党委成立了区域化党建联席会议，发挥统筹协调、方向引领的作用。并以社会法治、城市建设、文化艺术、经济金融、城市管理、社会事业等六个专委会作为资源支撑系统，解决公共服务供给体系碎片化、低效率等难题，以民乐、东城、黄路、文源、园中五大社区分会作为工作落实的主平台，对接需求、统筹资源、凝聚项目，形成了横向到边、纵向到底的立体化的区域化党建新格局。

第二，项目化是可持续发展的有力支撑。“四大联盟”提取形成需求、资源、项目“三张清单”，实现供需对接、整合资源、精准服务，焕发出了强大的生命力。与“一社区一品牌一支部一特色”活动协调推进，为党建工作提供了有力载体支撑，使得党建工作看得见、摸得着、抓得住、见实效。党建工作以项目化的方式推进，大大提升了工作的实效性和目标性，实现了社会资源的优化配置和有效利用，进一步强化了党的基层组织建设，加强了基层党组织凝聚人心、服务群众的能力。

第三，正向激励是深化区域化党建的关键所在。惠南镇在推动区域化党建的有效运作中，注重运用多元化的正向激励机制激活区域化党建的可持续性生命力；主动构建利益交汇点，寻找驻区单位与社区、居民之间的利益契合点和兴趣连接处，达成了需求方与供给方的双赢局面；及时展示共建成果，实时整理、推送驻区单位参与区域化党建的事迹和成效，通过把好事说好、传播好人好事的方式给予驻区单位非物质激励；形成价值取向连接，以服务群众为共同追求，激发驻区单位参与志愿服务的积极性和主动性，营造和谐阳光、积极向上、充满正能量的社会氛围，促进区域化党建工作持续健康发展。

三 启示

首先，无论是提高党建能力和水平还是创新基层社会治理方式，其根本目的是满足社区居民对美好生活的需求。人民对美好生活的向往是人类社会发展的根本规律。惠南镇创建的党建“同心圆”，其根本目标就是不断帮助驻区单位更好地服务社区，特别是在民生领域有更好的作为。教育和医疗是与人民生活最为密切的两个方面，惠南镇“惠民医盟”特色党建项目，为居民群众提供覆盖广、针对性强的志愿医疗服务，积极举办各类大型医疗卫生志愿服务活动，送医进工地、进企业、进学校、进社区、进农村，不断满足群众对医疗卫生服务的需求。而“惠民学盟”组成的地区性、联合性、行业性、公益性的教育服务联盟组织，旨在通过整合教育资源，致力于教育惠民，助推教育发展，建设幸福惠南。基本的民生也是最大的民生，从基本民生做起，不断提升民生服务的能力和水平，这是惠南镇的做法，也是我们全社会需要遵循的规律。

其次，从共享经济社会发展成果到实现共同富裕，既是社会主义本质的要求，也是实现现代社会治理的基础。五大发展理念中“共享”是目标，通过共享发展实现共同富裕，这是由社会主义本质决定的。惠南镇党建“同心圆”建设的“惠民商盟”，与村居结对，帮助经济薄弱村形成创收增收机制，为百姓提供有针对性的金融领域志愿服务；加强与惠南镇政府的合作交流，在产业开发、安商稳商、技术引进等方面提供帮助；开展“整洁村”“农家书屋”“金融知识下乡”等一系列活动；帮扶贫困学生，真正实现人人参与、人人共享现代化发展成果，实现共同富裕的目标。因为人民的幸福是建立在共同富裕基础上的，所以“惠民商盟”就是在夯实现代社会治理的基础和现代社会发展的基础。

再次，精神文明建设作为社会治理创新发展的软实力，也是丰富和满足人民日益美好生活需要本身。人民对美好生活的需要包括精神方面的需要，精神文明是美好生活的必不可少的方面。社会主义建设要求物质文明和精神文明“两手抓、两手都要硬”。在我国经济发展已经取得可喜成就的基础上，精神文明显得更加重要。惠南镇“惠民艺盟”着力于提供特定的送文化下乡、送文化进社区服务，在共建过程中还结合单位实际开展浦东派琵琶传承等具有创新性的特色项目，使惠南文化异彩纷呈。其结果是奠定了浦东基层社会治理良好的基础，使文化活动更加丰富多彩、居民精神风貌更加昂扬向上，共商共治更加协调有序，生活氛围更加和谐健康。

最后，发挥基层社会治理活力的关键就是要激发多元主体的参与，不断增强社区居民参与性，创造条件吸引包括年轻人在内的社区居民关心社区事务、积极参与社区事务。惠南镇“四大联盟”参与主体丰富多元，仅“惠民医盟”的志愿者就超过 600 人。当然社区居民的积极参与也非常重要，每一个民生项目或社区事务都离不开社区居民的积极参与，不管是作为社区服务的对象（客体）还是社区服务的主体，社区居民都是社会治理的多元主体之一。特别是在现代信息社会，应利用现代信息技术手段，吸引更多年轻人参与，真正实现人人参与、人人负责、人人分享、人人幸福的现代社会治理美好愿景。

B.18
高桥：项目化合作与区域共同体构建

中共浦东新区地区工作委员会

浦东新区高桥镇有区域单位党组织52家，其中既有高化、电厂等大型央企，自贸区保税区管理局、第七人民医院（以下简称“七院”）、滨江森林公园、上海公安学院等市级单位，还有巴斯夫等世界五百强企业。这些区域单位在镇区占地多、影响大、贡献多，但是在社会治理领域中发挥的作用相对不足，甚至还有部分缺位。为打破区域单位之间的围墙和壁垒，改变原来交集不多、各行其是、资源分割、需求难解和沟通不多的局面，为区域单位创设发挥作用、服务社区民生、促进地区发展的契机，高桥镇党委强化党建引领，统筹各方力量，整合资源与需求，着力打造线上线下“两个平台”，广泛征集资源和需求“两张清单”，积极促成项目化签约和“牵手行动”，形成了多层面协作共建、多维度项目合作、多渠道解决问题，区域一体、多方共赢的生动局面。

一 搭建“两个平台”，加强制度建设，完善区域化党建运作机制

（一）搭建“两个平台”

为加强没有隶属关系的区域单位之间及与镇相关部门、村居委之间的沟通联系，镇党委着力打造形成“两个平台”，实现线上线下互联互通。

一是线下实体平台。建立高桥镇区域化党建促进分会，由镇党委书记任会长，下设理事会和秘书处，统筹全镇区域化党建工作，目前共吸

纳52家区域单位党组织加入。建设党建众治空间。发挥区位优势，在蚂蚁创客空间打造区域内标准化综合服务阵地，设置启航大厅、党员政治生活馆、远程直播课堂、双创参观基地等，为区域单位提供信息共通、资源共享、事务共商、活动共办、社区共融、发展共促的活动主阵地。区域化党建工作年会、理事单位座谈会、区域化党建联谊等一系列活动的开展，有助于加强区域化党建单位间的沟通联系，推进项目化党建落到实处。

二是线上互动平台。建立微信群，出台微信群管理办法，将50多家区域单位、以镇党委书记为首的相关领导及党建、社区建设、文广、工会、团委、妇联等部门人员加入群内。微信群成员达一百余人，大家通过微信群相识、相知，并从线上走到线下，开始了多项合作。比如，高桥石化要举办春节联欢会，缺少文艺节目，在群里喊一声，镇文化服务中心就立即响应，推荐了一个在区里获奖的节目，受到高化职工欢迎和好评。长江口管理站党支部与区域内8家单位协作共建，成立长江口护河志愿者联盟，联合开展保护母亲河志愿活动，既发挥了长江口管理站水域管理的专业优势，又带动了更广泛人群参与保护地区水资源活动。通过群里的联系沟通，七院与镇文化服务中心就开办礼仪培训达成了一致；武警浦东一大队也与滨江森林公园“联姻”，签署了结对共建协议。拓展互联网“微党课”等新媒体载体，邀请区域化党建会员单位参与微党课拍摄，实现线上线下广泛宣传融合学习。其中由七院党委协助拍摄的微党课《医院积极参与区域化党建工作，提升服务精准度惠及社区民众》收看人数过千，各基层党组织深受启发。依托“先锋高桥”微信公众号，开发“两张清单”、项目对接等功能，加快建设区域化党建资源和需求的网上共享、网上预约、线上线下服务、网上评价等机制，并在微信公众号开设区域化党建工作专栏，及时报道项目进展、经验总结和典型做法等。

（二）推进制度建设

围绕提升区域化党建工作实效，完善各项运行机制。一是建立定期联系制度，定期召开会员大会和理事会，沟通项目推进、工作落实等有关情况。建立镇党建联络员分片走访区域单位制度，由镇三套班子成员担任党建联络员，分片走访会员单位，动员区域单位提供资源、认领项目。二是探索区域单位社会责任报告制度，向区域单位的上级党组织通报和反馈其参与属地活动的情况。三是建立评价激励制度，对于主动认领项目、积极参与社区共治，在服务群众、创新基层社会治理中发挥积极作用的党组织和党员，以一定形式进行表彰宣传。

二 征集“两张清单”，推进资源整合，促成区域化党建项目化合作

（一）征集资源和需求“两张清单”，推动区域各方普遍受益

为了解和整合各方资源与需求，自 2015 年以来，镇党委持续向区域单位、社区党委、镇机关部门、事业单位、村居委征集资源和需求“两张清单”，经分类梳理形成两份汇总表，一张是资源清单汇总表，汇集了各单位、各村居能够提供的党建、文化、培训、志愿服务、场馆等各方面资源共 15 类、24 种、153 项；另一张是需求清单汇总表，汇集了各单位、各村居在党建、公益、文体、服务等各方面需求共 13 类、26 种、106 项。每项资源和需求都注明了相关单位、联系人和电话。镇党委将资源和需求汇总表发放给各单位和各村居，以便各单位根据需要主动联系资源提供方，对于联系有困难的，由镇党建办、社区党建服务中心为其牵线搭桥。

（二）探索项目合作机制，促成项目对接与合作

镇党委认真分析“两张清单”，按供需对接的原则，积极联系区域单位及镇各职能部门、社区党委、事业单位、各村居党组织，通过整合资源、供需对接，促成需长期合作才可实现的“长项目”合作签约，为即时实现的

“微项目”积极寻找认领方。目前已促成便民服务、公益慈善、为老服务、文化传播、志愿服务、和谐互助、兴趣培训、心理疏导、专业讲座等10类98个合作项目，涉及单位和村居达120家。

（三）探索项目运行保障机制，为项目运行保驾护航

为使项目做到“随时提、能认领、易对接、可操作”，镇党委制定了《项目申请、认领和实施办法》，制作了项目申请表和项目合作协议书范本，细化明确项目范围、项目申请、认领机制和工作要求，切实保障项目的有序规范申领和实施。首先，项目申请可随时提出。除每年定期征集“两张清单”外，鼓励各单位、各村居根据自身需求和百姓需要，随时填报项目申请表。其次，为项目提供必要帮扶。视项目情况给予一定比例的经费补贴，帮助合作双方解决项目在实施过程中出现的问题。最后，对项目进展情况进行跟踪和督促推进。在每季度的区域化党建促进分会理事会上通报各项目进展情况，年底对优秀项目进行评比表彰。

三　实现区域单位与社区“双向开放”，破解发展难题，构建区域生活共同体

秉承“共同参与、共同感受、共享发展”的理念，聚焦价值共识，通过高桥镇党委的牵线搭桥，区域单位党组织与镇机关各职能部门、社区党委、各村居党组织之间以及区域单位党组织相互之间实现了资源、活动的双向开放，形成了纵横交错的协作共建网络，推进了“资源共享、文明共创、文化共融、人才共育、社会共治、事业共兴”目标的实现。

一是实现资源双向开放，破解区域难题，推进社会治理。

在区域发展方面，针对高桥区域内建设和发展难题瓶颈，如交通路网、基础设施建设滞后，发展后劲不足等，区域化党建联合各方力量，通过实地踏勘、个案分析、专题研究等方式群策群力、齐抓共管。如：凌桥地区交通

事故引起群众聚集事件，区域化党建联合公安、城管等跨前一步、主动作为、合力应对和妥善处置，有效化解突发事件引发的危机。事故后借力外高桥集团、交警等多方力量，不断优化道路体系，建设区域集疏运体系，打通高效便捷的交通“主动脉”。再如，巴斯夫与周边的西新、北新村结对，通过公益共做、活动共搞，在紧邻的村企之间搭建沟通合作的桥梁，构建和谐互助的邻里关系。又如：实施“古镇再造·高桥复兴”计划，区域化党建与外高桥集团、新高桥公司等联手成立专题工作小组，众筹社会力量，力促古镇保护发展，传承古镇历史文脉。

在为民服务方面，海警支队、凌桥卫生院与凌桥社区党委每月联合开展“相约20日，携手志愿行”便民服务活动，打通服务群众“最后一公里”的“最后一百米”。针对众多单位和村居提出的医疗健康咨询服务需求，区域化党建促成镇志愿服务中心与七院、高桥卫生院、凌桥卫生院合作开展“健康雷锋站”项目，定时定点开展量血压、量血糖、健康咨询等医疗服务。对因父母入狱或精神病等而由亲属或他人做监护人的7名“准孤儿”，区域化党建利用新市镇公司党委有尼德兰童军会及物质帮困的资源优势，促成镇妇联与其开展合作，由新市镇公司党委对“准孤儿”给予生活关爱和每人每年2000元的资助及其他物质帮扶。促成驻地某部队和外港海关认领凌桥居委两户特困家庭。针对滨江森林公园建立突发事件人员绿色救治通道的需求，促成其与七院合作签约。

在社区共治方面，众多居民区党支部与周边驻区单位结对共建，汇集驻区单位力量一起参与社区治理。如警校心理教研室的专业心理咨询师与社区服刑青少年结对，提供一对一的心理咨询辅导。陆凌居民区党支部与上海公安学院结对共建，开展清洁家园、便民服务、为老服务、困难家庭结对及文化联谊等一系列活动。

在文化生活方面，海量的资源开始为社区所用。海高居缺少的中青年党员健身运动场馆，由高桥中学就近提供。凌桥中学与凌桥社区党委签约，将学校场地向社区居民开放。凌桥四居等居委想暑期组织学生到部队参观，海警支队大力支持。富特三村想为居民举办家庭绿化养殖讲座，滨江森林公园为其提供有专业资质的讲师。同时，村居活动室、图书室、体育场地、市民学校等场馆和资源也向区域单位开放。

二是实现活动“双向开放”，加强互动交流，促进共同繁荣。

在推动示范引领方面，镇党建服务中心依托捷派克党委党建先进集体、全国模范职工之家红旗单位、上海工匠等资源，打造党员先锋驿站（书记工作室），为区域单位提供微党课、书记沙龙等党建活动资源。区域单位党组织积极参与镇党委服务中心举办的“古镇高桥·红色之旅”情景党课，重温党的历史，铭记入党初心，体验古镇红色文化。社区党校联合区域化党建单位、蚂蚁创客基地教育资源，组建起“行业讲师团”“白领志愿者讲师团”，设计“党课菜单”送课下基层。依托“先锋党员志愿服务队”，以党员社区报到为契机，区域化党建单位广泛参与社区公益、志愿服务、认领“微心愿”等活动。

在深化群团改革方面，党建办与蚂蚁创客合作在创新创业基地打造党建引领下的群团之家、5A级青年中心，将群团服务衍生到创业企业和创业青年，让“两新”青年就近找到党组织和群团组织。为满足中学生每年60小时社会实践活动需求，促成镇团委与高桥中学合作，吸纳学生在高桥老街四个文化展馆做文化讲解志愿者；与高桥中学、凌桥中学合作开展“爱心暑托班”项目，让中学生当暑托班的小老师。

在加强文化交流方面，镇里举办的各类文化活动、体育赛事、志愿服务、培训讲座甚至中心组扩大学习会，都向区域单位开放。“3·5”学雷锋日主题活动通知发布后，十几家区域单位热烈响应，除了提供现场问诊、理发、磨刀、电器修理等传统服务外，还充分发挥自身的专业优势，提供家庭绿化养殖、水资源保护知识宣传、用电安全宣传等专业知识宣传。镇里组织的广播操比赛、钓鱼比赛以及信息宣传等各方面的培训讲座中也都出现了区域单位的身影。同时，镇党委向区域单位发出将活动向社区居民开放的倡议，滨江森林公园举办的多肉植物栽培讲座、公园设计者讲座，高桥石化、外高桥法庭的“公众开放日”等活动向区域单位和社区居民敞开了大门。

S 基本子库
UB DATABASE

中国社会发展数据库（下设 12 个子库）

全面整合国内外中国社会发展研究成果，汇聚独家统计数据、深度分析报告，涉及社会、人口、政治、教育、法律等 12 个领域，为了解中国社会发展动态、跟踪社会核心热点、分析社会发展趋势提供一站式资源搜索和数据分析与挖掘服务。

中国经济发展数据库（下设 12 个子库）

基于"皮书系列"中涉及中国经济发展的研究资料构建，内容涵盖宏观经济、农业经济、工业经济、产业经济等 12 个重点经济领域，为实时掌控经济运行态势、把握经济发展规律、洞察经济形势、进行经济决策提供参考和依据。

中国行业发展数据库（下设 17 个子库）

以中国国民经济行业分类为依据，覆盖金融业、旅游、医疗卫生、交通运输、能源矿产等 100 多个行业，跟踪分析国民经济相关行业市场运行状况和政策导向，汇集行业发展前沿资讯，为投资、从业及各种经济决策提供理论基础和实践指导。

中国区域发展数据库（下设 6 个子库）

对中国特定区域内的经济、社会、文化等领域现状与发展情况进行深度分析和预测，研究层级至县及县以下行政区，涉及地区、区域经济体、城市、农村等不同维度。为地方经济社会宏观态势研究、发展经验研究、案例分析提供数据服务。

中国文化传媒数据库（下设 18 个子库）

汇聚文化传媒领域专家观点、热点资讯，梳理国内外中国文化发展相关学术研究成果、一手统计数据，涵盖文化产业、新闻传播、电影娱乐、文学艺术、群众文化等 18 个重点研究领域。为文化传媒研究提供相关数据、研究报告和综合分析服务。

世界经济与国际关系数据库（下设 6 个子库）

立足"皮书系列"世界经济、国际关系相关学术资源，整合世界经济、国际政治、世界文化与科技、全球性问题、国际组织与国际法、区域研究 6 大领域研究成果，为世界经济与国际关系研究提供全方位数据分析，为决策和形势研判提供参考。

法律声明

皮书系列

2018年

智 库 成 果 出 版 与 传 播 平 台

社会科学文献出版社
SOCIAL SCIENCES ACADEMIC PRESS (CHINA)

社长致辞

蓦然回首，皮书的专业化历程已经走过了二十年。20年来从一个出版社的学术产品名称到媒体热词再到智库成果研创及传播平台，皮书以专业化为主线，进行了系列化、市场化、品牌化、数字化、国际化、平台化的运作，实现了跨越式的发展。特别是在党的十八大以后，以习近平总书记为核心的党中央高度重视新型智库建设，皮书也迎来了长足的发展，总品种达到600余种，经过专业评审机制、淘汰机制遴选，目前，每年稳定出版近400个品种。"皮书"已经成为中国新型智库建设的抓手，成为国际国内社会各界快速、便捷地了解真实中国的最佳窗口。

20年孜孜以求，"皮书"始终将自己的研究视野与经济社会发展中的前沿热点问题紧密相连。600个研究领域，3万多位分布于800余个研究机构的专家学者参与了研创写作。皮书数据库中共收录了15万篇专业报告，50余万张数据图表，合计30亿字，每年报告下载量近80万次。皮书为中国学术与社会发展实践的结合提供了一个激荡智力、传播思想的入口，皮书作者们用学术的话语、客观翔实的数据谱写出了中国故事壮丽的篇章。

20年跬步千里，"皮书"始终将自己的发展与时代赋予的使命与责任紧紧相连。每年百余场新闻发布会，10万余次中外媒体报道，中、英、俄、日、韩等12个语种共同出版。皮书所具有的凝聚力正在形成一种无形的力量，吸引着社会各界关注中国的发展，参与中国的发展，它是我们向世界传递中国声音、总结中国经验、争取中国国际话语权最主要的平台。

皮书这一系列成就的取得，得益于中国改革开放的伟大时代，离不开来自中国社会科学院、新闻出版广电总局、全国哲学社会科学规划办公室等主管部门的大力支持和帮助，也离不开皮书研创者和出版者的共同努力。他们与皮书的故事创造了皮书的历史，他们对皮书的拳拳之心将继续谱写皮书的未来！

现在，"皮书"品牌已经进入了快速成长的青壮年时期。全方位进行规范化管理，树立中国的学术出版标准；不断提升皮书的内容质量和影响力，搭建起中国智库产品和智库建设的交流服务平台和国际传播平台；发布各类皮书指数，并使之成为中国指数，让中国智库的声音响彻世界舞台，为人类的发展做出中国的贡献——这是皮书未来发展的图景。作为"皮书"这个概念的提出者，"皮书"从一般图书到系列图书和品牌图书，最终成为智库研究和社会科学应用对策研究的知识服务和成果推广平台这整个过程的操盘者，我相信，这也是每一位皮书人执着追求的目标。

"当代中国正经历着我国历史上最为广泛而深刻的社会变革，也正在进行着人类历史上最为宏大而独特的实践创新。这种前无古人的伟大实践，必将给理论创造、学术繁荣提供强大动力和广阔空间。"

在这个需要思想而且一定能够产生思想的时代，皮书的研创出版一定能创造出新的更大的辉煌！

社会科学文献出版社社长

中国社会学会秘书长

2017年11月

社会科学文献出版社简介

社会科学文献出版社（以下简称“社科文献出版社”）成立于1985年，是直属于中国社会科学院的人文社会科学学术出版机构。成立至今，社科文献出版社始终依托中国社会科学院和国内外人文社会科学界丰厚的学术出版和专家学者资源，坚持“创社科经典，出传世文献”的出版理念、“权威、前沿、原创”的产品定位以及学术成果和智库成果出版的专业化、数字化、国际化、市场化的经营道路。

社科文献出版社是中国新闻出版业转型与文化体制改革的先行者。积极探索文化体制改革的先进方向和现代企业经营决策机制，社科文献出版社先后荣获“全国文化体制改革工作先进单位”、中国出版政府奖·先进出版单位奖，中国社会科学院先进集体、全国科普工作先进集体等荣誉称号。多人次荣获“第十届韬奋出版奖”“全国新闻出版行业领军人才”“数字出版先进人物”“北京市新闻出版广电行业领军人才”等称号。

社科文献出版社是中国人文社会科学学术出版的大社名社，也是以皮书为代表的智库成果出版的专业强社。年出版图书2000余种，其中皮书400余种，出版新书字数5.5亿字，承印与发行中国社科院院属期刊72种，先后创立了皮书系列、列国志、中国史话、社科文献学术译库、社科文献学术文库、甲骨文书系等一大批既有学术影响又有市场价值的品牌，确立了在社会学、近代史、苏东问题研究等专业学科及领域出版的领先地位。图书多次荣获中国出版政府奖、“三个一百”原创图书出版工程、“五个‘一’工程奖”、“大众喜爱的50种图书”等奖项，在中央国家机关“强素质·做表率”读书活动中，入选图书品种数位居各大出版社之首。

社科文献出版社是中国学术出版规范与标准的倡议者与制定者，代表全国50多家出版社发起实施学术著作出版规范的倡议，承担学术著作规范国家标准的起草工作，率先编撰完成《皮书手册》对皮书品牌进行规范化管理，并在此基础上推出中国版芝加哥手册——《社科文献出版社学术出版手册》。

社科文献出版社是中国数字出版的引领者，拥有皮书数据库、列国志数据库、“一带一路”数据库、减贫数据库、集刊数据库等4大产品线11个数据库产品，机构用户达1300余家，海外用户百余家，荣获“数字出版转型示范单位”“新闻出版标准化先进单位”“专业数字内容资源知识服务模式试点企业标准化示范单位”等称号。

社科文献出版社是中国学术出版走出去的践行者。社科文献出版社海外图书出版与学术合作业务遍及全球40余个国家和地区，并于2016年成立俄罗斯分社，累计输出图书500余种，涉及近20个语种，累计获得国家社科基金中华学术外译项目资助76种、“丝路书香工程”项目资助60种、中国图书对外推广计划项目资助71种以及经典中国国际出版工程资助28种，被五部委联合认定为“2015-2016年度国家文化出口重点企业”。

如今，社科文献出版社完全靠自身积累拥有固定资产3.6亿元，年收入3亿元，设置了七大出版分社、六大专业部门，成立了皮书研究院和博士后科研工作站，培养了一支近400人的高素质与高效率的编辑、出版、营销和国际推广队伍，为未来成为学术出版的大社、名社、强社，成为文化体制改革与文化企业转型发展的排头兵奠定了坚实的基础。

宏观经济类

经济蓝皮书

2018 年中国经济形势分析与预测

李平 / 主编　2017 年 12 月出版　定价：89.00 元

◆　本书为总理基金项目，由著名经济学家李扬领衔，联合中国社会科学院等数十家科研机构、国家部委和高等院校的专家共同撰写，系统分析了 2017 年的中国经济形势并预测 2018 年中国经济运行情况。

城市蓝皮书

中国城市发展报告 No.11

潘家华　单菁菁 / 主编　2018 年 9 月出版　估价：99.00 元

◆　本书是由中国社会科学院城市发展与环境研究中心编著的，多角度、全方位地立体展示了中国城市的发展状况，并对中国城市的未来发展提出了许多建议。该书有强烈的时代感，对中国城市发展实践有重要的参考价值。

人口与劳动绿皮书

中国人口与劳动问题报告 No.19

张车伟 / 主编　2018 年 10 月出版　估价：99.00 元

◆　本书为中国社会科学院人口与劳动经济研究所主编的年度报告，对当前中国人口与劳动形势做了比较全面和系统的深入讨论，为研究中国人口与劳动问题提供了一个专业性的视角。

中国省域竞争力蓝皮书

中国省域经济综合竞争力发展报告（2017 ~ 2018）

李建平　李闽榕　高燕京 / 主编　2018 年 5 月出版　估价：198.00 元

◆　本书融多学科的理论为一体，深入追踪研究了省域经济发展与中国国家竞争力的内在关系，为提升中国省域经济综合竞争力提供有价值的决策依据。

金融蓝皮书

中国金融发展报告（2018）

王国刚 / 主编　2018 年 6 月出版　估价：99.00 元

◆　本书由中国社会科学院金融研究所组织编写，概括和分析了 2017 年中国金融发展和运行中的各方面情况，研讨和评论了 2017 年发生的主要金融事件，有利于读者了解掌握 2017 年中国的金融状况，把握 2018 年中国金融的走势。

区 域 经 济 类

京津冀蓝皮书

京津冀发展报告（2018）

祝合良　叶堂林　张贵祥 / 等著　2018 年 6 月出版　估价：99.00 元

◆　本书遵循问题导向与目标导向相结合、统计数据分析与大数据分析相结合、纵向分析和长期监测与结构分析和综合监测相结合等原则，对京津冀协同发展新形势与新进展进行测度与评价。

社会政法类

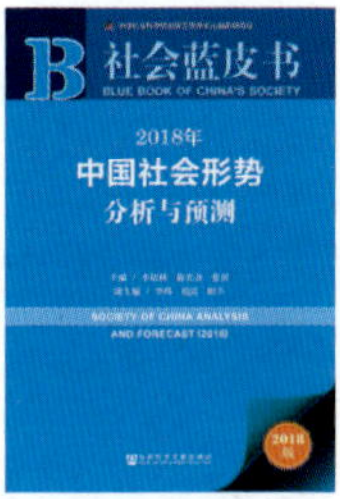

社会蓝皮书

2018 年中国社会形势分析与预测

李培林　陈光金　张翼 / 主编　2017 年 12 月出版　定价：89.00 元

◆　本书由中国社会科学院社会学研究所组织研究机构专家、高校学者和政府研究人员撰写，聚焦当下社会热点，对 2017 年中国社会发展的各个方面内容进行了权威解读，同时对 2018 年社会形势发展趋势进行了预测。

法治蓝皮书

中国法治发展报告 No.16（2018）

李林　田禾 / 主编　2018 年 3 月出版　定价：128.00 元

◆　本年度法治蓝皮书回顾总结了 2017 年度中国法治发展取得的成就和存在的不足，对中国政府、司法、检务透明度进行了跟踪调研，并对 2018 年中国法治发展形势进行了预测和展望。

教育蓝皮书

中国教育发展报告（2018）

杨东平 / 主编　2018 年 3 月出版　定价：89.00 元

◆　本书重点关注了 2017 年教育领域的热点，资料翔实，分析有据，既有专题研究，又有实践案例，从多角度对 2017 年教育改革和实践进行了分析和研究。

社会体制蓝皮书

中国社会体制改革报告 No.6（2018）

龚维斌 / 主编　2018 年 3 月出版　定价：98.00 元

◆　本书由国家行政学院社会治理研究中心和北京师范大学中国社会管理研究院共同组织编写，主要对 2017 年社会体制改革情况进行回顾和总结，对 2018 年的改革走向进行分析，提出相关政策建议。

社会心态蓝皮书

中国社会心态研究报告（2018）

王俊秀　杨宜音 / 主编　2018 年 12 月出版　估价：99.00 元

◆　本书是中国社会科学院社会学研究所社会心理研究中心“社会心态蓝皮书课题组”的年度研究成果，运用社会心理学、社会学、经济学、传播学等多种学科的方法进行了调查和研究，对于目前中国社会心态状况有较广泛和深入的揭示。

华侨华人蓝皮书

华侨华人研究报告（2018）

贾益民 / 主编　2017 年 12 月出版　估价：139.00 元

◆　本书关注华侨华人生产与生活的方方面面。华侨华人是中国建设 21 世纪海上丝绸之路的重要中介者、推动者和参与者。本书旨在全面调研华侨华人，提供最新涉侨动态、理论研究成果和政策建议。

民族发展蓝皮书

中国民族发展报告（2018）

王延中 / 主编　2018 年 10 月出版　估价：188.00 元

◆　本书从民族学人类学视角，研究近年来少数民族和民族地区的发展情况，展示民族地区经济、政治、文化、社会和生态文明“五位一体”建设取得的辉煌成就和面临的困难挑战，为深刻理解中央民族工作会议精神、加快民族地区全面建成小康社会进程提供了实证材料。

产 业 经 济 类

房地产蓝皮书

中国房地产发展报告 No.15（2018）

李春华　王业强 / 主编　2018 年 5 月出版　估价：99.00 元

◆　2018 年《房地产蓝皮书》持续追踪中国房地产市场最新动态，深度剖析市场热点，展望 2018 年发展趋势，积极谋划应对策略。对 2017 年房地产市场的发展态势进行全面、综合的分析。

新能源汽车蓝皮书

中国新能源汽车产业发展报告（2018）

中国汽车技术研究中心　日产（中国）投资有限公司

东风汽车有限公司 / 编著　2018 年 8 月出版　估价：99.00 元

◆　本书对中国 2017 年新能源汽车产业发展进行了全面系统的分析，并介绍了国外的发展经验。有助于相关机构、行业和社会公众等了解中国新能源汽车产业发展的最新动态，为政府部门出台新能源汽车产业相关政策法规、企业制定相关战略规划，提供必要的借鉴和参考。

行 业 及 其 他 类

旅游绿皮书

2017 ~ 2018 年中国旅游发展分析与预测

中国社会科学院旅游研究中心 / 编　2018 年 1 月出版　定价：99.00 元

◆　本书从政策、产业、市场、社会等多个角度勾画出 2017 年中国旅游发展全貌，剖析了其中的热点和核心问题，并就未来发展作出预测。

民营医院蓝皮书

中国民营医院发展报告（2018）

薛晓林 / 主编　2018 年 11 月出版　估价：99.00 元

◆　本书在梳理国家对社会办医的各种利好政策的前提下，对我国民营医疗发展现状、我国民营医院竞争力进行了分析，并结合我国医疗体制改革对民营医院的发展趋势、发展策略、战略规划等方面进行了预估。

会展蓝皮书

中外会展业动态评估研究报告（2018）

张敏 / 主编　2018 年 12 月出版　估价：99.00 元

◆　本书回顾了 2017 年的会展业发展动态，结合“供给侧改革”、“互联网 +”、“绿色经济”的新形势分析了我国展会的行业现状，并介绍了国外的发展经验，有助于行业和社会了解最新的展会业动态。

中国上市公司蓝皮书

中国上市公司发展报告（2018）

张平　王宏淼 / 主编　2018 年 9 月出版　估价：99.00 元

◆　本书由中国社会科学院上市公司研究中心组织编写的，着力于全面、真实、客观反映当前中国上市公司财务状况和价值评估的综合性年度报告。本书详尽分析了 2017 年中国上市公司情况，特别是现实中暴露出的制度性、基础性问题，并对资本市场改革进行了探讨。

工业和信息化蓝皮书

人工智能发展报告（2017 ~ 2018）

尹丽波 / 主编　2018 年 6 月出版　估价：99.00 元

◆　本书国家工业信息安全发展研究中心在对 2017 年全球人工智能技术和产业进行全面跟踪研究基础上形成的研究报告。该报告内容翔实、视角独特，具有较强的产业发展前瞻性和预测性，可为相关主管部门、行业协会、企业等全面了解人工智能发展形势以及进行科学决策提供参考。

国际问题与全球治理类

世界经济黄皮书

2018 年世界经济形势分析与预测

张宇燕 / 主编　2018 年 1 月出版　定价：99.00 元

◆　本书由中国社会科学院世界经济与政治研究所的研究团队撰写，分总论、国别与地区、专题、热点、世界经济统计与预测等五个部分，对 2018 年世界经济形势进行了分析。

国际城市蓝皮书

国际城市发展报告（2018）

屠启宇 / 主编　2018 年 2 月出版　定价：89.00 元

◆　本书作者以上海社会科学院从事国际城市研究的学者团队为核心，汇集同济大学、华东师范大学、复旦大学、上海交通大学、南京大学、浙江大学相关城市研究专业学者。立足动态跟踪介绍国际城市发展时间中，最新出现的重大战略、重大理念、重大项目、重大报告和最佳案例。

非洲黄皮书

非洲发展报告 No.20（2017 ～ 2018）

张宏明 / 主编　2018 年 7 月出版　估价：99.00 元

◆　本书是由中国社会科学院西亚非洲研究所组织编撰的非洲形势年度报告，比较全面、系统地分析了 2017 年非洲政治形势和热点问题，探讨了非洲经济形势和市场走向，剖析了大国对非洲关系的新动向；此外，还介绍了国内非洲研究的新成果。

国别类

美国蓝皮书

美国研究报告（2018）

郑秉文　黄平 / 主编　2018 年 5 月出版　估价：99.00 元

◆　本书是由中国社会科学院美国研究所主持完成的研究成果，它回顾了美国 2017 年的经济、政治形势与外交战略，对美国内政外交发生的重大事件及重要政策进行了较为全面的回顾和梳理。

德国蓝皮书

德国发展报告（2018）

郑春荣 / 主编　2018 年 6 月出版　估价：99.00 元

◆　本报告由同济大学德国研究所组织编撰，由该领域的专家学者对德国的政治、经济、社会文化、外交等方面的形势发展情况，进行全面的阐述与分析。

俄罗斯黄皮书

俄罗斯发展报告（2018）

李永全 / 编著　2018 年 6 月出版　估价：99.00 元

◆　本书系统介绍了 2017 年俄罗斯经济政治情况，并对 2016 年该地区发生的焦点、热点问题进行了分析与回顾；在此基础上，对该地区 2018 年的发展前景进行了预测。

文化传媒类

新媒体蓝皮书

中国新媒体发展报告 No.9（2018）

唐绪军 / 主编　2018 年 6 月出版　估价：99.00 元

◆　本书是由中国社会科学院新闻与传播研究所组织编写的关于新媒体发展的最新年度报告，旨在全面分析中国新媒体的发展现状，解读新媒体的发展趋势，探析新媒体的深刻影响。

移动互联网蓝皮书

中国移动互联网发展报告（2018）

余清楚 / 主编　2018 年 6 月出版　估价：99.00 元

◆　本书着眼于对 2017 年度中国移动互联网的发展情况做深入解析，对未来发展趋势进行预测，力求从不同视角、不同层面全面剖析中国移动互联网发展的现状、年度突破及热点趋势等。

文化蓝皮书

中国文化消费需求景气评价报告（2018）

王亚南 / 主编　2018 年 3 月出版　定价：99.00 元

◆　本书首创全国文化发展量化检测评价体系，也是至今全国唯一的文化民生量化检测评价体系，对于检验全国及各地 " 以人民为中心 " 的文化发展具有首创意义。

地方发展类

北京蓝皮书

北京经济发展报告（2017 ~ 2018）

杨松 / 主编　2018 年 6 月出版　估价：99.00 元

◆　本书对 2017 年北京市经济发展的整体形势进行了系统性的分析与回顾，并对 2018 年经济形势走势进行了预测与研判，聚焦北京市经济社会发展中的全局性、战略性和关键领域的重点问题，运用定量和定性分析相结合的方法，对北京市经济社会发展的现状、问题、成因进行了深入分析，提出了可操作性的对策建议。

温州蓝皮书

2018 年温州经济社会形势分析与预测

蒋儒标　王春光　金浩 / 主编　2018 年 6 月出版　估价：99.00 元

◆　本书是中共温州市委党校和中国社会科学院社会学研究所合作推出的第十一本温州蓝皮书，由来自党校、政府部门、科研机构、高校的专家、学者共同撰写的 2017 年温州区域发展形势的最新研究成果。

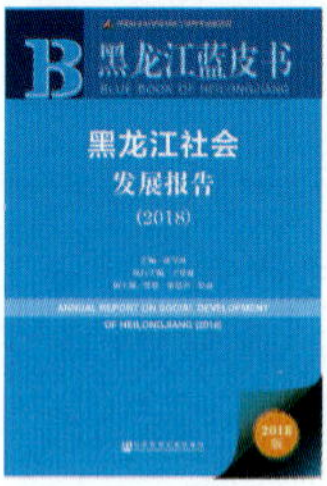

黑龙江蓝皮书

黑龙江社会发展报告（2018）

王爱丽 / 主编　2018 年 1 月出版　定价：89.00 元

◆　本书以千份随机抽样问卷调查和专题研究为依据，运用社会学理论框架和分析方法，从专家和学者的独特视角，对 2017 年黑龙江省关系民生的问题进行广泛的调研与分析，并对 2017 年黑龙江省诸多社会热点和焦点问题进行了有益的探索。这些研究不仅可以为政府部门更加全面深入了解省情、科学制定决策提供智力支持，同时也可以为广大读者认识、了解、关注黑龙江社会发展提供理性思考。

宏观经济类

城市蓝皮书
中国城市发展报告（No.11）
著(编)者：潘家华 单菁菁
2018年9月出版 / 估价：99.00元
PSN B-2007-091-1/1

城乡一体化蓝皮书
中国城乡一体化发展报告（2018）
著(编)者：付崇兰
2018年9月出版 / 估价：99.00元
PSN B-2011-226-1/2

城镇化蓝皮书
中国新型城镇化健康发展报告（2018）
著(编)者：张占斌
2018年8月出版 / 估价：99.00元
PSN B-2014-396-1/1

创新蓝皮书
创新型国家建设报告（2018～2019）
著(编)者：詹正茂
2018年12月出版 / 估价：99.00元
PSN B-2009-140-1/1

低碳发展蓝皮书
中国低碳发展报告（2018）
著(编)者：张希良 齐晔
2018年6月出版 / 估价：99.00元
PSN B-2011-223-1/1

低碳经济蓝皮书
中国低碳经济发展报告（2018）
著(编)者：薛进军 赵忠秀
2018年11月出版 / 估价：99.00元
PSN B-2011-194-1/1

发展和改革蓝皮书
中国经济发展和体制改革报告No.9
著(编)者：邹东涛 王再文
2018年1月出版 / 估价：99.00元
PSN B-2008-122-1/1

国家创新蓝皮书
中国创新发展报告（2017）
著(编)者：陈劲 2018年5月出版 / 估价：99.00元
PSN B-2014-370-1/1

金融蓝皮书
中国金融发展报告（2018）
著(编)者：王国刚
2018年6月出版 / 估价：99.00元
PSN B-2004-031-1/7

经济蓝皮书
2018年中国经济形势分析与预测
著(编)者：李平 2017年12月出版 / 定价：89.00元
PSN B-1996-001-1/1

经济蓝皮书春季号
2018年中国经济前景分析
著(编)者：李扬 2018年5月出版 / 估价：99.00元
PSN B-1999-008-1/1

经济蓝皮书夏季号
中国经济增长报告（2017～2018）
著(编)者：李扬 2018年9月出版 / 估价：99.00元
PSN B-2010-176-1/1

农村绿皮书
中国农村经济形势分析与预测（2017～2018）
著(编)者：魏后凯 黄秉信
2018年4月出版 / 定价：99.00元
PSN G-1998-003-1/1

人口与劳动绿皮书
中国人口与劳动问题报告No.19
著(编)者：张车伟 2018年11月出版 / 估价：99.00元
PSN G-2000-012-1/1

新型城镇化蓝皮书
新型城镇化发展报告（2017）
著(编)者：李伟 宋敏
2018年3月出版 / 定价：98.00元
PSN B-2005-038-1/1

中国省域竞争力蓝皮书
中国省域经济综合竞争力发展报告（2016～2017）
著(编)者：李建平 李闽榕
2018年2月出版 / 定价：198.00元
PSN B-2007-088-1/1

中小城市绿皮书
中国中小城市发展报告（2018）
著(编)者：中国城市经济学会中小城市经济发展委员会
中国城镇化促进会中小城市发展委员会
《中国中小城市发展报告》编纂委员会
中小城市发展战略研究院
2018年11月出版 / 估价：128.00元
PSN G-2010-161-1/1

区域经济类

东北蓝皮书
中国东北地区发展报告（2018）
著(编)者：姜晓秋　2018年11月出版 / 估价：99.00元
PSN B-2006-067-1/1

金融蓝皮书
中国金融中心发展报告（2017～2018）
著(编)者：王力 黄育华　2018年11月出版 / 估价：99.00元
PSN B-2011-186-6/7

京津冀蓝皮书
京津冀发展报告（2018）
著(编)者：祝合良 叶堂林 张贵祥
2018年6月出版 / 估价：99.00元
PSN B-2012-262-1/1

西北蓝皮书
中国西北发展报告（2018）
著(编)者：王福生 马廷旭 董秋生
2018年1月出版 / 定价：99.00元
PSN B-2012-261-1/1

西部蓝皮书
中国西部发展报告（2018）
著(编)者：璋勇 任保平　2018年8月出版 / 估价：99.00元
PSN B-2005-039-1/1

长江经济带产业蓝皮书
长江经济带产业发展报告（2018）
著(编)者：吴传清　2018年11月出版 / 估价：128.00元
PSN B-2017-666-1/1

长江经济带蓝皮书
长江经济带发展报告（2017～2018）
著(编)者：王振　2018年11月出版 / 估价：99.00元
PSN B-2016-575-1/1

长江中游城市群蓝皮书
长江中游城市群新型城镇化与产业协同发展报告（2018）
著(编)者：杨刚强　2018年11月出版 / 估价：99.00元
PSN B-2016-578-1/1

长三角蓝皮书
2017年创新融合发展的长三角
著(编)者：刘飞跃　2018年5月出版 / 估价：99.00元
PSN B-2005-038-1/1

长株潭城市群蓝皮书
长株潭城市群发展报告（2017）
著(编)者：张萍 朱有志　2018年6月出版 / 估价：99.00元
PSN B-2008-109-1/1

特色小镇蓝皮书
特色小镇智慧运营报告（2018）：顶层设计与智慧架构标准
著(编)者：陈劲　2018年1月出版 / 定价：79.00元
PSN B-2018-692-1/1

中部竞争力蓝皮书
中国中部经济社会竞争力报告（2018）
著(编)者：教育部人文社会科学重点研究基地南昌大学中国中部经济社会发展研究中心
2018年12月出版 / 估价：99.00元
PSN B-2012-276-1/1

中部蓝皮书
中国中部地区发展报告（2018）
著(编)者：宋亚平　2018年12月出版 / 估价：99.00元
PSN B-2007-089-1/1

区域蓝皮书
中国区域经济发展报告（2017～2018）
著(编)者：赵弘　2018年5月出版 / 估价：99.00元
PSN B-2004-034-1/1

中三角蓝皮书
长江中游城市群发展报告（2018）
著(编)者：秦尊文　2018年9月出版 / 估价：99.00元
PSN B-2014-417-1/1

中原蓝皮书
中原经济区发展报告（2018）
著(编)者：李英杰　2018年6月出版 / 估价：99.00元
PSN B-2011-192-1/1

珠三角流通蓝皮书
珠三角商圈发展研究报告（2018）
著(编)者：王先庆 林至颖　2018年7月出版 / 估价：99.00元
PSN B-2012-292-1/1

社会政法类

北京蓝皮书
中国社区发展报告（2017～2018）
著(编)者：于燕燕　2018年9月出版 / 估价：99.00元
PSN B-2007-083-5/8

殡葬绿皮书
中国殡葬事业发展报告（2017～2018）
著(编)者：李伯森　2018年6月出版 / 估价：158.00元
PSN G-2010-180-1/1

城市管理蓝皮书
中国城市管理报告（2017-2018）
著(编)者：刘林 刘承水　2018年5月出版 / 估价：158.00元
PSN B-2013-336-1/1

城市生活质量蓝皮书
中国城市生活质量报告（2017）
著(编)者：张连城 张平 杨春学 郎丽华
2017年12月出版 / 定价：89.00元
PSN B-2013-326-1/1

城市政府能力蓝皮书
中国城市政府公共服务能力评估报告（2018）
著(编)者：何艳玲　　2018年5月出版 / 估价：99.00元
PSN B-2013-338-1/1

创业蓝皮书
中国创业发展研究报告（2017～2018）
著(编)者：黄群慧　赵卫星　钟宏武
2018年11月出版 / 估价：99.00元
PSN B-2016-577-1/1

慈善蓝皮书
中国慈善发展报告（2018）
著(编)者：杨团　　2018年6月出版 / 估价：99.00元
PSN B-2009-142-1/1

党建蓝皮书
党的建设研究报告No.2（2018）
著(编)者：崔建民　陈东平　　2018年6月出版 / 估价：99.00元
PSN B-2016-523-1/1

地方法治蓝皮书
中国地方法治发展报告No.3（2018）
著(编)者：李林　田禾　　2018年6月出版 / 估价：118.00元
PSN B-2015-442-1/1

电子政务蓝皮书
中国电子政务发展报告（2018）
著(编)者：李季　　2018年8月出版 / 估价：99.00元
PSN B-2003-022-1/1

儿童蓝皮书
中国儿童参与状况报告（2017）
著(编)者：苑立新　　2017年12月出版 / 定价：89.00元
PSN B-2017-682-1/1

法治蓝皮书
中国法治发展报告No.16（2018）
著(编)者：李林　田禾　　2018年3月出版 / 定价：128.00元
PSN B-2004-027-1/3

法治蓝皮书
中国法院信息化发展报告 No.2（2018）
著(编)者：李林　田禾　　2018年2月出版 / 定价：118.00元
PSN B-2017-604-3/3

法治政府蓝皮书
中国法治政府发展报告（2017）
著(编)者：中国政法大学法治政府研究院
2018年3月出版 / 定价：158.00元
PSN B-2015-502-1/2

法治政府蓝皮书
中国法治政府评估报告（2018）
著(编)者：中国政法大学法治政府研究院
2018年9月出版 / 估价：168.00元
PSN B-2016-576-2/2

反腐倡廉蓝皮书
中国反腐倡廉建设报告 No.8
著(编)者：张英伟　　2018年12月出版 / 估价：99.00元
PSN B-2012-259-1/1

扶贫蓝皮书
中国扶贫开发报告（2018）
著(编)者：李培林　魏后凯　　2018年12月出版 / 估价：128.00元
PSN B-2016-599-1/1

妇女发展蓝皮书
中国妇女发展报告 No.6
著(编)者：王金玲　　2018年9月出版 / 估价：158.00元
PSN B-2006-069-1/1

妇女教育蓝皮书
中国妇女教育发展报告 No.3
著(编)者：张李玺　　2018年10月出版 / 估价：99.00元
PSN B-2008-121-1/1

妇女绿皮书
2018年：中国性别平等与妇女发展报告
著(编)者：谭琳　　2018年12月出版 / 估价：99.00元
PSN G-2006-073-1/1

公共安全蓝皮书
中国城市公共安全发展报告（2017～2018）
著(编)者：黄育华　杨文明　赵建辉
2018年6月出版 / 估价：99.00元
PSN B-2017-628-1/1

公共服务蓝皮书
中国城市基本公共服务力评价（2018）
著(编)者：钟君　刘志昌　吴正杲
2018年12月出版 / 估价：99.00元
PSN B-2011-214-1/1

公民科学素质蓝皮书
中国公民科学素质报告（2017～2018）
著(编)者：李群　陈雄　马宗文
2017年12月出版 / 定价：89.00元
PSN B-2014-379-1/1

公益蓝皮书
中国公益慈善发展报告（2016）
著(编)者：朱健刚　胡小军　　2018年6月出版 / 估价：99.00元
PSN B-2012-283-1/1

国际人才蓝皮书
中国国际移民报告（2018）
著(编)者：王辉耀　　2018年6月出版 / 估价：99.00元
PSN B-2012-304-3/4

国际人才蓝皮书
中国留学发展报告（2018）No.7
著(编)者：王辉耀　苗绿　　2018年12月出版 / 估价：99.00元
PSN B-2012-244-2/4

海洋社会蓝皮书
中国海洋社会发展报告（2017）
著(编)者：崔凤　宋宁而　　2018年3月出版 / 定价：99.00元
PSN B-2015-478-1/1

行政改革蓝皮书
中国行政体制改革报告No.7（2018）
著(编)者：魏礼群　　2018年6月出版 / 估价：99.00元
PSN B-2011-231-1/1

华侨华人蓝皮书
华侨华人研究报告（2017）
著(编)者：张禹东 庄国土　2017年12月出版 / 定价：148.00元
PSN B-2011-204-1/1

互联网与国家治理蓝皮书
互联网与国家治理发展报告（2017）
著(编)者：张志安　2018年1月出版 / 定价：98.00元
PSN B-2017-671-1/1

环境管理蓝皮书
中国环境管理发展报告（2017）
著(编)者：李金惠　2017年12月出版 / 定价：98.00元
PSN B-2017-678-1/1

环境竞争力绿皮书
中国省域环境竞争力发展报告（2018）
著(编)者：李建平 李闽榕 王金南
2018年11月出版 / 估价：198.00元
PSN G-2010-165-1/1

环境绿皮书
中国环境发展报告（2017～2018）
著(编)者：李波　2018年6月出版 / 估价：99.00元
PSN G-2006-048-1/1

家庭蓝皮书
中国“创建幸福家庭活动”评估报告（2018）
著(编)者：国务院发展研究中心“创建幸福家庭活动评估”课题组
2018年12月出版 / 估价：99.00元
PSN B-2015-508-1/1

健康城市蓝皮书
中国健康城市建设研究报告（2018）
著(编)者：王鸿春 盛继洪　2018年12月出版 / 估价：99.00元
PSN B-2016-564-2/2

健康中国蓝皮书
社区首诊与健康中国分析报告（2018）
著(编)者：高和荣 杨叔禹 姜杰
2018年6月出版 / 估价：99.00元
PSN B-2017-611-1/1

教师蓝皮书
中国中小学教师发展报告（2017）
著(编)者：曾晓东 鱼霞
2018年6月出版 / 估价：99.00元
PSN B-2012-289-1/1

教育扶贫蓝皮书
中国教育扶贫报告（2018）
著(编)者：司树杰 王文静 李兴洲
2018年12月出版 / 估价：99.00元
PSN B-2016-590-1/1

教育蓝皮书
中国教育发展报告（2018）
著(编)者：杨东平　2018年3月出版 / 定价：89.00元
PSN B-2006-047-1/1

金融法治建设蓝皮书
中国金融法治建设年度报告（2015～2016）
著(编)者：朱小黄　2018年6月出版 / 估价：99.00元
PSN B-2017-633-1/1

京津冀教育蓝皮书
京津冀教育发展研究报告（2017～2018）
著(编)者：方中雄　2018年6月出版 / 估价：99.00元
PSN B-2017-608-1/1

就业蓝皮书
2018年中国本科生就业报告
著(编)者：麦可思研究院　2018年6月出版 / 估价：99.00元
PSN B-2009-146-1/2

就业蓝皮书
2018年中国高职高专生就业报告
著(编)者：麦可思研究院　2018年6月出版 / 估价：99.00元
PSN B-2015-472-2/2

科学教育蓝皮书
中国科学教育发展报告（2018）
著(编)者：王康友　2018年10月出版 / 估价：99.00元
PSN B-2015-487-1/1

劳动保障蓝皮书
中国劳动保障发展报告（2018）
著(编)者：刘燕斌　2018年9月出版 / 估价：158.00元
PSN B-2014-415-1/1

老龄蓝皮书
中国老年宜居环境发展报告（2017）
著(编)者：党俊武 周燕珉　2018年6月出版 / 估价：99.00元
PSN B-2013-320-1/1

连片特困区蓝皮书
中国连片特困区发展报告（2017～2018）
著(编)者：游俊 冷志明 丁建军
2018年6月出版 / 估价：99.00元
PSN B-2013-321-1/1

流动儿童蓝皮书
中国流动儿童教育发展报告（2017）
著(编)者：杨东平　2018年6月出版 / 估价：99.00元
PSN B-2017-600-1/1

民调蓝皮书
中国民生调查报告（2018）
著(编)者：谢耘耕　2018年12月出版 / 估价：99.00元
PSN B-2014-398-1/1

民族发展蓝皮书
中国民族发展报告（2018）
著(编)者：王延中　2018年10月出版 / 估价：188.00元
PSN B-2006-070-1/1

女性生活蓝皮书
中国女性生活状况报告No.12（2018）
著(编)者：高博燕　2018年7月出版 / 估价：99.00元
PSN B-2006-071-1/1

汽车社会蓝皮书
中国汽车社会发展报告（2017～2018）
著(编)者：王俊秀 2018年6月出版 / 估价：99.00元
PSN B-2011-224-1/1

青年蓝皮书
中国青年发展报告（2018）No.3
著(编)者：廉思 2018年6月出版 / 估价：99.00元
PSN B-2013-333-1/1

青少年蓝皮书
中国未成年人互联网运用报告（2017～2018）
著(编)者：季为民 李文革 沈杰
2018年11月出版 / 估价：99.00元
PSN B-2010-156-1/1

人权蓝皮书
中国人权事业发展报告No.8（2018）
著(编)者：李君如 2018年9月出版 / 估价：99.00元
PSN B-2011-215-1/1

社会保障绿皮书
中国社会保障发展报告No.9（2018）
著(编)者：王延中 2018年6月出版 / 估价：99.00元
PSN G-2001-014-1/1

社会风险评估蓝皮书
风险评估与危机预警报告（2017～2018）
著(编)者：唐钧 2018年8月出版 / 估价：99.00元
PSN B-2012-293-1/1

社会工作蓝皮书
中国社会工作发展报告（2016~2017）
著(编)者：民政部社会工作研究中心
2018年8月出版 / 估价：99.00元
PSN B-2009-141-1/1

社会管理蓝皮书
中国社会管理创新报告No.6
著(编)者：连玉明 2018年11月出版 / 估价：99.00元
PSN B-2012-300-1/1

社会蓝皮书
2018年中国社会形势分析与预测
著(编)者：李培林 陈光金 张翼
2017年12月出版 / 定价：89.00元
PSN B-1998-002-1/1

社会体制蓝皮书
中国社会体制改革报告No.6（2018）
著(编)者：龚维斌 2018年3月出版 / 定价：98.00元
PSN B-2013-330-1/1

社会心态蓝皮书
中国社会心态研究报告（2018）
著(编)者：王俊秀 2018年12月出版 / 估价：99.00元
PSN B-2011-199-1/1

社会组织蓝皮书
中国社会组织报告（2017-2018）
著(编)者：黄晓勇 2018年6月出版 / 估价：99.00元
PSN B-2008-118-1/2

社会组织蓝皮书
中国社会组织评估发展报告（2018）
著(编)者：徐家良 2018年12月出版 / 估价：99.00元
PSN B-2013-366-2/2

生态城市绿皮书
中国生态城市建设发展报告（2018）
著(编)者：刘举科 孙伟平 胡文臻
2018年9月出版 / 估价：158.00元
PSN G-2012-269-1/1

生态文明绿皮书
中国省域生态文明建设评价报告（ECI 2018）
著(编)者：严耕 2018年12月出版 / 估价：99.00元
PSN G-2010-170-1/1

退休生活蓝皮书
中国城市居民退休生活质量指数报告（2017）
著(编)者：杨一帆 2018年6月出版 / 估价：99.00元
PSN B-2017-618-1/1

危机管理蓝皮书
中国危机管理报告（2018）
著(编)者：文学国 范正青
2018年8月出版 / 估价：99.00元
PSN B-2010-171-1/1

学会蓝皮书
2018年中国学会发展报告
著(编)者：麦可思研究院 2018年12月出版 / 估价：99.00元
PSN B-2016-597-1/1

医改蓝皮书
中国医药卫生体制改革报告（2017～2018）
著(编)者：文学国 房志武
2018年11月出版 / 估价：99.00元
PSN B-2014-432-1/1

应急管理蓝皮书
中国应急管理报告（2018）
著(编)者：宋英华 2018年9月出版 / 估价：99.00元
PSN B-2016-562-1/1

政府绩效评估蓝皮书
中国地方政府绩效评估报告 No.2
著(编)者：贠杰 2018年12月出版 / 估价：99.00元
PSN B-2017-672-1/1

政治参与蓝皮书
中国政治参与报告（2018）
著(编)者：房宁 2018年8月出版 / 估价：128.00元
PSN B-2011-200-1/1

政治文化蓝皮书
中国政治文化报告（2018）
著(编)者：邢元敏 魏大鹏 龚克
2018年8月出版 / 估价：128.00元
PSN B-2017-615-1/1

中国传统村落蓝皮书
中国传统村落保护现状报告（2018）
著(编)者：胡彬彬 李向军 王晓波
2018年12月出版 / 估价：99.00元
PSN B-2017-663-1/1

中国农村妇女发展蓝皮书
农村流动女性城市生活发展报告（2018）
著(编)者：谢丽华　　2018年12月出版 / 估价：99.00元
PSN B-2014-434-1/1

宗教蓝皮书
中国宗教报告（2017）
著(编)者：邱永辉　　2018年8月出版 / 估价：99.00元
PSN B-2008-117-1/1

产业经济类

保健蓝皮书
中国保健服务产业发展报告 No.2
著(编)者：中国保健协会　　中共中央党校
2018年7月出版 / 估价：198.00元
PSN B-2012-272-3/3

保健蓝皮书
中国保健食品产业发展报告 No.2
著(编)者：中国保健协会
中国社会科学院食品药品产业发展与监管研究中心
2018年8月出版 / 估价：198.00元
PSN B-2012-271-2/3

保健蓝皮书
中国保健用品产业发展报告 No.2
著(编)者：中国保健协会
国务院国有资产监督管理委员会研究中心
2018年6月出版 / 估价：198.00元
PSN B-2012-270-1/3

保险蓝皮书
中国保险业竞争力报告（2018）
著(编)者：保监会　　2018年12月出版 / 估价：99.00元
PSN B-2013-311-1/1

冰雪蓝皮书
中国冰上运动产业发展报告（2018）
著(编)者：孙承华 杨占武 刘戈 张鸿俊
2018年9月出版 / 估价：99.00元
PSN B-2017-648-3/3

冰雪蓝皮书
中国滑雪产业发展报告（2018）
著(编)者：孙承华 伍斌 魏庆华 张鸿俊
2018年9月出版 / 估价：99.00元
PSN B-2016-559-1/3

餐饮产业蓝皮书
中国餐饮产业发展报告（2018）
著(编)者：邢颖
2018年6月出版 / 估价：99.00元
PSN B-2009-151-1/1

茶业蓝皮书
中国茶产业发展报告（2018）
著(编)者：杨江帆 李闽榕
2018年10月出版 / 估价：99.00元
PSN B-2010-164-1/1

产业安全蓝皮书
中国文化产业安全报告（2018）
著(编)者：北京印刷学院文化产业安全研究院
2018年12月出版 / 估价：99.00元
PSN B-2014-378-12/14

产业安全蓝皮书
中国新媒体产业安全报告（2016～2017）
著(编)者：肖丽　　2018年6月出版 / 估价：99.00元
PSN B-2015-500-14/14

产业安全蓝皮书
中国出版传媒产业安全报告（2017～2018）
著(编)者：北京印刷学院文化产业安全研究院
2018年6月出版 / 估价：99.00元
PSN B-2014-384-13/14

产业蓝皮书
中国产业竞争力报告（2018）No.8
著(编)者：张其仔　　2018年12月出版 / 估价：168.00元
PSN B-2010-175-1/1

动力电池蓝皮书
中国新能源汽车动力电池产业发展报告（2018）
著(编)者：中国汽车技术研究中心
2018年8月出版 / 估价：99.00元
PSN B-2017-639-1/1

杜仲产业绿皮书
中国杜仲橡胶资源与产业发展报告（2017～2018）
著(编)者：杜红岩 胡文臻 俞锐
2018年6月出版 / 估价：99.00元
PSN G-2013-350-1/1

房地产蓝皮书
中国房地产发展报告No.15（2018）
著(编)者：李春华 王业强
2018年5月出版 / 估价：99.00元
PSN B-2004-028-1/1

服务外包蓝皮书
中国服务外包产业发展报告（2017～2018）
著(编)者：王晓红 刘德军
2018年6月出版 / 估价：99.00元
PSN B-2013-331-2/2

服务外包蓝皮书
中国服务外包竞争力报告（2017～2018）
著(编)者：刘春生 王力 黄育华
2018年12月出版 / 估价：99.00元
PSN B-2011-216-1/2

工业和信息化蓝皮书
世界信息技术产业发展报告（2017～2018）
著(编)者：尹丽波 2018年6月出版 / 估价：99.00元
PSN B-2015-449-2/6

工业和信息化蓝皮书
战略性新兴产业发展报告（2017～2018）
著(编)者：尹丽波 2018年6月出版 / 估价：99.00元
PSN B-2015-450-3/6

海洋经济蓝皮书
中国海洋经济发展报告（2015～2018）
著(编)者：殷克东 高金田 方胜民
2018年3月出版 / 定价：128.00元
PSN B-2018-697-1/1

康养蓝皮书
中国康养产业发展报告（2017）
著(编)者：何莽 2017年12月出版 / 定价：88.00元
PSN B-2017-685-1/1

客车蓝皮书
中国客车产业发展报告（2017～2018）
著(编)者：姚蔚 2018年10月出版 / 估价：99.00元
PSN B-2013-361-1/1

流通蓝皮书
中国商业发展报告（2018～2019）
著(编)者：王雪峰 林诗慧
2018年7月出版 / 估价：99.00元
PSN B-2009-152-1/2

能源蓝皮书
中国能源发展报告（2018）
著(编)者：崔民选 王军生 陈义和
2018年12月出版 / 估价：99.00元
PSN B-2006-049-1/1

农产品流通蓝皮书
中国农产品流通产业发展报告（2017）
著(编)者：贾敬敦 张东科 张玉玺 张鹏毅 周伟
2018年6月出版 / 估价：99.00元
PSN B-2012-288-1/1

汽车工业蓝皮书
中国汽车工业发展年度报告（2018）
著(编)者：中国汽车工业协会
中国汽车技术研究中心
丰田汽车公司
2018年5月出版 / 估价：168.00元
PSN B-2015-463-1/2

汽车工业蓝皮书
中国汽车零部件产业发展报告（2017～2018）
著(编)者：中国汽车工业协会
中国汽车工程研究院深圳市沃特玛电池有限公司
2018年9月出版 / 估价：99.00元
PSN B-2016-515-2/2

汽车蓝皮书
中国汽车产业发展报告（2018）
著(编)者：中国汽车工程学会
大众汽车集团（中国）
2018年11月出版 / 估价：99.00元
PSN B-2008-124-1/1

世界茶业蓝皮书
世界茶业发展报告（2018）
著(编)者：李闽榕 冯廷佺
2018年5月出版 / 估价：168.00元
PSN B-2017-619-1/1

世界能源蓝皮书
世界能源发展报告（2018）
著(编)者：黄晓勇 2018年6月出版 / 估价：168.00元
PSN B-2013-349-1/1

石油蓝皮书
中国石油产业发展报告（2018）
著(编)者：中国石油化工集团公司经济技术研究院
中国国际石油化工联合有限责任公司
中国社会科学院数量经济与技术经济研究所
2018年2月出版 / 定价：98.00元
PSN B-2018-690-1/1

体育蓝皮书
国家体育产业基地发展报告（2016～2017）
著(编)者：李颖川 2018年6月出版 / 估价：168.00元
PSN B-2017-609-5/5

体育蓝皮书
中国体育产业发展报告（2018）
著(编)者：阮伟 钟秉枢
2018年12月出版 / 估价：99.00元
PSN B-2010-179-1/5

文化金融蓝皮书
中国文化金融发展报告（2018）
著(编)者：杨涛 金巍
2018年6月出版 / 估价：99.00元
PSN B-2017-610-1/1

新能源汽车蓝皮书
中国新能源汽车产业发展报告（2018）
著(编)者：中国汽车技术研究中心
日产（中国）投资有限公司
东风汽车有限公司
2018年8月出版 / 估价：99.00元
PSN B-2013-347-1/1

薏仁米产业蓝皮书
中国薏仁米产业发展报告No.2（2018）
著(编)者：李发耀 石明 秦礼康
2018年8月出版 / 估价：99.00元
PSN B-2017-645-1/1

邮轮绿皮书
中国邮轮产业发展报告（2018）
著(编)者：汪泓 2018年10月出版 / 估价：99.00元
PSN G-2014-419-1/1

智能养老蓝皮书
中国智能养老产业发展报告（2018）
著(编)者：朱勇 2018年10月出版 / 估价：99.00元
PSN B-2015-488-1/1

中国节能汽车蓝皮书
中国节能汽车发展报告（2017～2018）
著(编)者：中国汽车工程研究院股份有限公司
2018年9月出版 / 估价：99.00元
PSN B-2016-565-1/1

中国陶瓷产业蓝皮书
中国陶瓷产业发展报告（2018）
著(编)者：左和平 黄速建
2018年10月出版 / 估价：99.00元
PSN B-2016-573-1/1

装备制造业蓝皮书
中国装备制造业发展报告（2018）
著(编)者：徐东华
2018年12月出版 / 估价：118.00元
PSN B-2015-505-1/1

行业及其他类

“三农”互联网金融蓝皮书
中国“三农”互联网金融发展报告（2018）
著(编)者：李勇坚 王弢
2018年8月出版 / 估价：99.00元
PSN B-2016-560-1/1

SUV蓝皮书
中国SUV市场发展报告（2017～2018）
著(编)者：靳军　2018年9月出版 / 估价：99.00元
PSN B-2016-571-1/1

冰雪蓝皮书
中国冬季奥运会发展报告（2018）
著(编)者：孙承华 伍斌 魏庆华 张鸿俊
2018年9月出版 / 估价：99.00元
PSN B-2017-647-2/3

彩票蓝皮书
中国彩票发展报告（2018）
著(编)者：益彩基金　2018年6月出版 / 估价：99.00元
PSN B-2015-462-1/1

测绘地理信息蓝皮书
测绘地理信息供给侧结构性改革研究报告（2018）
著(编)者：库热西·买合苏提
2018年12月出版 / 估价：168.00元
PSN B-2009-145-1/1

产权市场蓝皮书
中国产权市场发展报告（2017）
著(编)者：曹和平
2018年5月出版 / 估价：99.00元
PSN B-2009-147-1/1

城投蓝皮书
中国城投行业发展报告（2018）
著(编)者：华景斌
2018年11月出版 / 估价：300.00元
PSN B-2016-514-1/1

城市轨道交通蓝皮书
中国城市轨道交通运营发展报告（2017～2018）
著(编)者：崔学忠 贾文峥
2018年3月出版 / 定价：89.00元
PSN B-2018-694-1/1

大数据蓝皮书
中国大数据发展报告（No.2）
著(编)者：连玉明　2018年5月出版 / 估价：99.00元
PSN B-2017-620-1/1

大数据应用蓝皮书
中国大数据应用发展报告No.2（2018）
著(编)者：陈军君　2018年8月出版 / 估价：99.00元
PSN B-2017-644-1/1

对外投资与风险蓝皮书
中国对外直接投资与国家风险报告（2018）
著(编)者：中债资信评估有限责任公司
中国社会科学院世界经济与政治研究所
2018年6月出版 / 估价：189.00元
PSN B-2017-606-1/1

工业和信息化蓝皮书
人工智能发展报告（2017～2018）
著(编)者：尹丽波　2018年6月出版 / 估价：99.00元
PSN B-2015-448-1/6

工业和信息化蓝皮书
世界智慧城市发展报告（2017～2018）
著(编)者：尹丽波　2018年6月出版 / 估价：99.00元
PSN B-2017-624-6/6

工业和信息化蓝皮书
世界网络安全发展报告（2017～2018）
著(编)者：尹丽波　2018年6月出版 / 估价：99.00元
PSN B-2015-452-5/6

工业和信息化蓝皮书
世界信息化发展报告（2017～2018）
著(编)者：尹丽波　2018年6月出版 / 估价：99.00元
PSN B-2015-451-4/6

工业设计蓝皮书
中国工业设计发展报告（2018）
著(编)者：王晓红 于炜 张立群　2018年9月出版 / 估价：168.00元
PSN B-2014-420-1/1

公共关系蓝皮书
中国公共关系发展报告（2017）
著(编)者：柳斌杰　2018年1月出版 / 定价：89.00元
PSN B-2016-579-1/1

公共关系蓝皮书
中国公共关系发展报告（2018）
著(编)者：柳斌杰　2018年11月出版 / 估价：99.00元
PSN B-2016-579-1/1

管理蓝皮书
中国管理发展报告（2018）
著(编)者：张晓东　2018年10月出版 / 估价：99.00元
PSN B-2014-416-1/1

轨道交通蓝皮书
中国轨道交通行业发展报告（2017）
著(编)者：仲建华 李闽榕
2017年12月出版 / 定价：98.00元
PSN B-2017-674-1/1

海关发展蓝皮书
中国海关发展前沿报告（2018）
著(编)者：干春晖　2018年6月出版 / 估价：99.00元
PSN B-2017-616-1/1

互联网医疗蓝皮书
中国互联网健康医疗发展报告（2018）
著(编)者：芮晓武　2018年6月出版 / 估价：99.00元
PSN B-2016-567-1/1

黄金市场蓝皮书
中国商业银行黄金业务发展报告（2017～2018）
著(编)者：平安银行　2018年6月出版 / 估价：99.00元
PSN B-2016-524-1/1

会展蓝皮书
中外会展业动态评估研究报告（2018）
著(编)者：张敏 任中峰 聂鑫焱 牛盼强
2018年12月出版 / 估价：99.00元
PSN B-2013-327-1/1

基金会蓝皮书
中国基金会发展报告（2017~2018）
著(编)者：中国基金会发展报告课题组
2018年6月出版 / 估价：99.00元
PSN B-2013-368-1/1

基金会绿皮书
中国基金会发展独立研究报告（2018）
著(编)者：基金会中心网　中央民族大学基金会研究中心
2018年6月出版 / 估价：99.00元
PSN G-2011-213-1/1

基金会透明度蓝皮书
中国基金会透明度发展研究报告（2018）
著(编)者：基金会中心网
清华大学廉政与治理研究中心
2018年9月出版 / 估价：99.00元
PSN B-2013-339-1/1

建筑装饰蓝皮书
中国建筑装饰行业发展报告（2018）
著(编)者：葛道顺 刘晓一
2018年10月出版 / 估价：198.00元
PSN B-2016-553-1/1

金融监管蓝皮书
中国金融监管报告（2018）
著(编)者：胡滨　2018年3月出版 / 定价：98.00元
PSN B-2012-281-1/1

金融蓝皮书
中国互联网金融行业分析与评估（2018～2019）
著(编)者：黄国平 伍旭川　2018年12月出版 / 估价：99.00元
PSN B-2016-585-7/7

金融科技蓝皮书
中国金融科技发展报告（2018）
著(编)者：李扬 孙国峰　2018年10月出版 / 估价：99.00元
PSN B-2014-374-1/1

金融信息服务蓝皮书
中国金融信息服务发展报告（2018）
著(编)者：李平　2018年5月出版 / 估价：99.00元
PSN B-2017-621-1/1

金蜜蜂企业社会责任蓝皮书
金蜜蜂中国企业社会责任报告研究（2017）
著(编)者：殷格非 于志宏 管竹笋
2018年1月出版 / 定价：99.00元
PSN B-2018-693-1/1

京津冀金融蓝皮书
京津冀金融发展报告（2018）
著(编)者：王爱俭 王璟怡　2018年10月出版 / 估价：99.00元
PSN B-2016-527-1/1

科普蓝皮书
国家科普能力发展报告（2018）
著(编)者：王康友　2018年5月出版 / 估价：138.00元
PSN B-2017-632-4/4

科普蓝皮书
中国基层科普发展报告（2017～2018）
著(编)者：赵立新 陈玲　2018年9月出版 / 估价：99.00元
PSN B-2016-568-3/4

科普蓝皮书
中国科普基础设施发展报告（2017～2018）
著(编)者：任福君　2018年6月出版 / 估价：99.00元
PSN B-2010-174-1/3

科普蓝皮书
中国科普人才发展报告（2017～2018）
著(编)者：郑念 任嵘嵘　2018年7月出版 / 估价：99.00元
PSN B-2016-512-2/4

科普能力蓝皮书
中国科普能力评价报告（2018～2019）
著(编)者：李富强 李群　2018年8月出版 / 估价：99.00元
PSN B-2016-555-1/1

临空经济蓝皮书
中国临空经济发展报告（2018）
著(编)者：连玉明　2018年9月出版 / 估价：99.00元
PSN B-2014-421-1/1

旅游安全蓝皮书
中国旅游安全报告（2018）
著(编)者：郑向敏 谢朝武　2018年5月出版 / 估价：158.00元
PSN B-2012-280-1/1

旅游绿皮书
2017～2018年中国旅游发展分析与预测
著(编)者：宋瑞　2018年1月出版 / 定价：99.00元
PSN G-2002-018-1/1

煤炭蓝皮书
中国煤炭工业发展报告（2018）
著(编)者：岳福斌　2018年12月出版 / 估价：99.00元
PSN B-2008-123-1/1

民营企业社会责任蓝皮书
中国民营企业社会责任报告（2018）
著(编)者：中华全国工商业联合会
2018年12月出版 / 估价：99.00元
PSN B-2015-510-1/1

民营医院蓝皮书
中国民营医院发展报告（2017）
著(编)者：薛晓林　2017年12月出版 / 定价：89.00元
PSN B-2012-299-1/1

闽商蓝皮书
闽商发展报告（2018）
著(编)者：李闽榕 王日根 林琛
2018年12月出版 / 估价：99.00元
PSN B-2012-298-1/1

农业应对气候变化蓝皮书
中国农业气象灾害及其灾损评估报告（No.3）
著(编)者：矫梅燕　2018年6月出版 / 估价：118.00元
PSN B-2014-413-1/1

品牌蓝皮书
中国品牌战略发展报告（2018）
著(编)者：汪同三　2018年10月出版 / 估价：99.00元
PSN B-2016-580-1/1

企业扶贫蓝皮书
中国企业扶贫研究报告（2018）
著(编)者：钟宏武　2018年12月出版 / 估价：99.00元
PSN B-2016-593-1/1

企业公益蓝皮书
中国企业公益研究报告（2018）
著(编)者：钟宏武 汪杰 黄晓娟
2018年12月出版 / 估价：99.00元
PSN B-2015-501-1/1

企业国际化蓝皮书
中国企业全球化报告（2018）
著(编)者：王辉耀 苗绿　2018年11月出版 / 估价：99.00元
PSN B-2014-427-1/1

企业蓝皮书
中国企业绿色发展报告No.2（2018）
著(编)者：李红玉 朱光辉
2018年8月出版 / 估价：99.00元
PSN B-2015-481-2/2

企业社会责任蓝皮书
中资企业海外社会责任研究报告（2017～2018）
著(编)者：钟宏武 叶柳红 张蒽
2018年6月出版 / 估价：99.00元
PSN B-2017-603-2/2

企业社会责任蓝皮书
中国企业社会责任研究报告（2018）
著(编)者：黄群慧 钟宏武 张蒽 汪杰
2018年11月出版 / 估价：99.00元
PSN B-2009-149-1/2

汽车安全蓝皮书
中国汽车安全发展报告（2018）
著(编)者：中国汽车技术研究中心
2018年8月出版 / 估价：99.00元
PSN B-2014-385-1/1

汽车电子商务蓝皮书
中国汽车电子商务发展报告（2018）
著(编)者：中华全国工商业联合会汽车经销商商会
北方工业大学
北京易观智库网络科技有限公司
2018年10月出版 / 估价：158.00元
PSN B-2015-485-1/1

汽车知识产权蓝皮书
中国汽车产业知识产权发展报告（2018）
著(编)者：中国汽车工程研究院股份有限公司
中国汽车工程学会
重庆长安汽车股份有限公司
2018年12月出版 / 估价：99.00元
PSN B-2016-594-1/1

青少年体育蓝皮书
中国青少年体育发展报告（2017）
著(编)者：刘扶民 杨桦　2018年6月出版 / 估价：99.00元
PSN B-2015-482-1/1

区块链蓝皮书
中国区块链发展报告（2018）
著(编)者：李伟　2018年9月出版 / 估价：99.00元
PSN B-2017-649-1/1

群众体育蓝皮书
中国群众体育发展报告（2017）
著(编)者：刘国永 戴健　2018年5月出版 / 估价：99.00元
PSN B-2014-411-1/3

群众体育蓝皮书
中国社会体育指导员发展报告（2018）
著(编)者：刘国永 王欢　2018年6月出版 / 估价：99.00元
PSN B-2016-520-3/3

人力资源蓝皮书
中国人力资源发展报告（2018）
著(编)者：余兴安　2018年11月出版 / 估价：99.00元
PSN B-2012-287-1/1

融资租赁蓝皮书
中国融资租赁业发展报告（2017～2018）
著(编)者：李光荣 王力　2018年8月出版 / 估价：99.00元
PSN B-2015-443-1/1

商会蓝皮书
中国商会发展报告No.5（2017）
著(编)者：王钦敏　2018年7月出版 / 估价：99.00元
PSN B-2008-125-1/1

商务中心区蓝皮书
中国商务中心区发展报告No.4（2017~2018）
著(编)者：李国红 单菁菁　2018年9月出版 / 估价：99.00元
PSN B-2015-444-1/1

设计产业蓝皮书
中国创新设计发展报告（2018）
著(编)者：王晓红 张立群 于炜
2018年11月出版 / 估价：99.00元
PSN B-2016-581-2/2

社会责任管理蓝皮书
中国上市公司社会责任能力成熟度报告No.4（2018）
著(编)者：肖红军 王晓光 李伟阳
2018年12月出版 / 估价：99.00元
PSN B-2015-507-2/2

社会责任管理蓝皮书
中国企业公众透明度报告No.4（2017~2018）
著(编)者：黄速建 熊梦 王晓光 肖红军
2018年6月出版 / 估价：99.00元
PSN B-2015-440-1/2

食品药品蓝皮书
食品药品安全与监管政策研究报告（2016~2017）
著(编)者：唐民皓　2018年6月出版 / 估价：99.00元
PSN B-2009-129-1/1

输血服务蓝皮书
中国输血行业发展报告（2018）
著(编)者：孙俊　2018年12月出版 / 估价：99.00元
PSN B-2016-582-1/1

水利风景区蓝皮书
中国水利风景区发展报告（2018）
著(编)者：董建文 兰思仁
2018年10月出版 / 估价：99.00元
PSN B-2015-480-1/1

数字经济蓝皮书
全球数字经济竞争力发展报告（2017）
著(编)者：王振　2017年12月出版 / 定价：79.00元
PSN B-2017-673-1/1

私募市场蓝皮书
中国私募股权市场发展报告（2017~2018）
著(编)者：曹和平　2018年12月出版 / 估价：99.00元
PSN B-2010-162-1/1

碳排放权交易蓝皮书
中国碳排放权交易报告（2018）
著(编)者：孙永平　2018年11月出版 / 估价：99.00元
PSN B-2017-652-1/1

碳市场蓝皮书
中国碳市场报告（2018）
著(编)者：定金彪　2018年11月出版 / 估价：99.00元
PSN B-2014-430-1/1

体育蓝皮书
中国公共体育服务发展报告（2018）
著(编)者：戴健　2018年12月出版 / 估价：99.00元
PSN B-2013-367-2/5

土地市场蓝皮书
中国农村土地市场发展报告（2017~2018）
著(编)者：李光荣　2018年6月出版 / 估价：99.00元
PSN B-2016-526-1/1

土地整治蓝皮书
中国土地整治发展研究报告（No.5）
著(编)者：国土资源部土地整治中心
2018年7月出版 / 估价：99.00元
PSN B-2014-401-1/1

土地政策蓝皮书
中国土地政策研究报告（2018）
著(编)者：高延利 张建平 吴次芳
2018年1月出版 / 定价：98.00元
PSN B-2015-506-1/1

网络空间安全蓝皮书
中国网络空间安全发展报告（2018）
著(编)者：惠志斌 覃庆玲
2018年11月出版 / 估价：99.00元
PSN B-2015-466-1/1

文化志愿服务蓝皮书
中国文化志愿服务发展报告（2018）
著(编)者：张永新 良警宇　2018年11月出版 / 估价：128.00元
PSN B-2016-596-1/1

西部金融蓝皮书
中国西部金融发展报告（2017~2018）
著(编)者：李忠民　2018年8月出版 / 估价：99.00元
PSN B-2010-160-1/1

协会商会蓝皮书
中国行业协会商会发展报告（2017）
著(编)者：景朝阳 李勇　2018年6月出版 / 估价：99.00元
PSN B-2015-461-1/1

新三板蓝皮书
中国新三板市场发展报告（2018）
著(编)者：王力　2018年8月出版 / 估价：99.00元
PSN B-2016-533-1/1

信托市场蓝皮书
中国信托业市场报告（2017~2018）
著(编)者：用益金融信托研究院
2018年6月出版 / 估价：198.00元
PSN B-2014-371-1/1

信息化蓝皮书
中国信息化形势分析与预测（2017~2018）
著(编)者：周宏仁　2018年8月出版 / 估价：99.00元
PSN B-2010-168-1/1

信用蓝皮书
中国信用发展报告（2017~2018）
著(编)者：章政 田侃　2018年6月出版 / 估价：99.00元
PSN B-2013-328-1/1

休闲绿皮书
2017～2018年中国休闲发展报告
著(编)者：宋瑞　2018年7月出版 / 估价：99.00元
PSN G-2010-158-1/1

休闲体育蓝皮书
中国休闲体育发展报告（2017～2018）
著(编)者：李相如 钟秉枢
2018年10月出版 / 估价：99.00元
PSN B-2016-516-1/1

养老金融蓝皮书
中国养老金融发展报告（2018）
著(编)者：董克用 姚余栋
2018年9月出版 / 估价：99.00元
PSN B-2016-583-1/1

遥感监测绿皮书
中国可持续发展遥感监测报告（2017）
著(编)者：顾行发 汪克强 潘教峰 李闽榕 徐东华 王琦安
2018年6月出版 / 估价：298.00元
PSN B-2017-629-1/1

药品流通蓝皮书
中国药品流通行业发展报告（2018）
著(编)者：佘鲁林 温再兴
2018年7月出版 / 估价：198.00元
PSN B-2014-429-1/1

医疗器械蓝皮书
中国医疗器械行业发展报告（2018）
著(编)者：王宝亭 耿鸿武
2018年10月出版 / 估价：99.00元
PSN B-2017-661-1/1

医院蓝皮书
中国医院竞争力报告（2017~2018）
著(编)者：庄一强　2018年3月出版 / 定价：108.00元
PSN B-2016-528-1/1

瑜伽蓝皮书
中国瑜伽业发展报告（2017~2018）
著(编)者：张永建 徐华锋 朱泰余
2018年6月出版 / 估价：198.00元
PSN B-2017-625-1/1

债券市场蓝皮书
中国债券市场发展报告（2017～2018）
著(编)者：杨农　2018年10月出版 / 估价：99.00元
PSN B-2016-572-1/1

志愿服务蓝皮书
中国志愿服务发展报告（2018）
著(编)者：中国志愿服务联合会
2018年11月出版 / 估价：99.00元
PSN B-2017-664-1/1

中国上市公司蓝皮书
中国上市公司发展报告（2018）
著(编)者：张鹏 张平 黄胤英
2018年9月出版 / 估价：99.00元
PSN B-2014-414-1/1

中国新三板蓝皮书
中国新三板创新与发展报告（2018）
著(编)者：刘平安 闻召林
2018年8月出版 / 估价：158.00元
PSN B-2017-638-1/1

中国汽车品牌蓝皮书
中国乘用车品牌发展报告（2017）
著(编)者：《中国汽车报》社有限公司
博世（中国）投资有限公司
中国汽车技术研究中心数据资源中心
2018年1月出版 / 定价：89.00元
PSN B-2017-679-1/1

中医文化蓝皮书
北京中医药文化传播发展报告（2018）
著(编)者：毛嘉陵　2018年6月出版 / 估价：99.00元
PSN B-2015-468-1/2

中医文化蓝皮书
中国中医药文化传播发展报告（2018）
著(编)者：毛嘉陵　2018年7月出版 / 估价：99.00元
PSN B-2016-584-2/2

中医药蓝皮书
北京中医药知识产权发展报告No.2
著(编)者：汪洪 屠志涛　2018年6月出版 / 估价：168.00元
PSN B-2017-602-1/1

资本市场蓝皮书
中国场外交易市场发展报告（2016～2017）
著(编)者：高峦　2018年6月出版 / 估价：99.00元
PSN B-2009-153-1/1

资产管理蓝皮书
中国资产管理行业发展报告（2018）
著(编)者：郑智　2018年7月出版 / 估价：99.00元
PSN B-2014-407-2/2

资产证券化蓝皮书
中国资产证券化发展报告（2018）
著(编)者：沈炳熙 曹彤 李哲平
2018年4月出版 / 定价：98.00元
PSN B-2017-660-1/1

自贸区蓝皮书
中国自贸区发展报告（2018）
著(编)者：王力 黄育华
2018年6月出版 / 估价：99.00元
PSN B-2016-558-1/1

国际问题与全球治理类

“一带一路”跨境通道蓝皮书
“一带一路”跨境通道建设研究报（2017～2018）
著(编)者：余鑫 张秋生　2018年1月出版 / 定价：89.00元
PSN B-2016-557-1/1

“一带一路”蓝皮书
“一带一路”建设发展报告（2018）
著(编)者：李永全　2018年3月出版 / 定价：98.00元
PSN B-2016-552-1/1

“一带一路”投资安全蓝皮书
中国“一带一路”投资与安全研究报告（2018）
著(编)者：邹统钎 梁昊光　2018年4月出版 / 定价：98.00元
PSN B-2017-612-1/1

“一带一路”文化交流蓝皮书
中阿文化交流发展报告（2017）
著(编)者：王辉　2017年12月出版 / 定价：89.00元
PSN B-2017-655-1/1

G20国家创新竞争力黄皮书
二十国集团（G20）国家创新竞争力发展报告（2017～2018）
著(编)者：李建平 李闽榕 赵新力 周天勇
2018年7月出版 / 估价：168.00元
PSN Y-2011-229-1/1

阿拉伯黄皮书
阿拉伯发展报告（2016～2017）
著(编)者：罗林　2018年6月出版 / 估价：99.00元
PSN Y-2014-381-1/1

北部湾蓝皮书
泛北部湾合作发展报告（2017～2018）
著(编)者：吕余生　2018年12月出版 / 估价：99.00元
PSN B-2008-114-1/1

北极蓝皮书
北极地区发展报告（2017）
著(编)者：刘惠荣　2018年7月出版 / 估价：99.00元
PSN B-2017-634-1/1

大洋洲蓝皮书
大洋洲发展报告（2017～2018）
著(编)者：喻常森　2018年10月出版 / 估价：99.00元
PSN B-2013-341-1/1

东北亚区域合作蓝皮书
2017年“一带一路”倡议与东北亚区域合作
著(编)者：刘亚政 金美花
2018年5月出版 / 估价：99.00元
PSN B-2017-631-1/1

东盟黄皮书
东盟发展报告（2017）
著(编)者：杨静林 庄国土　2018年6月出版 / 估价：99.00元
PSN Y-2012-303-1/1

东南亚蓝皮书
东南亚地区发展报告（2017～2018）
著(编)者：王勤　2018年12月出版 / 估价：99.00元
PSN B-2012-240-1/1

非洲黄皮书
非洲发展报告No.20（2017～2018）
著(编)者：张宏明　2018年7月出版 / 估价：99.00元
PSN Y-2012-239-1/1

非传统安全蓝皮书
中国非传统安全研究报告（2017～2018）
著(编)者：潇枫 罗中枢　2018年8月出版 / 估价：99.00元
PSN B-2012-273-1/1

国际安全蓝皮书
中国国际安全研究报告（2018）
著(编)者：刘慧　2018年7月出版 / 估价：99.00元
PSN B-2016-521-1/1

国际城市蓝皮书
国际城市发展报告（2018）
著(编)者：屠启宇　2018年2月出版 / 定价：89.00元
PSN B-2012-260-1/1

国际形势黄皮书
全球政治与安全报告（2018）
著(编)者：张宇燕　2018年1月出版 / 定价：99.00元
PSN Y-2001-016-1/1

公共外交蓝皮书
中国公共外交发展报告（2018）
著(编)者：赵启正 雷蔚真　2018年6月出版 / 估价：99.00元
PSN B-2015-457-1/1

海丝蓝皮书
21世纪海上丝绸之路研究报告（2017）
著(编)者：华侨大学海上丝绸之路研究院
2017年12月出版 / 定价：89.00元
PSN B-2017-684-1/1

金砖国家黄皮书
金砖国家综合创新竞争力发展报告（2018）
著(编)者：赵新力 李闽榕 黄茂兴
2018年8月出版 / 估价：128.00元
PSN Y-2017-643-1/1

拉美黄皮书
拉丁美洲和加勒比发展报告（2017～2018）
著(编)者：袁东振　2018年6月出版 / 估价：99.00元
PSN Y-1999-007-1/1

澜湄合作蓝皮书
澜沧江-湄公河合作发展报告（2018）
著(编)者：刘稚　2018年9月出版 / 估价：99.00元
PSN B-2011-196-1/1

欧洲蓝皮书
欧洲发展报告（2017~2018）
著(编)者：黄平 周弘 程卫东
2018年6月出版 / 估价：99.00元
PSN B-1999-009-1/1

葡语国家蓝皮书
葡语国家发展报告（2016~2017）
著(编)者：王成安 张敏 刘金兰
2018年6月出版 / 估价：99.00元
PSN B-2015-503-1/2

葡语国家蓝皮书
中国与葡语国家关系发展报告·巴西（2016）
著(编)者：张曙光
2018年8月出版 / 估价：99.00元
PSN B-2016-563-2/2

气候变化绿皮书
应对气候变化报告（2018）
著(编)者：王伟光 郑国光
2018年11月出版 / 估价：99.00元
PSN G-2009-144-1/1

全球环境竞争力绿皮书
全球环境竞争力报告（2018）
著(编)者：李建平 李闽榕 王金南
2018年12月出版 / 估价：198.00元
PSN G-2013-363-1/1

全球信息社会蓝皮书
全球信息社会发展报告（2018）
著(编)者：丁波涛 唐涛　2018年10月出版 / 估价：99.00元
PSN B-2017-665-1/1

日本经济蓝皮书
日本经济与中日经贸关系研究报告（2018）
著(编)者：张季风　2018年6月出版 / 估价：99.00元
PSN B-2008-102-1/1

上海合作组织黄皮书
上海合作组织发展报告（2018）
著(编)者：李进峰　2018年6月出版 / 估价：99.00元
PSN Y-2009-130-1/1

世界创新竞争力黄皮书
世界创新竞争力发展报告（2017）
著(编)者：李建平 李闽榕 赵新力
2018年6月出版 / 估价：168.00元
PSN Y-2013-318-1/1

世界经济黄皮书
2018年世界经济形势分析与预测
著(编)者：张宇燕　2018年1月出版 / 定价：99.00元
PSN Y-1999-006-1/1

世界能源互联互通蓝皮书
世界能源清洁发展与互联互通评估报告（2017）：欧洲篇
著(编)者：国网能源研究院
2018年1月出版 / 定价：128.00元
PSN B-2018-695-1/1

丝绸之路蓝皮书
丝绸之路经济带发展报告（2018）
著(编)者：任宗哲 白宽犁 谷孟宾
2018年1月出版 / 定价：89.00元
PSN B-2014-410-1/1

新兴经济体蓝皮书
金砖国家发展报告（2018）
著(编)者：林跃勤 周文
2018年8月出版 / 估价：99.00元
PSN B-2011-195-1/1

亚太蓝皮书
亚太地区发展报告（2018）
著(编)者：李向阳　2018年5月出版 / 估价：99.00元
PSN B-2001-015-1/1

印度洋地区蓝皮书
印度洋地区发展报告（2018）
著(编)者：汪戎　2018年6月出版 / 估价：99.00元
PSN B-2013-334-1/1

印度尼西亚经济蓝皮书
印度尼西亚经济发展报告（2017）：增长与机会
著(编)者：左志刚　2017年11月出版 / 定价：89.00元
PSN B-2017-675-1/1

渝新欧蓝皮书
渝新欧沿线国家发展报告（2018）
著(编)者：杨柏 黄森
2018年6月出版 / 估价：99.00元
PSN B-2017-626-1/1

中阿蓝皮书
中国-阿拉伯国家经贸发展报告（2018）
著(编)者：张廉 段庆林 王林聪 杨巧红
2018年12月出版 / 估价：99.00元
PSN B-2016-598-1/1

中东黄皮书
中东发展报告No.20（2017~2018）
著(编)者：杨光　2018年10月出版 / 估价：99.00元
PSN Y-1998-004-1/1

中亚黄皮书
中亚国家发展报告（2018）
著(编)者：孙力
2018年3月出版 / 定价：98.00元
PSN Y-2012-238-1/1

国别类

澳大利亚蓝皮书
澳大利亚发展报告（2017-2018）
著(编)者：孙有中 韩锋　2018年12月出版 / 估价：99.00元
PSN B-2016-587-1/1

巴西黄皮书
巴西发展报告（2017）
著(编)者：刘国枝　2018年5月出版 / 估价：99.00元
PSN Y-2017-614-1/1

德国蓝皮书
德国发展报告（2018）
著(编)者：郑春荣　2018年6月出版 / 估价：99.00元
PSN B-2012-278-1/1

俄罗斯黄皮书
俄罗斯发展报告（2018）
著(编)者：李永全　2018年6月出版 / 估价：99.00元
PSN Y-2006-061-1/1

韩国蓝皮书
韩国发展报告（2017）
著(编)者：牛林杰 刘宝全　2018年6月出版 / 估价：99.00元
PSN B-2010-155-1/1

加拿大蓝皮书
加拿大发展报告（2018）
著(编)者：唐小松　2018年9月出版 / 估价：99.00元
PSN B-2014-389-1/1

美国蓝皮书
美国研究报告（2018）
著(编)者：郑秉文 黄平　2018年5月出版 / 估价：99.00元
PSN B-2011-210-1/1

缅甸蓝皮书
缅甸国情报告（2017）
著(编)者：祝湘辉
2017年11月出版 / 定价：98.00元
PSN B-2013-343-1/1

日本蓝皮书
日本研究报告（2018）
著(编)者：杨伯江　2018年4月出版 / 定价：99.00元
PSN B-2002-020-1/1

土耳其蓝皮书
土耳其发展报告（2018）
著(编)者：郭长刚 刘义　2018年9月出版 / 估价：99.00元
PSN B-2014-412-1/1

伊朗蓝皮书
伊朗发展报告（2017～2018）
著(编)者：冀开运　2018年10月 / 估价：99.00元
PSN B-2016-574-1/1

以色列蓝皮书
以色列发展报告（2018）
著(编)者：张倩红　2018年8月出版 / 估价：99.00元
PSN B-2015-483-1/1

印度蓝皮书
印度国情报告（2017）
著(编)者：吕昭义　2018年6月出版 / 估价：99.00元
PSN B-2012-241-1/1

英国蓝皮书
英国发展报告（2017～2018）
著(编)者：王展鹏　2018年12月出版 / 估价：99.00元
PSN B-2015-486-1/1

越南蓝皮书
越南国情报告（2018）
著(编)者：谢林城　2018年11月出版 / 估价：99.00元
PSN B-2006-056-1/1

泰国蓝皮书
泰国研究报告（2018）
著(编)者：庄国土 张禹东　刘文正
2018年10月出版 / 估价：99.00元
PSN B-2016-556-1/1

文化传媒类

“三农”舆情蓝皮书
中国“三农”网络舆情报告（2017～2018）
著(编)者：农业部信息中心
2018年6月出版 / 估价：99.00元
PSN B-2017-640-1/1

传媒竞争力蓝皮书
中国传媒国际竞争力研究报告（2018）
著(编)者：李本乾 刘强 王大可
2018年8月出版 / 估价：99.00元
PSN B-2013-356-1/1

传媒蓝皮书
中国传媒产业发展报告（2018）
著(编)者：崔保国
2018年5月出版 / 估价：99.00元
PSN B-2005-035-1/1

传媒投资蓝皮书
中国传媒投资发展报告（2018）
著(编)者：张向东 谭云明
2018年6月出版 / 估价：148.00元
PSN B-2015-474-1/1

非物质文化遗产蓝皮书
中国非物质文化遗产发展报告（2018）
著(编)者：陈平　2018年6月出版 / 估价：128.00元
PSN B-2015-469-1/2

非物质文化遗产蓝皮书
中国非物质文化遗产保护发展报告（2018）
著(编)者：宋俊华　2018年10月出版 / 估价：128.00元
PSN B-2016-586-2/2

广电蓝皮书
中国广播电影电视发展报告（2018）
著(编)者：国家新闻出版广电总局发展研究中心
2018年7月出版 / 估价：99.00元
PSN B-2006-072-1/1

广告主蓝皮书
中国广告主营销传播趋势报告No.9
著(编)者：黄升民 杜国清 邵华冬 等
2018年10月出版 / 估价：158.00元
PSN B-2005-041-1/1

国际传播蓝皮书
中国国际传播发展报告（2018）
著(编)者：胡正荣 李继东 姬德强
2018年12月出版 / 估价：99.00元
PSN B-2014-408-1/1

国家形象蓝皮书
中国国家形象传播报告（2017）
著(编)者：张昆　2018年6月出版 / 估价：128.00元
PSN B-2017-605-1/1

互联网治理蓝皮书
中国网络社会治理研究报告（2018）
著(编)者：罗昕 支庭荣
2018年9月出版 / 估价：118.00元
PSN B-2017-653-1/1

纪录片蓝皮书
中国纪录片发展报告（2018）
著(编)者：何苏六　2018年10月出版 / 估价：99.00元
PSN B-2011-222-1/1

科学传播蓝皮书
中国科学传播报告（2016~2017）
著(编)者：詹正茂　2018年6月出版 / 估价：99.00元
PSN B-2008-120-1/1

两岸创意经济蓝皮书
两岸创意经济研究报告（2018）
著(编)者：罗昌智 董泽平
2018年10月出版 / 估价：99.00元
PSN B-2014-437-1/1

媒介与女性蓝皮书
中国媒介与女性发展报告（2017~2018）
著(编)者：刘利群　2018年5月出版 / 估价：99.00元
PSN B-2013-345-1/1

媒体融合蓝皮书
中国媒体融合发展报告（2017~2018）
著(编)者：梅宁华 支庭荣
2017年12月出版 / 定价：98.00元
PSN B-2015-479-1/1

全球传媒蓝皮书
全球传媒发展报告（2017~2018）
著(编)者：胡正荣 李继东　2018年6月出版 / 估价：99.00元
PSN B-2012-237-1/1

少数民族非遗蓝皮书
中国少数民族非物质文化遗产发展报告（2018）
著(编)者：肖远平（彝） 柴立（满）
2018年10月出版 / 估价：118.00元
PSN B-2015-467-1/1

视听新媒体蓝皮书
中国视听新媒体发展报告（2018）
著(编)者：国家新闻出版广电总局发展研究中心
2018年7月出版 / 估价：118.00元
PSN B-2011-184-1/1

数字娱乐产业蓝皮书
中国动画产业发展报告（2018）
著(编)者：孙立军 孙平 牛兴侦
2018年10月出版 / 估价：99.00元
PSN B-2011-198-1/2

数字娱乐产业蓝皮书
中国游戏产业发展报告（2018）
著(编)者：孙立军 刘跃军　2018年10月出版 / 估价：99.00元
PSN B-2017-662-2/2

网络视听蓝皮书
中国互联网视听行业发展报告（2018）
著(编)者：陈鹏　2018年2月出版 / 定价：148.00元
PSN B-2018-688-1/1

文化创新蓝皮书
中国文化创新报告（2017·No.8）
著(编)者：傅才武　2018年6月出版 / 估价：99.00元
PSN B-2009-143-1/1

文化建设蓝皮书
中国文化发展报告（2018）
著(编)者：江畅 孙伟平 戴茂堂
2018年5月出版 / 估价：99.00元
PSN B-2014-392-1/1

文化科技蓝皮书
文化科技创新发展报告（2018）
著(编)者：于平 李凤亮　2018年10月出版 / 估价：99.00元
PSN B-2013-342-1/1

文化蓝皮书
中国公共文化服务发展报告（2017~2018）
著(编)者：刘新成 张永新 张旭
2018年12月出版 / 估价：99.00元
PSN B-2007-093-2/10

文化蓝皮书
中国少数民族文化发展报告（2017~2018）
著(编)者：武翠英 张晓明 任乌晶
2018年9月出版 / 估价：99.00元
PSN B-2013-369-9/10

文化蓝皮书
中国文化产业供需协调检测报告（2018）
著(编)者：王亚南　2018年3月出版 / 定价：99.00元
PSN B-2013-323-8/10

文化蓝皮书
中国文化消费需求景气评价报告（2018）
著(编)者：王亚南　2018年3月出版 / 定价：99.00元
PSN B-2011-236-4/10

文化蓝皮书
中国公共文化投入增长测评报告（2018）
著(编)者：王亚南　2018年3月出版 / 定价：99.00元
PSN B-2014-435-10/10

文化品牌蓝皮书
中国文化品牌发展报告（2018）
著(编)者：欧阳友权　2018年5月出版 / 估价：99.00元
PSN B-2012-277-1/1

文化遗产蓝皮书
中国文化遗产事业发展报告（2017~2018）
著(编)者：苏杨 张颖岚 卓杰 白海峰 陈晨 陈叙图
2018年8月出版 / 估价：99.00元
PSN B-2008-119-1/1

文学蓝皮书
中国文情报告（2017~2018）
著(编)者：白烨　2018年5月出版 / 估价：99.00元
PSN B-2011-221-1/1

新媒体蓝皮书
中国新媒体发展报告No.9（2018）
著(编)者：唐绪军　2018年7月出版 / 估价：99.00元
PSN B-2010-169-1/1

新媒体社会责任蓝皮书
中国新媒体社会责任研究报告（2018）
著(编)者：钟瑛　2018年12月出版 / 估价：99.00元
PSN B-2014-423-1/1

移动互联网蓝皮书
中国移动互联网发展报告（2018）
著(编)者：余清楚　2018年6月出版 / 估价：99.00元
PSN B-2012-282-1/1

影视蓝皮书
中国影视产业发展报告（2018）
著(编)者：司若 陈鹏 陈锐
2018年6月出版 / 估价：99.00元
PSN B-2016-529-1/1

舆情蓝皮书
中国社会舆情与危机管理报告（2018）
著(编)者：谢耘耕
2018年9月出版 / 估价：138.00元
PSN B-2011-235-1/1

中国大运河蓝皮书
中国大运河发展报告（2018）
著(编)者：吴欣　2018年2月出版 / 估价：128.00元
PSN B-2018-691-1/1

地方发展类-经济

澳门蓝皮书
澳门经济社会发展报告（2017~2018）
著(编)者：吴志良 郝雨凡
2018年7月出版 / 估价：99.00元
PSN B-2009-138-1/1

澳门绿皮书
澳门旅游休闲发展报告（2017~2018）
著(编)者：郝雨凡 林广志
2018年5月出版 / 估价：99.00元
PSN G-2017-617-1/1

北京蓝皮书
北京经济发展报告（2017~2018）
著(编)者：杨松　2018年6月出版 / 估价：99.00元
PSN B-2006-054-2/8

北京旅游绿皮书
北京旅游发展报告（2018）
著(编)者：北京旅游学会
2018年7月出版 / 估价：99.00元
PSN G-2012-301-1/1

北京体育蓝皮书
北京体育产业发展报告（2017~2018）
著(编)者：钟秉枢 陈杰 杨铁黎
2018年9月出版 / 估价：99.00元
PSN B-2015-475-1/1

滨海金融蓝皮书
滨海新区金融发展报告（2017）
著(编)者：王爱俭 李向前　2018年4月出版 / 估价：99.00元
PSN B-2014-424-1/1

城乡一体化蓝皮书
北京城乡一体化发展报告（2017~2018）
著(编)者：吴宝新 张宝秀 黄序
2018年5月出版 / 估价：99.00元
PSN B-2012-258-2/2

非公有制企业社会责任蓝皮书
北京非公有制企业社会责任报告（2018）
著(编)者：宋贵伦 冯培
2018年6月出版 / 估价：99.00元
PSN B-2017-613-1/1

福建旅游蓝皮书
福建省旅游产业发展现状研究（2017~2018）
著(编)者：陈敏华 黄远水　2018年12月出版 / 估价：128.00元
PSN B-2016-591-1/1

福建自贸区蓝皮书
中国(福建)自由贸易试验区发展报告(2017~2018)
著(编)者：黄茂兴　2018年6月出版 / 估价：118.00元
PSN B-2016-531-1/1

甘肃蓝皮书
甘肃经济发展分析与预测（2018）
著(编)者：安文华 罗哲　2018年1月出版 / 定价：99.00元
PSN B-2013-312-1/6

甘肃蓝皮书
甘肃商贸流通发展报告（2018）
著(编)者：张应华 王福生 王晓芳
2018年1月出版 / 定价：99.00元
PSN B-2016-522-6/6

甘肃蓝皮书
甘肃县域和农村发展报告（2018）
著(编)者：包东红 朱智文 王建兵
2018年1月出版 / 定价：99.00元
PSN B-2013-316-5/6

甘肃农业科技绿皮书
甘肃农业科技发展研究报告（2018）
著(编)者：魏胜文 乔德华 张东伟
2018年12月出版 / 估价：198.00元
PSN B-2016-592-1/1

甘肃气象保障蓝皮书
甘肃农业对气候变化的适应与风险评估报告（No.1）
著(编)者：鲍文中 周广胜
2017年12月出版 / 定价：108.00元
PSN B-2017-677-1/1

巩义蓝皮书
巩义经济社会发展报告（2018）
著(编)者：丁同民 朱军　2018年6月出版 / 估价：99.00元
PSN B-2016-532-1/1

广东外经贸蓝皮书
广东对外经济贸易发展研究报告（2017～2018）
著(编)者：陈万灵　2018年6月出版 / 估价：99.00元
PSN B-2012-286-1/1

广西北部湾经济区蓝皮书
广西北部湾经济区开放开发报告（2017～2018）
著(编)者：广西壮族自治区北部湾经济区和东盟开放合作办公室
广西社会科学院
广西北部湾发展研究院
2018年5月出版 / 估价：99.00元
PSN B-2010-181-1/1

广州蓝皮书
广州城市国际化发展报告（2018）
著(编)者：张跃国　2018年8月出版 / 估价：99.00元
PSN B-2012-246-11/14

广州蓝皮书
中国广州城市建设与管理发展报告（2018）
著(编)者：张其学 陈小钢 王宏伟　2018年8月出版 / 估价：99.00元
PSN B-2007-087-4/14

广州蓝皮书
广州创新型城市发展报告（2018）
著(编)者：尹涛　2018年6月出版 / 估价：99.00元
PSN B-2012-247-12/14

广州蓝皮书
广州经济发展报告（2018）
著(编)者：张跃国 尹涛　2018年7月出版 / 估价：99.00元
PSN B-2005-040-1/14

广州蓝皮书
2018年中国广州经济形势分析与预测
著(编)者：魏明海 谢博能 李华
2018年6月出版 / 估价：99.00元
PSN B-2011-185-9/14

广州蓝皮书
中国广州科技创新发展报告（2018）
著(编)者：于欣伟 陈爽 邓佑满　2018年8月出版 / 估价：99.00元
PSN B-2006-065-2/14

广州蓝皮书
广州农村发展报告（2018）
著(编)者：朱名宏　2018年7月出版 / 估价：99.00元
PSN B-2010-167-8/14

广州蓝皮书
广州汽车产业发展报告（2018）
著(编)者：杨再高 冯兴亚　2018年7月出版 / 估价：99.00元
PSN B-2006-066-3/14

广州蓝皮书
广州商贸业发展报告（2018）
著(编)者：张跃国 陈杰 荀振英
2018年7月出版 / 估价：99.00元
PSN B-2012-245-10/14

贵阳蓝皮书
贵阳城市创新发展报告No.3（白云篇）
著(编)者：连玉明　2018年5月出版 / 估价：99.00元
PSN B-2015-491-3/10

贵阳蓝皮书
贵阳城市创新发展报告No.3（观山湖篇）
著(编)者：连玉明　2018年5月出版 / 估价：99.00元
PSN B-2015-497-9/10

贵阳蓝皮书
贵阳城市创新发展报告No.3（花溪篇）
著(编)者：连玉明　2018年5月出版 / 估价：99.00元
PSN B-2015-490-2/10

贵阳蓝皮书
贵阳城市创新发展报告No.3（开阳篇）
著(编)者：连玉明　2018年5月出版 / 估价：99.00元
PSN B-2015-492-4/10

贵阳蓝皮书
贵阳城市创新发展报告No.3（南明篇）
著(编)者：连玉明　2018年5月出版 / 估价：99.00元
PSN B-2015-496-8/10

贵阳蓝皮书
贵阳城市创新发展报告No.3（清镇篇）
著(编)者：连玉明　2018年5月出版 / 估价：99.00元
PSN B-2015-489-1/10

贵阳蓝皮书
贵阳城市创新发展报告No.3（乌当篇）
著(编)者：连玉明　2018年5月出版 / 估价：99.00元
PSN B-2015-495-7/10

贵阳蓝皮书
贵阳城市创新发展报告No.3（息烽篇）
著(编)者：连玉明　2018年5月出版 / 估价：99.00元
PSN B-2015-493-5/10

贵阳蓝皮书
贵阳城市创新发展报告No.3（修文篇）
著(编)者：连玉明　2018年5月出版 / 估价：99.00元
PSN B-2015-494-6/10

贵阳蓝皮书
贵阳城市创新发展报告No.3（云岩篇）
著(编)者：连玉明　2018年5月出版 / 估价：99.00元
PSN B-2015-498-10/10

贵州房地产蓝皮书
贵州房地产发展报告No.5（2018）
著(编)者：武廷方　2018年7月出版 / 估价：99.00元
PSN B-2014-426-1/1

贵州蓝皮书
贵州册亨经济社会发展报告（2018）
著(编)者：黄德林　2018年6月出版 / 估价：99.00元
PSN B-2016-525-8/9

贵州蓝皮书
贵州地理标志产业发展报告（2018）
著(编)者：李发耀 黄其松　2018年8月出版 / 估价：99.00元
PSN B-2017-646-10/10

贵州蓝皮书
贵安新区发展报告（2017～2018）
著(编)者：马长青 吴大华　2018年6月出版 / 估价：99.00元
PSN B-2015-459-4/10

贵州蓝皮书
贵州国家级开放创新平台发展报告（2017～2018）
著(编)者：申晓庆 吴大华 季泓
2018年11月出版 / 估价：99.00元
PSN B-2016-518-7/10

贵州蓝皮书
贵州国有企业社会责任发展报告（2017～2018）
著(编)者：郭丽　2018年12月出版 / 估价：99.00元
PSN B-2015-511-6/10

贵州蓝皮书
贵州民航业发展报告（2017）
著(编)者：申振东 吴大华　2018年6月出版 / 估价：99.00元
PSN B-2015-471-5/10

贵州蓝皮书
贵州民营经济发展报告（2017）
著(编)者：杨静 吴大华　2018年6月出版 / 估价：99.00元
PSN B-2016-530-9/9

杭州都市圈蓝皮书
杭州都市圈发展报告（2018）
著(编)者：洪庆华 沈翔　2018年4月出版 / 定价：98.00元
PSN B-2012-302-1/1

河北经济蓝皮书
河北省经济发展报告（2018）
著(编)者：马树强 金浩 张贵　2018年6月出版 / 估价：99.00元
PSN B-2014-380-1/1

河北蓝皮书
河北经济社会发展报告（2018）
著(编)者：康振海　2018年1月出版 / 定价：99.00元
PSN B-2014-372-1/3

河北蓝皮书
京津冀协同发展报告（2018）
著(编)者：陈璐　2017年12月出版 / 定价：79.00元
PSN B-2017-601-2/3

河南经济蓝皮书
2018年河南经济形势分析与预测
著(编)者：王世炎　2018年3月出版 / 定价：89.00元
PSN B-2007-086-1/1

河南蓝皮书
河南城市发展报告（2018）
著(编)者：张占仓 王建国　2018年5月出版 / 估价：99.00元
PSN B-2009-131-3/9

河南蓝皮书
河南工业发展报告（2018）
著(编)者：张占仓　2018年5月出版 / 估价：99.00元
PSN B-2013-317-5/9

河南蓝皮书
河南金融发展报告（2018）
著(编)者：喻新安 谷建全
2018年6月出版 / 估价：99.00元
PSN B-2014-390-7/9

河南蓝皮书
河南经济发展报告（2018）
著(编)者：张占仓 完世伟
2018年6月出版 / 估价：99.00元
PSN B-2010-157-4/9

河南蓝皮书
河南能源发展报告（2018）
著(编)者：国网河南省电力公司经济技术研究院
河南省社会科学院
2018年6月出版 / 估价：99.00元
PSN B-2017-607-9/9

河南商务蓝皮书
河南商务发展报告（2018）
著(编)者：焦锦淼 穆荣国　2018年5月出版 / 估价：99.00元
PSN B-2014-399-1/1

河南双创蓝皮书
河南创新创业发展报告（2018）
著(编)者：喻新安 杨雪梅
2018年8月出版 / 估价：99.00元
PSN B-2017-641-1/1

黑龙江蓝皮书
黑龙江经济发展报告（2018）
著(编)者：朱宇　2018年1月出版 / 定价：89.00元
PSN B-2011-190-2/2

湖南城市蓝皮书
区域城市群整合
著(编)者：童中贤 韩未名 2018年12月出版 / 估价：99.00元
PSN B-2006-064-1/1

湖南蓝皮书
湖南城乡一体化发展报告（2018）
著(编)者：陈文胜 王文强 陆福兴
2018年8月出版 / 估价：99.00元
PSN B-2015-477-8/8

湖南蓝皮书
2018年湖南电子政务发展报告
著(编)者：梁志峰 2018年5月出版 / 估价：128.00元
PSN B-2014-394-6/8

湖南蓝皮书
2018年湖南经济发展报告
著(编)者：卞鹰 2018年5月出版 / 估价：128.00元
PSN B-2011-207-2/8

湖南蓝皮书
2016年湖南经济展望
著(编)者：梁志峰 2018年5月出版 / 估价：128.00元
PSN B-2011-206-1/8

湖南蓝皮书
2018年湖南县域经济社会发展报告
著(编)者：梁志峰 2018年5月出版 / 估价：128.00元
PSN B-2014-395-7/8

湖南县域绿皮书
湖南县域发展报告（No.5）
著(编)者：袁准 周小毛 黎仁寅
2018年6月出版 / 估价：99.00元
PSN G-2012-274-1/1

沪港蓝皮书
沪港发展报告（2018）
著(编)者：尤安山 2018年9月出版 / 估价：99.00元
PSN B-2013-362-1/1

吉林蓝皮书
2018年吉林经济社会形势分析与预测
著(编)者：邵汉明 2017年12月出版 / 定价：89.00元
PSN B-2013-319-1/1

吉林省城市竞争力蓝皮书
吉林省城市竞争力报告（2017~2018）
著(编)者：崔岳春 张磊
2018年3月出版 / 定价：89.00元
PSN B-2016-513-1/1

济源蓝皮书
济源经济社会发展报告（2018）
著(编)者：喻新安 2018年6月出版 / 估价：99.00元
PSN B-2014-387-1/1

江苏蓝皮书
2018年江苏经济发展分析与展望
著(编)者：王庆五 吴先满
2018年7月出版 / 估价：128.00元
PSN B-2017-635-1/3

江西蓝皮书
江西经济社会发展报告（2018）
著(编)者：陈石俊 龚建文 2018年10月出版 / 估价：128.00元
PSN B-2015-484-1/2

江西蓝皮书
江西设区市发展报告（2018）
著(编)者：姜玮 梁勇
2018年10月出版 / 估价：99.00元
PSN B-2016-517-2/2

经济特区蓝皮书
中国经济特区发展报告（2017）
著(编)者：陶一桃 2018年1月出版 / 估价：99.00元
PSN B-2009-139-1/1

辽宁蓝皮书
2018年辽宁经济社会形势分析与预测
著(编)者：梁启东 魏红江 2018年6月出版 / 估价：99.00元
PSN B-2006-053-1/1

民族经济蓝皮书
中国民族地区经济发展报告（2018）
著(编)者：李曦辉 2018年7月出版 / 估价：99.00元
PSN B-2017-630-1/1

南宁蓝皮书
南宁经济发展报告（2018）
著(编)者：胡建华 2018年9月出版 / 估价：99.00元
PSN B-2016-569-2/3

内蒙古蓝皮书
内蒙古精准扶贫研究报告（2018）
著(编)者：张志华 2018年1月出版 / 定价：89.00元
PSN B-2017-681-2/2

浦东新区蓝皮书
上海浦东经济发展报告（2018）
著(编)者：周小平 徐美芳
2018年1月出版 / 定价：89.00元
PSN B-2011-225-1/1

青海蓝皮书
2018年青海经济社会形势分析与预测
著(编)者：陈玮 2018年1月出版 / 定价：98.00元
PSN B-2012-275-1/2

青海科技绿皮书
青海科技发展报告（2017）
著(编)者：青海省科学技术信息研究所
2018年3月出版 / 定价：98.00元
PSN G-2018-701-1/1

山东蓝皮书
山东经济形势分析与预测（2018）
著(编)者：李广杰 2018年7月出版 / 估价：99.00元
PSN B-2014-404-1/5

山东蓝皮书
山东省普惠金融发展报告（2018）
著(编)者：齐鲁财富网
2018年9月出版 / 估价：99.00元
PSN B2017-676-5/5

山西蓝皮书
山西资源型经济转型发展报告（2018）
著(编)者：李志强　2018年7月出版 / 估价：99.00元
PSN B-2011-197-1/1

陕西蓝皮书
陕西经济发展报告（2018）
著(编)者：任宗哲 白宽犁 裴成荣
2018年1月出版 / 定价：89.00元
PSN B-2009-135-1/6

陕西蓝皮书
陕西精准脱贫研究报告（2018）
著(编)者：任宗哲 白宽犁 王建康
2018年4月出版 / 定价：89.00元
PSN B-2017-623-6/6

上海蓝皮书
上海经济发展报告（2018）
著(编)者：沈开艳　2018年2月出版 / 定价：89.00元
PSN B-2006-057-1/7

上海蓝皮书
上海资源环境发展报告（2018）
著(编)者：周冯琦 胡静　2018年2月出版 / 定价：89.00元
PSN B-2006-060-4/7

上海蓝皮书
上海奉贤经济发展分析与研判（2017～2018）
著(编)者：张兆安 朱平芳　2018年3月出版 / 定价：99.00元
PSN B-2018-698-8/8

上饶蓝皮书
上饶发展报告（2016～2017）
著(编)者：廖其志　2018年6月出版 / 估价：128.00元
PSN B-2014-377-1/1

深圳蓝皮书
深圳经济发展报告（2018）
著(编)者：张骁儒　2018年6月出版 / 估价：99.00元
PSN B-2008-112-3/7

四川蓝皮书
四川城镇化发展报告（2018）
著(编)者：侯水平 陈炜　2018年6月出版 / 估价：99.00元
PSN B-2015-456-7/7

四川蓝皮书
2018年四川经济形势分析与预测
著(编)者：杨钢　2018年1月出版 / 定价：158.00元
PSN B-2007-098-2/7

四川蓝皮书
四川企业社会责任研究报告（2017～2018）
著(编)者：侯水平 盛毅　2018年5月出版 / 估价：99.00元
PSN B-2014-386-4/7

四川蓝皮书
四川生态建设报告（2018）
著(编)者：李晟之　2018年5月出版 / 估价：99.00元
PSN B-2015-455-6/7

四川蓝皮书
四川特色小镇发展报告（2017）
著(编)者：吴志强　2017年11月出版 / 定价：89.00元
PSN B-2017-670-8/8

体育蓝皮书
上海体育产业发展报告（2017~2018）
著(编)者：张林 黄海燕
2018年10月出版 / 估价：99.00元
PSN B-2015-454-4/5

体育蓝皮书
长三角地区体育产业发展报（2017～2018）
著(编)者：张林　2018年6月出版 / 估价：99.00元
PSN B-2015-453-3/5

天津金融蓝皮书
天津金融发展报告（2018）
著(编)者：王爱俭 孔德昌
2018年5月出版 / 估价：99.00元
PSN B-2014-418-1/1

图们江区域合作蓝皮书
图们江区域合作发展报告（2018）
著(编)者：李铁　2018年6月出版 / 估价：99.00元
PSN B-2015-464-1/1

温州蓝皮书
2018年温州经济社会形势分析与预测
著(编)者：蒋儒标 王春光 金浩
2018年6月出版 / 估价：99.00元
PSN B-2008-105-1/1

西咸新区蓝皮书
西咸新区发展报告（2018）
著(编)者：李扬 王军
2018年6月出版 / 估价：99.00元
PSN B-2016-534-1/1

修武蓝皮书
修武经济社会发展报告（2018）
著(编)者：张占仓 袁凯声
2018年10月出版 / 估价：99.00元
PSN B-2017-651-1/1

偃师蓝皮书
偃师经济社会发展报告（2018）
著(编)者：张占仓 袁凯声 何武周
2018年7月出版 / 估价：99.00元
PSN B-2017-627-1/1

扬州蓝皮书
扬州经济社会发展报告（2018）
著(编)者：陈扬
2018年12月出版 / 估价：108.00元
PSN B-2011-191-1/1

长垣蓝皮书
长垣经济社会发展报告（2018）
著(编)者：张占仓 袁凯声 秦保建
2018年10月出版 / 估价：99.00元
PSN B-2017-654-1/1

遵义蓝皮书
遵义发展报告（2018）
著(编)者：邓彦 曾征 龚永育
2018年9月出版 / 估价：99.00元
PSN B-2014-433-1/1

地方发展类-社会

安徽蓝皮书
安徽社会发展报告（2018）
著(编)者：程桦　2018年6月出版 / 估价：99.00元
PSN B-2013-325-1/1

安徽社会建设蓝皮书
安徽社会建设分析报告（2017~2018）
著(编)者：黄家海 蔡宪
2018年11月出版 / 估价：99.00元
PSN B-2013-322-1/1

北京蓝皮书
北京公共服务发展报告（2017~2018）
著(编)者：施昌奎　2018年6月出版 / 估价：99.00元
PSN B-2008-103-7/8

北京蓝皮书
北京社会发展报告（2017~2018）
著(编)者：李伟东
2018年7月出版 / 估价：99.00元
PSN B-2006-055-3/8

北京蓝皮书
北京社会治理发展报告（2017~2018）
著(编)者：殷星辰　2018年7月出版 / 估价：99.00元
PSN B-2014-391-8/8

北京律师蓝皮书
北京律师发展报告 No.4（2018）
著(编)者：王隽　2018年12月出版 / 估价：99.00元
PSN B-2011-217-1/1

北京人才蓝皮书
北京人才发展报告（2018）
著(编)者：敏华　2018年12月出版 / 估价：128.00元
PSN B-2011-201-1/1

北京社会心态蓝皮书
北京社会心态分析报告（2017~2018）
北京市社会心理服务促进中心
2018年10月出版 / 估价：99.00元
PSN B-2014-422-1/1

北京社会组织管理蓝皮书
北京社会组织发展与管理（2018）
著(编)者：黄江松
2018年6月出版 / 估价：99.00元
PSN B-2015-446-1/1

北京养老产业蓝皮书
北京居家养老发展报告（2018）
著(编)者：陆杰华 周明明
2018年8月出版 / 估价：99.00元
PSN B-2015-465-1/1

法治蓝皮书
四川依法治省年度报告No.4（2018）
著(编)者：李林 杨天宗 田禾
2018年3月出版 / 定价：118.00元
PSN B-2015-447-2/3

福建妇女发展蓝皮书
福建省妇女发展报告（2018）
著(编)者：刘群英　2018年11月出版 / 估价：99.00元
PSN B-2011-220-1/1

甘肃蓝皮书
甘肃社会发展分析与预测（2018）
著(编)者：安文华 谢增虎 包晓霞
2018年1月出版 / 定价：99.00元
PSN B-2013-313-2/6

广东蓝皮书
广东全面深化改革研究报告（2018）
著(编)者：周林生 涂成林
2018年12月出版 / 估价：99.00元
PSN B-2015-504-3/3

广东蓝皮书
广东社会工作发展报告（2018）
著(编)者：罗观翠　2018年6月出版 / 估价：99.00元
PSN B-2014-402-2/3

广州蓝皮书
广州青年发展报告（2018）
著(编)者：徐柳 张强
2018年8月出版 / 估价：99.00元
PSN B-2013-352-13/14

广州蓝皮书
广州社会保障发展报告（2018）
著(编)者：张跃国　2018年8月出版 / 估价：99.00元
PSN B-2014-425-14/14

广州蓝皮书
2018年中国广州社会形势分析与预测
著(编)者：张强 郭志勇 何镜清
2018年6月出版 / 估价：99.00元
PSN B-2008-110-5/14

贵州蓝皮书
贵州法治发展报告（2018）
著(编)者：吴大华　2018年5月出版 / 估价：99.00元
PSN B-2012-254-2/10

贵州蓝皮书
贵州人才发展报告（2017）
著(编)者：于杰 吴大华
2018年9月出版 / 估价：99.00元
PSN B-2014-382-3/10

贵州蓝皮书
贵州社会发展报告（2018）
著(编)者：王兴骥　2018年6月出版 / 估价：99.00元
PSN B-2010-166-1/10

杭州蓝皮书
杭州妇女发展报告（2018）
著(编)者：魏颖
2018年10月出版 / 估价：99.00元
PSN B-2014-403-1/1

河北蓝皮书
河北法治发展报告（2018）
著(编)者：康振海　2018年6月出版 / 估价：99.00元
PSN B-2017-622-3/3

河北食品药品安全蓝皮书
河北食品药品安全研究报告（2018）
著(编)者：丁锦霞
2018年10月出版 / 估价：99.00元
PSN B-2015-473-1/1

河南蓝皮书
河南法治发展报告（2018）
著(编)者：张林海　2018年7月出版 / 估价：99.00元
PSN B-2014-376-6/9

河南蓝皮书
2018年河南社会形势分析与预测
著(编)者：牛苏林　2018年5月出版 / 估价：99.00元
PSN B-2005-043-1/9

河南民办教育蓝皮书
河南民办教育发展报告（2018）
著(编)者：胡大白　2018年9月出版 / 估价：99.00元
PSN B-2017-642-1/1

黑龙江蓝皮书
黑龙江社会发展报告（2018）
著(编)者：王爱丽　2018年1月出版 / 定价：89.00元
PSN B-2011-189-1/2

湖南蓝皮书
2018年湖南两型社会与生态文明建设报告
著(编)者：卞鹰　2018年5月出版 / 估价：128.00元
PSN B-2011-208-3/8

湖南蓝皮书
2018年湖南社会发展报告
著(编)者：卞鹰　2018年5月出版 / 估价：128.00元
PSN B-2014-393-5/8

健康城市蓝皮书
北京健康城市建设研究报告（2018）
著(编)者：王鸿春 盛继洪
2018年9月出版 / 估价：99.00元
PSN B-2015-460-1/2

江苏法治蓝皮书
江苏法治发展报告No.6（2017）
著(编)者：蔡道通 龚廷泰
2018年8月出版 / 估价：99.00元
PSN B-2012-290-1/1

江苏蓝皮书
2018年江苏社会发展分析与展望
著(编)者：王庆五 刘旺洪
2018年8月出版 / 估价：128.00元
PSN B-2017-636-2/3

民族教育蓝皮书
中国民族教育发展报告（2017·内蒙古卷）
著(编)者：陈中永
2017年12月出版 / 定价：198.00元
PSN B-2017-669-1/1

南宁蓝皮书
南宁法治发展报告（2018）
著(编)者：杨维超　2018年12月出版 / 估价：99.00元
PSN B-2015-509-1/3

南宁蓝皮书
南宁社会发展报告（2018）
著(编)者：胡建华　2018年10月出版 / 估价：99.00元
PSN B-2016-570-3/3

内蒙古蓝皮书
内蒙古反腐倡廉建设报告 No.2
著(编)者：张志华　2018年6月出版 / 估价：99.00元
PSN B-2013-365-1/1

青海蓝皮书
2018年青海人才发展报告
著(编)者：王宇燕　2018年9月出版 / 估价：99.00元
PSN B-2017-650-2/2

青海生态文明建设蓝皮书
青海生态文明建设报告（2018）
著(编)者：张西明 高华　2018年12月出版 / 估价：99.00元
PSN B-2016-595-1/1

人口与健康蓝皮书
深圳人口与健康发展报告（2018）
著(编)者：陆杰华 傅崇辉
2018年11月出版 / 估价：99.00元
PSN B-2011-228-1/1

山东蓝皮书
山东社会形势分析与预测（2018）
著(编)者：李善峰　2018年6月出版 / 估价：99.00元
PSN B-2014-405-2/5

陕西蓝皮书
陕西社会发展报告（2018）
著(编)者：任宗哲 白宽犁 牛昉
2018年1月出版 / 定价：89.00元
PSN B-2009-136-2/6

上海蓝皮书
上海法治发展报告（2018）
著(编)者：叶必丰　2018年9月出版 / 估价：99.00元
PSN B-2012-296-6/7

上海蓝皮书
上海社会发展报告（2018）
著(编)者：杨雄 周海旺
2018年2月出版 / 定价：89.00元
PSN B-2006-058-2/7

社会建设蓝皮书
2018年北京社会建设分析报告
著(编)者：宋贵伦 冯虹　2018年9月出版 / 估价：99.00元
PSN B-2010-173-1/1

深圳蓝皮书
深圳法治发展报告（2018）
著(编)者：张骁儒　2018年6月出版 / 估价：99.00元
PSN B-2015-470-6/7

深圳蓝皮书
深圳劳动关系发展报告（2018）
著(编)者：汤庭芬　2018年8月出版 / 估价：99.00元
PSN B-2007-097-2/7

深圳蓝皮书
深圳社会治理与发展报告（2018）
著(编)者：张骁儒　2018年6月出版 / 估价：99.00元
PSN B-2008-113-4/7

生态安全绿皮书
甘肃国家生态安全屏障建设发展报告（2018）
著(编)者：刘举科 喜文华
2018年10月出版 / 估价：99.00元
PSN G-2017-659-1/1

顺义社会建设蓝皮书
北京市顺义区社会建设发展报告（2018）
著(编)者：王学武　2018年9月出版 / 估价：99.00元
PSN B-2017-658-1/1

四川蓝皮书
四川法治发展报告（2018）
著(编)者：郑泰安　2018年6月出版 / 估价：99.00元
PSN B-2015-441-5/7

四川蓝皮书
四川社会发展报告（2018）
著(编)者：李羚　2018年6月出版 / 估价：99.00元
PSN B-2008-127-3/7

四川社会工作与管理蓝皮书
四川省社会工作人力资源发展报告（2017）
著(编)者：边慧敏　2017年12月出版 / 定价：89.00元
PSN B-2017-683-1/1

云南社会治理蓝皮书
云南社会治理年度报告（2017）
著(编)者：晏雄 韩全芳
2018年5月出版 / 估价：99.00元
PSN B-2017-667-1/1

地方发展类-文化

北京传媒蓝皮书
北京新闻出版广电发展报告（2017~2018）
著(编)者：王志　2018年11月出版 / 估价：99.00元
PSN B-2016-588-1/1

北京蓝皮书
北京文化发展报告（2017~2018）
著(编)者：李建盛　2018年5月出版 / 估价：99.00元
PSN B-2007-082-4/8

创意城市蓝皮书
北京文化创意产业发展报告（2018）
著(编)者：郭万超 张京成　2018年12月出版 / 估价：99.00元
PSN B-2012-263-1/7

创意城市蓝皮书
天津文化创意产业发展报告（2017~2018）
著(编)者：谢思全　2018年6月出版 / 估价：99.00元
PSN B-2016-536-7/7

创意城市蓝皮书
武汉文化创意产业发展报告（2018）
著(编)者：黄永林 陈汉桥　2018年12月出版 / 估价：99.00元
PSN B-2013-354-4/7

创意上海蓝皮书
上海文化创意产业发展报告（2017~2018）
著(编)者：王慧敏 王兴全　2018年8月出版 / 估价：99.00元
PSN B-2016-561-1/1

非物质文化遗产蓝皮书
广州市非物质文化遗产保护发展报告（2018）
著(编)者：宋俊华　2018年12月出版 / 估价：99.00元
PSN B-2016-589-1/1

甘肃蓝皮书
甘肃文化发展分析与预测（2018）
著(编)者：马廷旭 戚晓萍　2018年1月出版 / 定价：99.00元
PSN B-2013-314-3/6

甘肃蓝皮书
甘肃舆情分析与预测（2018）
著(编)者：王俊莲 张谦元　2018年1月出版 / 定价：99.00元
PSN B-2013-315-4/6

广州蓝皮书
中国广州文化发展报告（2018）
著(编)者：屈哨兵 陆志强　2018年6月出版 / 估价：99.00元
PSN B-2009-134-7/14

广州蓝皮书
广州文化创意产业发展报告（2018）
著(编)者：徐咏虹　2018年7月出版 / 估价：99.00元
PSN B-2008-111-6/14

海淀蓝皮书
海淀区文化和科技融合发展报告（2018）
著(编)者：陈名杰 孟景伟　2018年5月出版 / 估价：99.00元
PSN B-2013-329-1/1

河南蓝皮书
河南文化发展报告（2018）
著(编)者：卫绍生　2018年7月出版 / 估价：99.00元
PSN B-2008-106-2/9

湖北文化产业蓝皮书
湖北省文化产业发展报告（2018）
著(编)者：黄晓华　2018年9月出版 / 估价：99.00元
PSN B-2017-656-1/1

湖北文化蓝皮书
湖北文化发展报告（2017~2018）
著(编)者：湖北大学高等人文研究院
中华文化发展湖北省协同创新中心
2018年10月出版 / 估价：99.00元
PSN B-2016-566-1/1

江苏蓝皮书
2018年江苏文化发展分析与展望
著(编)者：王庆五 樊和平　2018年9月出版 / 估价：128.00元
PSN B-2017-637-3/3

江西文化蓝皮书
江西非物质文化遗产发展报告（2018）
著(编)者：张圣才 傅安平　2018年12月出版 / 估价：128.00元
PSN B-2015-499-1/1

洛阳蓝皮书
洛阳文化发展报告（2018）
著(编)者：刘福兴 陈启明　2018年7月出版 / 估价：99.00元
PSN B-2015-476-1/1

南京蓝皮书
南京文化发展报告（2018）
著(编)者：中共南京市委宣传部
2018年12月出版 / 估价：99.00元
PSN B-2014-439-1/1

宁波文化蓝皮书
宁波"一人一艺"全民艺术普及发展报告（2017）
著(编)者：张爱琴　2018年11月出版 / 估价：128.00元
PSN B-2017-668-1/1

山东蓝皮书
山东文化发展报告（2018）
著(编)者：涂可国　2018年5月出版 / 估价：99.00元
PSN B-2014-406-3/5

陕西蓝皮书
陕西文化发展报告（2018）
著(编)者：任宗哲 白宽犁 王长寿
2018年1月出版 / 定价：89.00元
PSN B-2009-137-3/6

上海蓝皮书
上海传媒发展报告（2018）
著(编)者：强荧 焦雨虹　2018年2月出版 / 定价：89.00元
PSN B-2012-295-5/7

上海蓝皮书
上海文学发展报告（2018）
著(编)者：陈圣来　2018年6月出版 / 估价：99.00元
PSN B-2012-297-7/7

上海蓝皮书
上海文化发展报告（2018）
著(编)者：荣跃明　2018年6月出版 / 估价：99.00元
PSN B-2006-059-3/7

深圳蓝皮书
深圳文化发展报告（2018）
著(编)者：张骁儒　2018年7月出版 / 估价：99.00元
PSN B-2016-554-7/7

四川蓝皮书
四川文化产业发展报告（2018）
著(编)者：向宝云 张立伟　2018年6月出版 / 估价：99.00元
PSN B-2006-074-1/7

郑州蓝皮书
2018年郑州文化发展报告
著(编)者：王哲　2018年9月出版 / 估价：99.00元
PSN B-2008-107-1/1

皮书起源

“皮书”起源于十七、十八世纪的英国，主要指官方或社会组织正式发表的重要文件或报告，多以“白皮书”命名。在中国，“皮书”这一概念被社会广泛接受，并被成功运作、发展成为一种全新的出版形态，则源于中国社会科学院社会科学文献出版社。

皮书定义

皮书是对中国与世界发展状况和热点问题进行年度监测，以专业的角度、专家的视野和实证研究方法，针对某一领域或区域现状与发展态势展开分析和预测，具备原创性、实证性、专业性、连续性、前沿性、时效性等特点的公开出版物，由一系列权威研究报告组成。

皮书作者

皮书系列的作者以中国社会科学院、著名高校、地方社会科学院的研究人员为主，多为国内一流研究机构的权威专家学者，他们的看法和观点代表了学界对中国与世界的现实和未来最高水平的解读与分析。

皮书荣誉

皮书系列已成为社会科学文献出版社的著名图书品牌和中国社会科学院的知名学术品牌。2016 年，皮书系列正式列入“十三五”国家重点出版规划项目；2013~2018 年，重点皮书列入中国社会科学院承担的国家哲学社会科学创新工程项目；2018 年，59 种院外皮书使用“中国社会科学院创新工程学术出版项目”标识。

中国皮书网

（网址：www.pishu.cn）

发布皮书研创资讯，传播皮书精彩内容
引领皮书出版潮流，打造皮书服务平台

栏目设置

关于皮书：何谓皮书、皮书分类、皮书大事记、皮书荣誉、
皮书出版第一人、皮书编辑部

最新资讯：通知公告、新闻动态、媒体聚焦、网站专题、视频直播、下载专区

皮书研创：皮书规范、皮书选题、皮书出版、皮书研究、研创团队

皮书评奖评价：指标体系、皮书评价、皮书评奖

互动专区：皮书说、社科数托邦、皮书微博、留言板

所获荣誉

2008 年、2011 年，中国皮书网均在全国新闻出版业网站荣誉评选中获得“最具商业价值网站”称号；

2012 年，获得“出版业网站百强”称号。

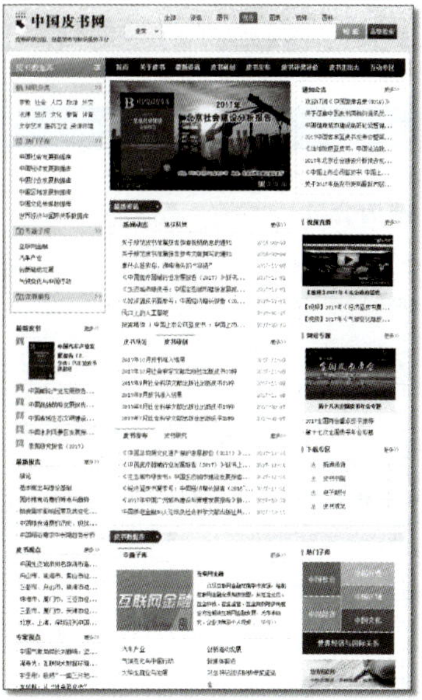

网库合一

2014 年，中国皮书网与皮书数据库端口合一，实现资源共享。